대한민국 20대 소비 트렌드

마케팅
익사이팅

Marketing
Exciting

대한민국 20대 소비 트렌드

마케팅
익사이팅

이마스(www.emars.co.kr) 지음

미래의
창

대한민국 20대의 **익사이팅** 소비 **트렌드**

20대라는 나이는 한 사람의 인생에 있어서 가장 힘이 넘치고 희망에 넘치는 시기이다. 아직 돈은 많이 벌지 못하지만 그동안의 경험과 주위 사람들로부터 들은 바를 토대로 하여 그것이 맞든 틀리든 한 방향으로 자신의 길을 시작하는 시기이다. 이들은 더 이상 감상에만 젖어 시간을 보내는 사람들이 아니다.

우선 취업을 위해 학교 공부를 열심히 하고 자기계발을 위해 학원도 다니고 친구들과 공부 동아리 활동도 하고 공모전에도 열심히 참여한다. 또 자신의 개성을 살리기 위해 패션과 화장, 액세서리에 신경을 쓰고 S라인, M라인, V라인 같은 몸매를 만드느라 땀을 흘리거나 과감하게 칼을 몸에 허용하기도 한다. 이들은 때때로 지름신이 내려 돈을 펑펑 쓰기도 하지만 이내 후회하고 포인트 카드로 결제할 수 있는 상품을 힘겹게 사는 자린고비가 되기도 한다.

20대는 미국드라마에 열광한 나머지 극 중에 나오는 배우들이 즐겨 하는 패션, 음식, 클럽, 모바일, 노래, 스포츠에 열광한다. 그래서 배우들대로 행동하고자 한다. 그 전에는 별것도 아닌 아점이 어느새 브런치라는 말로 탈바꿈하여 토요일 아침에 브런치를 먹을 수 있는 카페에 가느라 집을 서둘러 나선다. 또 이들은 상품과 서비스를 사용하고서 마음에 들면 한없이 주위 사람들에게 입방아를 찧고, 자신의 블로그를 온갖 찬사로 장식하고 또한 댓글을 어지럽게 수없이 올린다.

기업은 20대를 잡느라 정말 힘들어한다

이렇게 다이내믹하게 하루하루를 보내는 20대를 기업이 내버려둘 리 만무하다. 이들의 소비파워는 예상 외로 크고, 이들의 입소문이 파워풀하고, 더 중요한 것은 이들이 기업의 현재 및 미래 고객이기 때문이다. 따라서 기업들은 광고, PR, 프로모션, 이벤트, 디자인 등 온갖 마케팅 툴을 120퍼센트 활용하여 20대를 잡느라 온 힘을 기울인다. 하지만 이들은 나비와 같아서 기업이 조금만 신경을 덜 쓰면 어느새 경쟁사 언저리에서 놀고 있다. 이 책은 기업들의 그러한 고민을 어느 정도 해소해 주기 위해 만들어졌다. 엔터테인먼트, 푸드, 패션 그리고 다양한 라이프스타일 등 네 가지 카테고리로 크게 나누어 20대들이 어떻게 생활하고 소비하고 있는지 그리고 해당 기업들은 20대에게 어떻게 마케팅을 하고 있는지에 대해 분석한 결과를 이 책에서 보여준다

책의 마지막 부분에서 이 책의 전체 내용을 친절하게 정리하여 독자 여러분께 보여드릴까 생각했었다. 하지만 독자에 따라 이 책을 읽고 느낀 바가 서로 다를 수 있기 때문에 독자의 상상력을 막아서는 안 되겠다고 생각하여 이 책에서는 결론을 쓰지 않기로 했다. 독자 여러분께서 충분히 이해해 주시리라 믿겠다.

이 책은 리드앤리더와 이마스의 직원, 인턴, 사례분석가가 썼다. 이 책은 비즈니스컨설팅 회사인 ㈜리드앤리더의 직원과 인턴 그리고 사례분석 사이트인 이마스(www.emars.co.kr)의 여러 사례분석가들이 만들어 낸 글들을 모은 것이다.

이들은 이 세상의 모든 관심 이슈에 대해 많은 글을 쓰고 있지만 이 책에는 우리나라 20대들의 관심사를 중심으로 하여 글을 썼다. 글 작업에 참여한 사람들은 연령상 대부분 20대나 30대 초반이다. 30대 후반과 40대가 20대에 대한 글을 쓸 수도 있지만 그러면 생동감과 현장감, 심도 있는 글이 나올 수가 없다. 집필자 중에는 학부 학생도 있고, 국내외 석박사 과정 학생도 있고, 졸업 후 회사, 금융기관, 연구소, 컨설팅사에 다니고 있다.

글 작업에 참여한 사람으로는 송혜원, 오지은, 김정훈, 이단비, 이강산, 김지호, 이치원, 박성호, 전수안, 박소영, 정연주, 전선옥, 최동환, 김정태, 위현종 씨가 수고해 주었다. 이 책에 담긴 사례를 직접 쓰지는 않았지만 송주영, 황치영, 남현진, 이형탁, 김정민, 이나래, 한소희, 박세은, 김민영, 황인명, 송주환 씨는 이 책을 만드는 데 우회적으로 많은 도움을 주었다. ㈜리드앤리더와 이마스의 직원, 인턴, 사례분석가에게 다시 한 번 감사의 말씀 드린다.

㈜리드앤리더 대표 겸 이마스(emars,co,kr) 대표 운영자

김민주

차례

PART 1

미래 소비의 주인공,
20대를 주목하라

TWENTY-SOMETHING

1

미래 **소비자**, 20대

우리나라 사람들은

20대와 30대를 인생에서 가장 행복한 시기라고 느낀다고 한다(삼성경제연구소 KGSS〈한국종합사회조사〉조사결과, 2006). 이것은 30대를 일생에서 가장 불행한 시기로 느끼는 유럽인과는 크게 다른 결과다. 그만큼 우리나라의 20대는 자유롭고 활동적이며, 인생의 전성기라고 할 수 있다. 인생을 가장 행복하게 살고, 삶을 즐길 줄 아는 20대 시장이 기업들의 공략 대상으로 떠오르고 있다.

이 책의 주요 목적은 20대 소비자들을 분석하고 이들을 대상으로 한 기업들의 다양한 마케팅을 소개하는 데 있다. 먼저 이 책에서 말하는 20대는 정확히 어떤 사람을 말하는지 알아보자.

대한민국 20대의 라이프 이벤트

20대는 통계청의 인구구분 기준에 따라 우리나라 나이로 20~29세로 정의한다. 20대는 정신적, 경제적으로 자립적인 사회인이 되기 위한 준비기이자 과도기에 속하며, 우리는 20대에 인생의 몇 가지 큰 이벤트를 맞는다.

대학입학(20세)

우리나라의 젊은이들은 대부분 20세에 입시지옥을 치르고 대학에 입학한다. 우리나라 고등학생의 대학 진학률은 무려 81퍼센트로 전 세계적으로 최고 수준이다. 미국과 일본의 대학 진학률도 각각 60퍼센트와 50퍼센트에 그치고 있다. 고등학교 졸업 후 바로 대학진학을 하지 않고 재수나 삼수 후 진학하는 경우까지 고려한다면 우리나라 20~24세 인구 대부분이 대학생이라고 볼 수 있다. 다른 나라에 비해 유난히 학구열과 대학진학률이 높은 우리나라의 청소년에게 대학 입학은 인생에 있어 새로운 전기를 열어준다.

일정한 수입이 없는 대학생들의 수입처 중 가장 많은 부분을 차지하는 것이 부모님으로부터 받는 용돈이다. 대학생 한 달 용돈 통계에 따르면 30~50만 원이 45.1퍼센트로 가장 많았고, 15~30만 원이 39.9퍼센트, 15만 원 이하라는 응답은 4.2퍼센트였다. 또한 대학생들은 한 달 용돈의 약 20퍼센트에 달하는 금액을 의류 구입비로 쓴다고 한다(헤럴드 경제, 2007).

• **20대의 주요 라이프 이벤트**

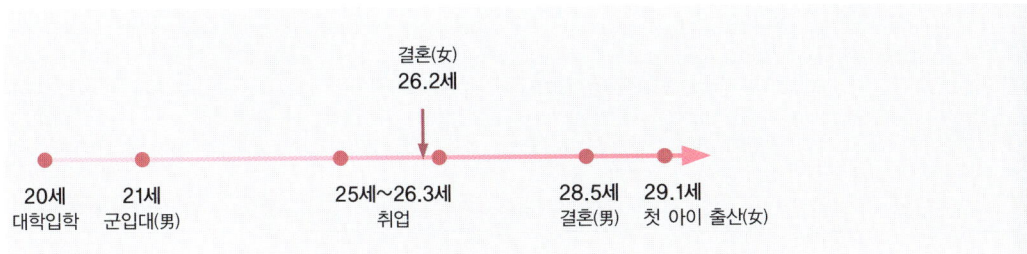

결혼(女)
26.2세

| 20세 | 21세 | 25세~26.3세 | 28.5세 | 29.1세 |
| 대학입학 | 군입대(男) | 취업 | 결혼(男) | 첫 아이 출산(女) |

군입대(21세)

대학입학의 자유를 마음껏 누리기도 전에, 대부분의 20대 남자들은 그들의 삶에 있어 새로운 장벽에 부딪치게 된다. 그것은 바로 우리나라 남자들에게만 국한된 '군입대'이다. 군입대를 맞아 어떤 사람들은 마치 삶이 끝난 것처럼 방탕한 삶을 살기도 하지만, 군대를 다녀와서는 오히려 더욱더 열정적인 자세로 삶을 대한다.

군인이 되면 소액의 정기적 수익을 얻을 수 있다. 바로 군인에게 지급되는 월급이 그것인데, 일반적으로 육군의 월급은 6~8만 원 선이다. 이들은 군대에 가기 전에 위로금 형식으로 친척들에게 용돈을 받아 통장이 두둑한 상태로 군입대를 하곤 한다. 그러나 대부분은 100일 휴가를 나와 그 용돈을 흥청망청 다 써버린다. 적은 월급 낮에, 휴가를 나올 때마다 부모님께 손을 벌려 용돈을 타 쓰는 것이 대부분이지만, 2년 동안 군에서 받은 월급 약 100만 원가량을 모아, 군 제대 후 부모님께 효도여행을 시켜드렸다는 젊은이의 기사가 신문에 실리기도 하였다.

취업(25~26.3세)

20대의 중반쯤 되면 인생 전반에 있어 중요한 영향을 미치는 이벤트가 하나 더 기다리고 있다. 그것은 입시지옥보다 더 어렵다는 취업전쟁이다. 젊은이들은 취업이라는 이벤트를 맞아 그들 자신과 삶에 대한 진지한 고민을 한다. 요즘 젊은이들은 취업을 위해서 단지 학문에 정진하는 것이 아니라, 자신의 꿈을 이루기 위한 단계를 하나씩 밟아나가며 이력을 쌓아간다. 그리고 그들은 그것이 자신의 가치를 증진시키고 자신의 삶을 좀 더 행복하게 해 줄 것이라는 믿음을 갖는다. 2007년 우리나라 정부가 발표한 '비전 2030 인적자원 활용 2+5 전략'에 따르면 우리나라 사람들이 직장생활을 시작하는 평균 연령은 25세(대학졸업자의 경우에는 26.3세)라고 한다.

대학 졸업자의 초임은 업종별, 직급별에 따라 다르지만 평균 3천만 원 수준이다. 이 연령대에는 취업 후 수입의 증가로 인해 씀씀이가 커진다. 수입 가운데 많은 부분을 자신에게 투자하는 편이며, 일생 중 수입 대비 가장 많은 지출이 가능한 시기이다. 이 시기에는 자기계발을 위한 투자 의지도 강하며, 여가활동을 위해 쓰는 지출도 큰 편이다.

하지만 무조건 소비를 하는 것은 아니다. 미래를 위한 저축, 펀드, 주식 등 재테크에도 열심이다. 최근에는 20대를 타겟으로 한 재테크 관련 서적 출간이 최근 부쩍 늘었다. 그 밖에 20대 부자 되기 동호회, 20대 부동산 투자 모임 등 소모임, 온라인 카페 등도 등장했다. 대부분 이 시기가 지나면 결혼 후 첫 아이를 출산하는 경향이 높으므로 이 시기가 아이를 낳기 전의 인생에 있어 황금기라고 할 수 있다.

결혼(女-26.2세, 男-28.5세)

20대에는 취업 말고도 전 인생에 걸쳐 가장 중요하다고도 할 수 있는 이벤트가 또 있다. 제2의 탄생이라고 할 수 있는 결혼이 바로 그것이다. 2006년 통계청 발표에 따르면, 우리나라 대학이상 졸업자의 평균 결혼 연령은 남자 28.5세, 여자 26.2세이다. 앞으로 살아온 날보다 더 많은 시간을 함께 할 사람을 만나고 결혼을 결정하는 일이 중요하지 않다고 생각하는 사람은 아마 없을 것이다.

옛말에 딸을 시집보내려면 집안의 기둥뿌리를 뽑아야 한다는 말이 있듯이, 결혼에는 막대한 지출이 요구된다. 신혼부무 1쌍이 결혼하는 데 드는 비용은 평균 1억 2,944만 원이다. 최근에는 상류층의 초호화 호텔 결혼식, 야외 결혼식 등이 유행처럼 번지고 있어 결혼에 지출되는 비용은 점점 늘어나고 있다.

출산(29.1세)

20대 후반에 인생의 새로운 전기를 하나 더 겪게 되는데, 그것은 바로 출산이다. 우리나라 첫 아이 출산 산모의 평균 연령은 29.1세이다. 결혼보다는 출산 요인이 개인의 소비 수준과 소비 태도, 여가활동 등의 라이프스타일에 더 큰 변화를 가져온다. 이것은 일반적으로 결혼 후 출신 전까지는 소비 수준이 싱글들의 소비 수준과 큰 차이를 보이지 않기 때문이기도 하다. 20대의 끝자락에서 30대에 접어들 무렵, 첫 아이를 갖는 것은 그들이 진정으로 성숙해져 간다는 증거이기도 하다.

20대를 주목하라

전체 인구를 볼 때 가장 많은 비중을 차지하는 연령대는 총 1,600만 명으로 34.5퍼센트를 차지하는 30~40대이다. 그리고 20대의 인구수와 이들의 전체 인구 대비 비율은 점차 줄어들고 있다. 그런데 왜 우리는 20대에 주목해야 할까?

20대는 감성적이다

20대는 감성이 풍부한 감성 세대이다. 몇 년 전부터 많은 기업들이 전개하고 있는 감성 마케팅은 그들의 상품과 서비스를 소비해 줄 대상이 20대를 대상으로 하고 있는 경우가 많다.

• 2005년 전체 인구 비율(연령별)

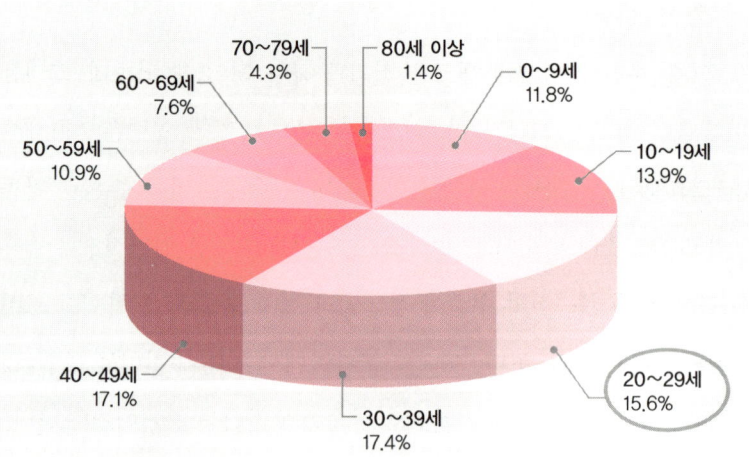

출처: 통계청

또한 그들은 아직 확고한 정체성을 갖고 있지 않아서 감정을 쉽게 제어하는 능력이 떨어진다. 충동적이란 이야기다. 그들은 '지름신이 내렸다'는 표현을 통해 그들의 충동구매를 나타내기도 한다. 이들의 이러한 성향 역시 기업들의 공격 대상이 된다. 하지만 기업은 그들의 충동적 성향을 이용해 첫 구매를 성사시켰다 할지라도 안심해서는 안 된다. 그들은 충동적이고 변화에 민감하기 때문에 쉽게 마음을 바꾼다. 따라서 그들을 장기적인 고객으로 만드려면 지속적인 관계 유지를 위한 노력과 끊임없는 변화의 시도가 필요하다.

20대는 활동적이다

20대는 일생동안 가장 건강한 신체를 자랑한다. 따라서 자유롭고 활동적인 시기이다. 그들은 놀거리나 먹을거리가 있는 곳이면 어디든지 찾아가며, 하루종일 걸을 수도 있다. 20대 젊은이들 사이에서 유행처럼 번지고 있는 배낭여행, 국토대장정 등이 이를 증명한다. 또한 요즘 새롭게 떠오르고 있는 몰고어족(mallgoer족: 코엑스나 아이파크몰 등 대형 복합쇼핑몰에서 몰링(malling)을 하는 사람들을 일컫는 말)도 대부분이 20대이다.

그들의 활동적이고 행동적인 성격은 남들보다 빨리 정보를 캐치하고, 새로운 제품을 구입하는 행동으로 이어지기도 한다. 이들은 새로 나온 상품이나 광고, 서비스 등에 대한 관심이 많고, 이를 체험하고자 하는 욕구가 높은 편이다. 그래서 20대에는 얼리어답터(early adopter)가 많다. 20대의 이러한 성향은 실제 한국방송광고공사(KOBACO)의 광고연구소의 조사에서도 드러났다. '새 상품이 나오면 남보다 먼저 사는 편'이라고 응답한 20대는 26퍼센트로 나타났다. 이는 30대 이상의 대답이 10퍼센트 대에 머무는 것과 큰 차이를 보여주고 있다. 20대의 얼리어답터적 성향은 우리가 20대 시장에 주목해야 하는 중요한 이유 중 하나이다.

20대는 또래에 민감하다

또래의 영향을 많이 받는 20대는 그들과 정보를 공유하며 소속감을 느끼고 싶어 한다. 그래서 20대 사이에서는 패션이나 음악, 심지어 식문화 등이 유행처럼 번지곤 한다. 이것은 앞서 언급한 20대의 얼리어답터의 성향과 맞물려 기업이 주목해야 할 또 한 가지 특성이기도 한데, 20대의 또래 중 얼리어답터인 몇몇이 어떤 제품이나 서비스를 구입하면 그것이 유행처럼 번질 확률이 높기 때문이다.

20대는 또래와 정보 공유를 하는 성향이 크다. 따라서 입소문 효과가 큰 연령대이다. 20대의 입소문 효과가 큰 까닭은 또래와 정보 공유를 하려는 그들의 성향뿐 아니라, 그들의 여가 활동에도 기인한 결과이다. 20대의 주된 여가활동을 알아보았더니 전체의 45퍼센트가 컴퓨터를 하는 것으로 나타났다.

이것은 그들이 인터넷 커뮤니티나 동호회 등을 통해 정보를 퍼뜨릴 수 있음을 말해 준다. 인터넷을 통한 정보공유가 일상화된 20대들 사이에서는 입소문 효과가 클 수밖에 없다.

휴대폰 정보가 있는 세티즌(cetizen.com), 컴퓨터 관련 정보가 있는 에누리닷컴(enuri.com) 등 전문화된 커뮤니티뿐 아니라, 무엇이든 물어 보면 답을 얻을 수 있다는 네이버 지식iN까지. 20대가 퍼뜨린 입소문 효과를 확인할 수 있는 곳은 무궁무진하다.

20대는 소비력이 왕성하다

20대는 수입은 많지 않으나, 지출이 많은 고객이다. 그들의 수입 원은 부모에게 받는 용돈이나, 아르바이트를 통해서 버는 것이 전부이 다. 그러나 이들은 수중에 있는 돈 전부를 기꺼이 쓰는 집단이다. 비록 수입은 제한적이지만 가족을 부양해야 하는 걱정이 없기 때문이다. 또한 경기 전반에 대한 인식이 둔감한 것도 이들의 지출이 많은 이유 이기도 하다. 제일기획의 조사에 따르면, 이 연령대의 58퍼센트가 생 활을 즐기기 위해서 어느 정도의 낭비는 필요하다고 생각하고 있다. 그리고 쇼핑을 즐기는 편이며, 얼리어답터적 성향이 강한 것으로 나타 났다.

실제로 이들은 다른 연령대의 고객과는 큰 차이를 보이며, 소비 파 워를 과시하고 있다. 현대백화점의 2005년 조사에 따르면 20대의 월매 출 신장률은 전년도와 비교해 11퍼센트 증가한 반면 30대는 1.2퍼센 트, 40대는 3.1퍼센트, 50대는 3.3퍼센트 증가에 그쳤다. 또한 롯데백 화점을 이용하는 20대 고객의 점유율 역시 2003년 11.9퍼센트에서 2005년 18.8퍼센트로 큰 폭 상승했다. 이는 20대가 백화점 전체 고객의 상당 부분을 차지할 뿐 아니라, 이제 그들의 소비 규모 역시 무시할 수 없다는 것을 보여주고 있다.

20대는 평생동안의 잠재고객이다

유럽연합(EU)은 2050년까지 인간의 평균 수명이 90세까지 늘어날 것으로 전망하고 있다. 2005년 우리나라의 평균 수명이 남성 74.2세, 여성 81.5세인 것과 비교하면 남성은 약 20년, 여성은 약 10년을 더 산다는 이야기다. 이처럼 수명이 점차 늘어가는 것을 고려할 때 20대 소비자의 잠재적 가능성은 더욱 커진다. 또한 고객관리의 중요성이 나날이 증대하는 가운데 신규 고객을 유치하는 것보다, 기존 고객을 유지하는 것이 비용 및 수익성 면에서 장기적으로 도움이 된다. 갈대 같은 20대 소비자의 마음을 잡기는 어렵지만 한 번 잡으면 그 효과가 평생을 갈 수 있다는 이야기다. 그렇기 때문에 20대 시장은 중요한 시장이고, 많은 기업들은 20대 고객의 마음을 훔치기 위해 안간힘을 쏟고 있다.

카드 회사들은 신용카드 이용 잠재고객을 확보하기 위해 대학생을 대상으로 체크카드 고객 확보에 열을 올리고 있다. 그리고 은행들이 대학과 제휴를 하여 저축통장과 연계된 학생증을 발급하는 것도 미래의 잠재고객 확보를 위한 노력의 한 예이다. 두 경우 모두 지금 당장 큰 이익을 가져다주는 고객은 아니지만 추후 잠재적 가능성이 크다는 것을 감안한 것이다.

지금까지 20대의 특성을 살펴보며, 기업이 왜 20대를 주목해야 하는지 알아보았다. 그러면 좀 더 구체적으로 20대의 라이프스타일과 이들을 공략하는 대표적인 마케팅 전략을 살펴보자.

2

20대는 어떻게 **소비**하는가

성공적인 마케팅은

고객과 가까이 있다. 고객과 시장을 읽어야 마케팅이 보인다는 이야기다. 고객을 좀 더 잘 이해하기 위해서는 고객의 라이프스타일을 알아볼 필요가 있다. 20대의 특징은 각각의 개성이 넘치고 획일화를 싫어하며, 다양하게 세분화할 수 있지만 이 책에서는 크게 엔터테인먼트, 푸드, 패션, 라이프스타일 등의 네 가지로 분류해 보았다.

엔터테인먼트

20대는 즐거움을 추구하는 세대이다. 이는 20대를 주된 타깃으로 하고 있는 광고에서도 알 수 있는데, 그들을 겨냥한 많은 광고의 목표는 '즐거움(fun)'을 강조하는 것이다. 즐거움을 추구하는 감성세대인 20대가 어디에서 즐거움을 느끼고 있는지에 대해서 아는 것이 20대를 이해하는 좋은 방법이 될 수 있다.

20대의 여가활동은 금전적인 영향을 많이 받는다. 물론 여가활동에 있어 여가비용의 영향을 받는 것은 20대뿐만은 아니다. 2006년 문화관광정책연구소의 조사에 따르면 한 달 필요한 평균 여가 비용은 22만 원이지만, 평균 여가 비용은 14만 원이라고 답했다. 또한 여가비용에 대한 부담 때문에 하고 싶어도 하지 못한 여가활동이 있다는 대답도 46.8퍼센트였다.

인터넷을 즐기는 20대

여가 비용에 대한 민감성은 첫 직장을 구하기 전인 25세 이전에 더욱 심하다. 따라서 20대의 여가활동은 컴퓨터를 사용하는 것이 대부분이다. 문화관광정책연구소의 조사에서도 20대의 63퍼센트가 게임, 인터넷 서핑, 채팅 등을 하는 것으로 나타났다. 2003년 싸이월드 열풍 이후 개개인이 미니홈피나 블로그를 가지고 있는 것이 보편화되었고 20대가 컴퓨터를 하는 시간 중 미니홈피나 블로그 하는 시간이 많은 부분을 차지하고 있다. 인터넷을 이용하는 사람들의 39.6퍼센트가 블로그를 하는 것에 비해 20대는 약 70퍼센트가 블로그를 하는 것으로 나타났다(정보통신부 2006년 하반기 정보화실태조사).

영화를 좋아하는 20대

20대의 여가활동 비율은 TV 시청과 컴퓨터 사용을 제외하면 영화가 9퍼센트로 가장 높다. 그리고 여가활동 중 영화를 보는 비율은 전 연령대에서도 가장 높다. 최근 뮤지컬 열풍이 불면서 20대 여성들의 뮤지컬 선호도가 높아지고 있지만 가격이 비싸기 때문에 아직은 영화를 보는 것이 보편적이다. 또한 다양한 방법으로 할인받을 수 있는 경로가 많아 20대들이 선호하고 있다.

• 20대의 주된 여가활동 비율

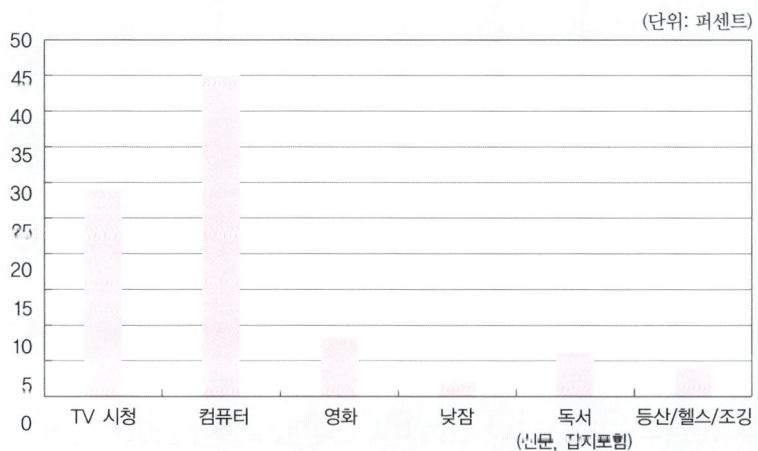

(단위: 퍼센트)

출처: 한국광고공사

뮤지컬에 눈을 뜨는 20대

몇 년 전부터 우리나라에는 뮤지컬 바람이 불고 있다. 〈오페라의 유령〉, 〈맘마미아〉, 〈에비타〉, 〈아이다〉 등 세계적으로 유명한 뮤지컬이 우리나라에서도 속속 공연되고 있다. 뮤지컬 한 편의 티켓 가격은 10만 원 수준으로 20대에게는 다소 부담이 될 수 있는 가격이다. 그러나 1년에 한 편을 관람하는 정도는 가능하다.

2003년부터 2006년까지 뮤지컬을 관람한 소비자 연령을 보면 30대(45%), 40대(24%), 20대(19%), 50대(5%) 순이다. 좀 더 상세히 보면, 20대 내에서도 20~24세가 4퍼센트인 반면 25~29세는 15퍼센트로 그 차이가 크게 나타났다. 이는 즐거움을 위한 20대의 뮤지컬 관람이 가격의 영향을 많이 받는다는 것을 알 수 있게 한다.

• 뮤지컬 소비자의 연령대별 분류

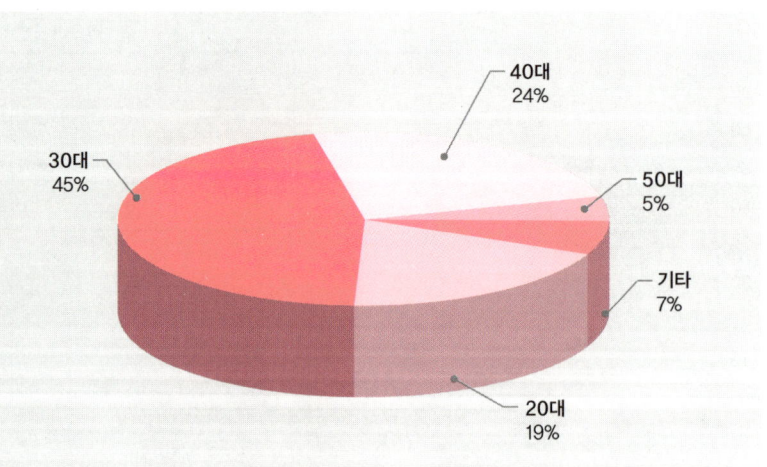

40대
24%

30대
45%

50대
5%

기타
7%

20대
19%

출처: 중앙일보

그러나 밸런타인데이, 화이트 데이, 크리스마스 등 수많은 기념일을 챙겨야 하는 20대들에게 특별한 날을 위한 특별한 이벤트로서 뮤지컬은 점차 각광받고 있다.

푸드

웰빙 열풍은 우리나라의 음식 문화에 많은 영향을 미쳤다. 유기농 식품에 대한 수요를 증가시켰고, 주부들의 음식 조리 방법에 영향을 미쳤다. '금강산도 식후경' 이라는 속담이 있을 정도로 음식과 먹는 것에 대한 즐거움을 중요하게 여기는 것이 우리나라 사람들이다. 그렇다면 20대는 먹는 것에 대해 어떤 식문화를 가지고 있을까?

먹는 것에 아낌없는 20대

20대는 먹는 것에 돈을 아끼지 않는 편이다. 그 비율은 전 연령대에서 가장 높은 것으로 나타났다. 웰빙 열풍으로 30~40대 역시 먹는 것에 돈을 아끼지 않는다는 응답이 60퍼센트가 넘었지만 20대와는 조금 차이가 있다.

30대 이상이 먹는 데 돈을 아끼지 않는 것은 다소 비싸더라도 몸에 좋은 음식을 먹는다는 의미이다. 그러나 20대는 그보다는 단순히 맛있는 것, 편하게 먹을 수 있는 것에 돈을 아끼지 않는 편이다. 특히 20대 초반은 건강보다는 맛과 편리성을 우선으로 하고 있다. 물론 그

• '먹는 데 돈을 아끼지 않는 편이다'는 질문에 대한 응답

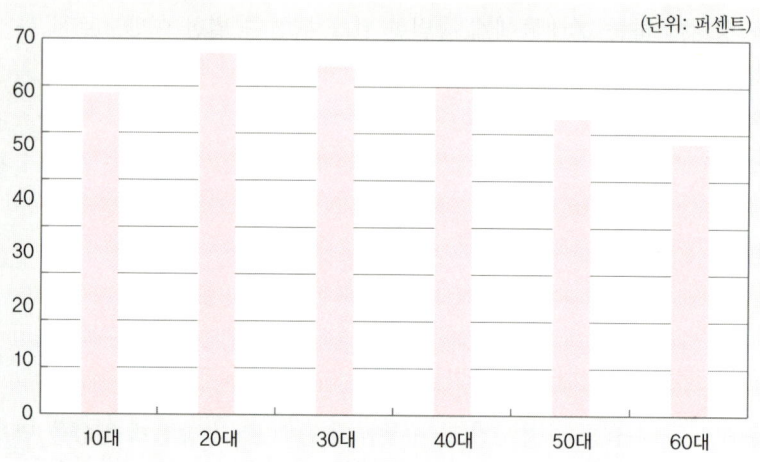

(단위: 퍼센트)

출처: 한국관광공사

들 역시 몸에 좋은 음식을 먹기 위해 돈을 쓴다. 하지만 꼭 건강에 좋은 것만을 고려한 것은 아니라는 것에 다른 연령대와 차이가 있다.

새로운 먹거리에 관심 많은 20대

20대는 새로운 먹거리에 관심이 많다. 특히 미국 드라마나 시트콤을 통해 볼 수 있는 외국의 새로운 먹거리에 관심이 많다. 그리고 이러한 먹거리를 직접 체험하고 싶어 한다. 이를 잘 보여주는 예가 바로 커피전문점 스타벅스와 커피빈 앤 티리프, 콜드스톤 등이다. 이 브랜드는 모두 미국에 본사를 두고 우리나라에 수입된 브랜드들이다. 이러한 브랜드는 미국 드라마나 영화, 혹은 어학연수나 유학을 다녀온 학생들을 통해서 입소문을 타고 그 인기를 더해 가고 있다.

20대는 무엇을 먹느냐도 중요하지만 어떤 분위기에서 먹느냐를 중요하게 여긴다. 이는 다소 비싼 가격인 아웃백 스테이크, 베니건스 등의 패밀리 레스토랑이 20대 사이에서 인기 있는 것에서도 알 수 있다. 20대는 우리나라의 일반적인 레스토랑과는 다른 패밀리 레스토랑의 분위기에 기꺼이 지갑을 연다. 지금은 아니지만 몇 년 전까지만 하더라도 이동통신사가 앞 다투어 패밀리 레스토랑과 멤버십 카드 제휴를 맺으려고 한 것을 보면 패밀리 레스토랑이 20대의 대표적인 식문화였음을 알 수 있다.

최근에는 와인에 20대의 관심이 높아지고 있다. 와인이 건강에 좋은 음식으로 알려지면서 40~50대에서는 와인이 웰빙 푸드로 자리 잡았다. 그러나 20대는 웰빙 푸드보다는 다소 고급스러운 식문화를 즐기는 푸드로 와인을 인지하고 있다. 와인의 가격은 다른 주류에 비해 다소 비싼 편이다. 따라서 와인을 즐기는 것이 소위 '럭셔리함'을 누리고 있다는 인상을 주고 있다. 20대에서 와인 문화가 어느 정도 확산되고 있지만 아직은 와인을 즐기는 것이 한 발 앞선 문화로 인식되고 있다.

또한 압구정, 청담동과 이태원 등을 중심으로 20대 여성들의 브런치 문화가 확산되고 있다. 미국의 시트콤 〈섹스앤더시티〉를 통해 시작된 브런치 문화는 우리나라에서는 다소 고가문화로 형성되었다. 주말 아침 브런치 레스토랑을 방문하면 대부분의 고객이 20대 여성인 것을 나타낸다. 이는 20대 안에서도 남성보다는 여성이 식문화에 더욱 민감하고 적극적이라는 것을 나타낸다. 한국방송광고공사의 조사에서도 남성보다는 여성이 식문화에 돈을 아끼지 않는 것으로 나타났다. 그리고 여성 내에서도 20대 여성이 먹는 것에 가장 아낌없는 것으로 나타났다. 먹는 것에 아낌없다고 응답한 비율은 20대 초반 여성이 71.2퍼센트이고 연령이 높아질수록 그 정도가 낮아져 40~50대에는 64.3퍼센트로 나타났다.

패션

패션에 신경 쓰는 것은 어느 특정 연령대나 성에 국한된 것이 아니다. 30대의 아줌마도 20대 아가씨에 뒤지지 않는 패션 감각을 가지고 있고, 40~50대 아저씨마저 패션에 신경 쓰는 노무족(NOMU: NO More Uncle)이 뜨고 있다. 아직은 패션에 신경을 쓰지 않을 것 같은 초등학생들도 이제는 그들만의 패션 문화를 갖추어 가고 있다. 이제 자신만의 개성을 보여주는 옷을 고를 줄 아는 것은 특정 집단에게만 중요시되는 것이 아니라 보편적인 현상이 되어버렸다. 그렇다면 20대의 패션은 다른 연령대와 무엇이 어떻게 다를까? 가장 큰 특징은 20대의 패션 문화는 다른 연령대의 모방 기준이 된다는 것이다.

패션을 선도하는 20대

30대 아줌마들은 20대 아가씨들이 좋아하는 디자인의 옷을 입고 싶어 한다. 따라서 백화점에 가면 숙녀복과 동일한 디자인이 여성복

코너의 쇼윈도에 진열되어 있는 것을 쉽게 볼 수 있다. 예전에는 숙녀복과 여성복의 치수가 차이가 났지만 최근에는 날씬한 30대 아줌마가 많아져 숙녀복 코너를 찾는 아줌마도 늘어나고 있다.

그렇다면 10대는 어떨까? 10대가 참고하는 패션의 기준 역시 20대이다. 10대는 나이에 비해 어른스러워 보이고 싶어 하는 욕구가 있다. 따라서 10대는 20대의 패션을 모방한다. 요즘 주말에 길을 다니다 보면 교복을 입지 않은 10대를 20대와 구분하는 것이 어렵다. 10대의 패션이 세련되고 어른스럽기도 하고, 그들의 패션 문화가 20대와 비슷하기 때문이다. 이러한 경향은 남성의 경우도 마찬가지이나. 가상 큰 특징은 남성 화장품에서 볼 수 있다. 예전에는 대부분의 40~50대 아저씨들이 출근길 아침 지하철을 타면 머리가 아플 정도로 향이 강한 스킨을 썼다. 그러나 20대 남성들은 다르다. 그들은 은은하고 부드러운 향을 가진 스킨을 쓴다. 최근에는 40~50대 남성들도 20대 젊은이들이 좋아하는 약한 향의 스킨으로 바꾸고 있다.

개성 있는 20대

20대는 개성 있는 패션을 좋아한다. 그들은 남의 눈을 의식하기도 하지만 자신이 입고 싶은 옷이라면 튀는 옷이라도 시도를 감행한다. 이러한 성향은 20대 초반에 가장 강하게 나타난다. 20대는 패션이 자신을 보여줄 수 있는 방법이라고 생각하기 때문에 옷차림을 중요하게 여긴다. 그리고 남에게 잘 보이기 위해 외모에 신경을 쓴다. 이는 남성이 60.4퍼센트, 여성이 62.6퍼센트로 큰 차이를 보이지 않았다. 이는

• '두드러지는 옷이라도 입는다' 는 응답

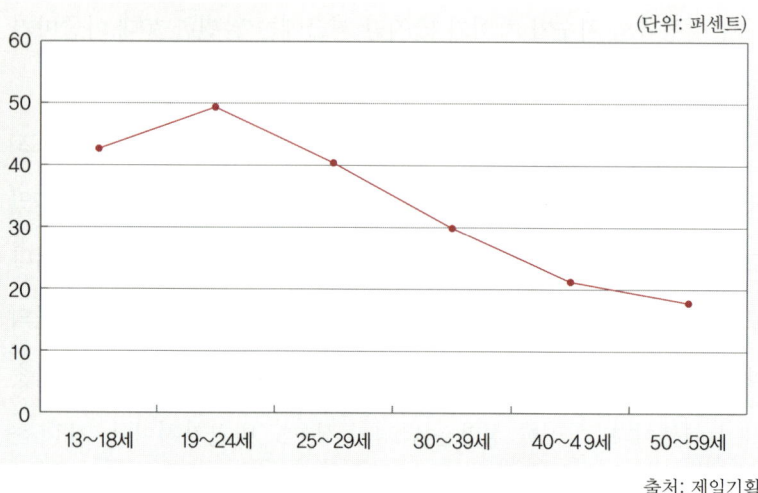

(단위: 퍼센트)

출처: 제일기획

전체 연령대 중 가장 그 차이가 적은 것으로 다른 연령대에 비해 20대 남성의 패션에 대한 관심이 여성과 큰 차이가 없음을 보여준다.

작은 것 하나에까지 신경 쓰는 20대

진정한 멋쟁이라면 한 겨울에도 얇은 옷 입는 것을 두려워하지 않는다. 그리고 진정한 멋쟁이라면 언더웨어를 갖추어 입는 것부터 시작한다. 그리고 패션의 완성은 의상과 잘 어울리는 가방, 슈즈 등 액세서리를 갖추는 것에서 마무리된다. 이처럼 작은 것 하나에까지 신경 쓰는 것이 20대다. '옷에 따라 구두, 넥타이, 장신구들을 맞춘다' 는 응답은 20대에서 가장 높게 나타났으며, 20대 여성의 경우는 73퍼센트에 이르는 등 특히 두드러졌다.

• '옷에 따라 구두, 넥타이, 장신구들을 맞춘다'는 응답

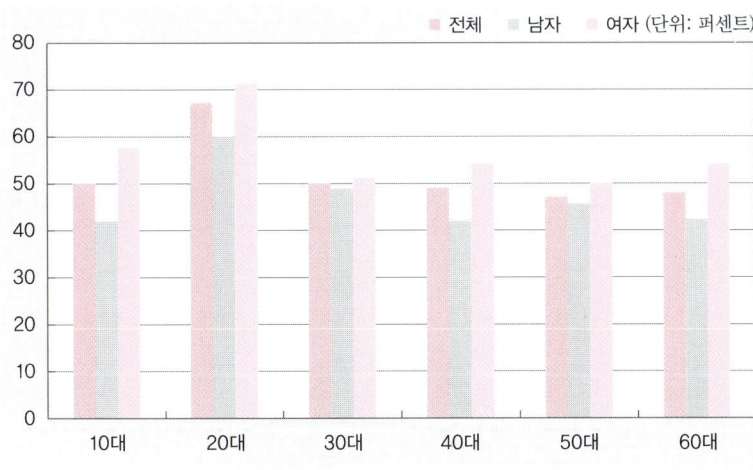

출처: 한국관광공사

명품에 관심 많은 20대

20대 여성의 65.6퍼센트는 꾸미는 것에 돈을 쓰는 것이 아깝지 않다고 응답했다. 이는 50퍼센트에도 미치지 못하는 다른 연령대와는 큰 차이를 보인다. 그래서인지 20대는 유난히 명품에 대한 관심이 높다. 하지만 20대의 경제능력으로 명품을 구매하는 것에는 한계가 있다. 가장 큰 장벽은 바로 높은 가격에 있다.

따라서 20대가 명품을 선택하는 방법에는 두 가지가 있다. 하나는 명품 브랜드 상품 가운데 비교적 가격이 낮은 핸드백, 지갑, 구두 등의 상품을 구매하는 것이다. 그리고 두 번째는 소위 말하는 '뉴 럭셔리' 브랜드를 구매하는 것이다. 뉴 럭셔리는 세컨드 명품이라고도 하는데 전통적인 명품보다는 가격이 낮지만 그 가치는 충분한 명품을

말하는 것이다. 트렌드 전문가인 페이스 팝콘은 뉴 럭셔리 브랜드가 향후 10년 간 지속될 트렌드라고 예견한 바 있다.

라이프스타일

20대는 여가시간이 가장 많은 때이기도 하다. 20대 초반에는 대학생활을 하면서 비교적 많은 시간적 여유가 있다. 물론 취업 준비, 고시 준비로 바쁘다고는 하지만 다른 연령대에 비해서는 여유가 많은 편이다. 또한 20대 후반에는 출산 후인 30대 이후와 비교하여 시간적 여유가 있는 편이다. 따라서 20대는 여가 활동에 대한 욕구가 크다. 그렇다면 20대는 요즘 무엇을 하며 어떻게 살고 있을까?

미래를 준비하는 20대

20대는 자립적인 어른이 되기 위한 준비단계이자 과도기이다. 따라서 때때로 그들은 방황하기도 하지만, 미래를 위한 준비에도 열심이다.

요즘 들어 대학생을 대상으로 하는 공모전이나 인턴십 프로그램이 부쩍 늘어나고 있는 것만 보아도 20대가 미래에 많은 관심을 갖고 있다는 것을 알 수 있다. 그들은 자기계발을 통해 자신의 가치를 높이는 것에 관심이 있으며, 기업들은 공모전을 통해 이를 활용한다. 공모전은 적은 비용으로 기업들이 대학생들의 다양하고 참신한 아이디어를 얻을 수 있는 방법으로 인기를 끌고 있다. 또한 대학생을 타깃으로 하는 상품 혹은 서비스를 제공하는 기업인 경우 자연스럽게 그들의 고객에 대한 홍보 효과를 얻을 수 있다. 대학생들은 공모전 수상 경력이 그들의 경쟁력을 높여 줄 수 있다고 생각하며, 그와 더불어 상금과 부상까지 얻을 수 있다. 이렇게 양 측의 필요가 맞물려, 공모전이나 인턴십과 관련된 시장이 점점 커지고 있다.

프로슈머로서의 20대

요즘 젊은이들은 그들의 필요에 맞는 상품과 서비스를 쓰고 싶어 한다. 고객맞춤화(customization)가 잘된 상품과 서비스를 찾던 20대는 이제 그들이 직접 생산 과정에 참여하기 원한다.

프로슈머는 미래학자 앨빈 토플러가 『제3의 물결』에서 처음 쓴 용어로, 제품 개발을 할 때에 소비자가 직접 또는 간접적으로 참여하는 방식을 말한다. 눈에 보이는 상품이나 서비스를 개발하는 것에 참여하던 소비자를 일컫던 프로슈머는 최근에는 좀 더 확장된 영역에서 사용되고 있다. 최근 UCC(User Created Content)가 주요 키워드로 등장하고 있기 때문이다.

UCC가 화두가 되면서 프로슈머는 남늘이 제작하거나 상업용으로 제자한 음악, 게임, 영화 등 콘텐츠를 즐기는 소비자인 동시에 스스로 전문가용 소프트웨어나 기기를 이용해 콘텐츠의 제작자가 되기도 하는 사람들을 지칭하고 있다.

합리적이며 동시에 감성적인 20대

요즘 젊은이들은 돈 아까운 줄 모르고 소비를 한다고 혀를 끌끌 차는 어른들이 있다. 아마도 명품을 사기 위해 몇 달치 월급을 털고, 집은 사지 않아도 외제차는 굴리는 이들을 보면서 하는 이야기일 것이다. 그러나 뉴스나 신문에서 그려지는 20대의 모습은 일부의 이야기일 뿐 실질적으로는 무분별한 소비를 하지 않는다. 20대의 소비 성향은 한 마디로 '합리적으로 구매하는 감성적 소비자'라고 표현할 수 있다. 좀 더 쉽게 말하자면 20대는 갖고 싶은 것은 욕심을 내어 구매하는 감성적 소비자이지만, 구매를 할 때 가장 합리적인 경로를 탐색하여 구매하는 합리적 소비자라고 할 수 있다.

다른 것은 몰라도 꼭 명품 혹은 유명 브랜드로 구입하는 품목이 있다는 응답이 55퍼센트(25~29세)로 가장 높게 나왔다. 또한 20대는 물건을 사는 것이 즐겁고 아무 이유 없이 물건을 사고 싶을 때가 있다고 한다. 그러나 마음에 드는 제품 구매를 위해 적극적으로 정보를 찾는다는 응답이 80퍼센트(전체 평균 70%)를 넘을 정도로 합리적인 성향을 보이고 있다. '고급 커피를 마시기 위해 5천 원을 쓰지만 옷값은 아까워 동대문에서 3천 원짜리 티셔츠를 사는 20대 여성', '밥값을 아끼기 위해 학교 내 식당에서 3천 원 하는 점심을 먹지만 갖고 싶던 mp3는 30만원을 주고 사는 20대 남성.' 꼭 갖고 싶은 물건이라면 아낌없이 구매하지만 그 외의 것에서는 소비를 줄이는 모습. 이것이 바로 20대 소비문화의 특징이다.

브랜드를 좋아하는 20대

'소비'라는 단어는 무의식중에 '여성'을 떠올리게 한다. 최근 쇼핑을 즐기는 남성이 증가하고 있기는 하지만 아직 여성이 소비의 중심에 서 있다. 2006년 10월 비씨카드의 조사에 따르면 20대 내에서도 여성의 소비 형태가 구분되는 것으로 나타났다. 이 조사는 비씨카드를 이용하는 여성 고객들의 카드 사용처를 분석한 결과이다. 2006년 8월을 기준으로 비씨카드를 이용하는 여성 고객 수(약 498만 명)가 전체 여성 경제활동 인구(약 996만 명)의 절반에 가깝기 때문에 그 결과는 신뢰할 만하다. 20~24세 여성들의 경우 백화점을 선호하며, 25~29세 여성은 인터넷몰을 선호하는 것으로 나타났다. 그리고 30~40대는 홈쇼핑을 선호하는 것으로 나타났다. 20~24세 여성의 대부분이 아직 학생이

• '꼭 유명브랜드로 구입하는 품목이 있다'는 응답

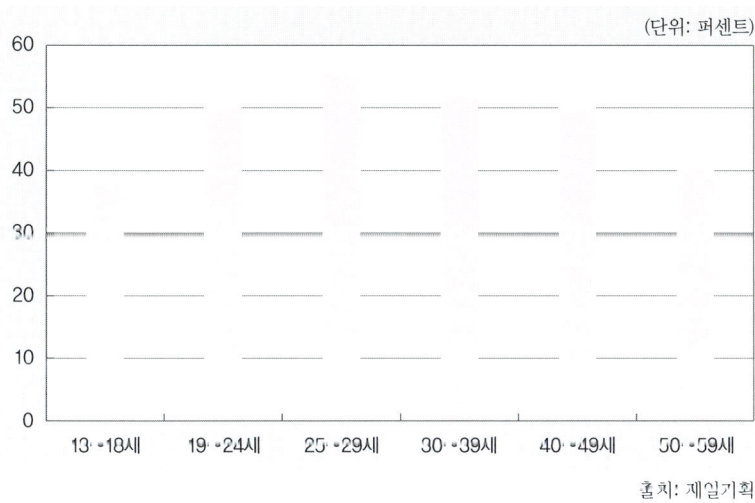

(단위: 퍼센트)

출처: 제일기획

라는 것을 감안한다면 이러한 결과는 다소 의외이다.

　그러나 20대의 소비 성향을 조금만 더 고려한다면 그 이유를 알수 있다. 20대 초반의 여성들은 브랜드에 약하다. 따라서 백화점을 더욱 선호한다. 하지만 실제적으로 경제적 능력이 있는 20대 후반의 여성들은 그들의 경제력에도 불구하고 가격에 더 민감하기 때문에 인터넷 쇼핑몰을 더욱 선호하는 것이다. 이러한 결과는 20대 여성의 경제력보다는 그들이 중요하게 여기는 가치가 무엇인지를 통해 쉽게 이해할 수 있다.

3

20대를 사로잡는 영 마케팅

앞서 살펴본 바와 같이 20대는 눈여겨볼 만한 매력적인 시장이다. 20대는 얼리어답터일 뿐 아니라 다른 연령대의 모방 대상이 되는 중요한 시장이며, 미래의 잠재고객이기 때문이다. 이제 이 매력적인 20대를 겨냥하고 있는 영 마케팅(young marketing)의 사례를 찾아보자.

이 책에서는 20대가 선호하고 있고, 20대를 겨냥한 독특한 마케팅을 하고 있는지를 고려하여 사례를 선정하였다. 2부에서 언급할 모든 사례는 20대 젊은이들을 겨냥하여 성공한 혹은 성공가도를 달리고 있는 사례들이다. 또한 엔터테인먼트, 푸드, 패션, 라이프스타일 등 네 가지 분류에 따라 사례를 구분해 보았다.

Entertainment	1. 클럽 문화
	2. 비보이
	3. 멀티플렉스 영화관
	4. 익스트림 스포츠
	5. 온라인 음악 시장, 멜론
	6. e-Sports
	7. 온스타일(미드)
	8. 포터블 플레이어
Food	1. 브런치
	2. 베이커리 카페
	3. 패밀리 레스토랑
	4. 아이스크림
	5. 음주 문화
Fashion & Beauty	1. 주얼리
	2. 성형수술
	3. 피트니스 센터, 체형관리
	4. 화장품
	5. 패션속옷
Lifestyle	1. 군인 대상 마케팅
	2. 몰고어
	3. 공모전 마케팅
	4. e-러닝
	5. 파티 문화
	6. 튜닝
	7. 자원봉사

PART **2**

20대를 사로잡는
재기발랄 마케팅

ENTERTAINMENT

1

젊은이들의 문화중심, 클럽

홍대앞은

클럽 문화의 중심지로 많이 알려져 있다. 한때 클럽은 일부 소수 마니아 계층에만 알려져 있는 비밀 장소였으나 이제는 상당히 많이 퍼져 우리나라 젊은이들의 문화로 완전히 자리 잡았다. 주말 저녁이면 클럽들이 몰려 있는 홍대앞은 멋지게 차려 입은 클러버들로 밤늦은 시간까지 북적거린다.

이 장에서는 클럽이 사람들을 어떻게 끌어들이는지, 또 클럽 때문에 어떤 파생사업들이 생겨났는지, 클럽 문화를 활용하여 기업들이 어떻게 마케팅을 하고 있는지 살펴보기로 한다.

클럽의 진화

마니아들의 공간으로 태어난 곳, 바로 클럽이다. 예술과 문화의 공간인 홍대앞에 자리를 튼 클럽은 소수의 공간이라는 정체성을 확고히 가지고 있었다. 이후 1990년대 후반 펑크 음악이 젊음을 표방하게 되면서 얼굴을 알리기 시작했고, 2001년부터 시작된 클럽데이를 기점으로 더 많은 대중에게 가까이 다가서게 되었다.

클럽은 1999년부터 대중에게 알려지기 시작했다. 양질의 뮤지션들과 내공을 쌓아온 음악적 풍토가 바탕이 되어 현재까지 활동하고 있는 펑크 락 그룹인 '크라잉넛'이나 '노브레인'이 이 시점에 촉매 역할을 톡톡히 했다. 특히 '크라잉넛'은 '말 달리자!'라는 노래로 젊은 층의 폭발적인 지지를 얻으며 성장했고 인디펑크 음악클럽 '드럭'은 이 인기를 틈타 인디레이블 음반을 발매해 더 많은 사람에게 더 많은 인디 음악과 클럽문화를 알리고자 하였다. 이렇게 펑크음악의 인기에 보태어 힙합클럽의 원조격인 '마스터플랜(Master Plan)'이라는 클럽 역시 이후에 '씨비매스(CB MASS)', '주석(JOOSUC)' 등의 랩퍼들이 대중적인 인기를 얻으면서 힙합을 클럽 음악의 하나로 자리매김하도록 하는 데 일조했다. 이런 마니아적인 인기를 바탕으로 다양한 클럽들이 홍대 주변을 본거지로 성장하기 시작했다.

클럽 문화가 확고한 입지를 가지고 소수의 정체성을 대표하였지만 클럽을 찾아오는 고객층은 크게 늘어나지 않았고 이 정도의 입장객으로는 손익분기점을 넘기지 못해 운영주들은 자금난에 허덕일 수밖에 없었다. 클럽들은 운영난을 해결하고, 클럽의 고객층을 넓히기 위해 2001년부터 연합을 이루어 '클럽데이' 라는 이름으로 이벤트 형식의 마케팅을 펼치기 시작했다.

'클럽데이' 와 'nb' 라는 전 '서태지와 아이들' 의 양현석 씨가 운영하는 브랜드 파워에 의거한 힙합클럽의 인기 그리고 MTV의 '부비부비' 라는 프로그램의 영향으로 클럽을 찾는 젊은층은 점점 늘어났다. 수익 차원에서도 불어난 입장객에, 입장권 가격 또한 2001년 당시 5천 원이던 가격을 현재 평균 1만 원으로(평일 기준) 끌어올려 자금난에서 숨통이 트이기 시작했고, 더 많은 클럽들이 생겨났다. 게다가 클럽을 찾은 이들이 과거와 달리 기본적으로 제공된 음료 이외에 추가적으로 음료를 사는 등 지출 폭이 확대되었고 클럽에서 사물함을 제공함으로써 사물함 이용비와 같은 부수적인 수익원도 늘어났다.

그렇게 클럽은 그들만의 리그에서 조금 더 대중적인 리그로 진화를 지속해 왔다. 이제는 홍대앞에서 강남으로, 서울 전역으로, 전국적으로 번져나가고 있는 클럽들은 어떻게 스스로를 마케팅했을까.

클럽의 마케팅 전략

홍대앞의 클럽들은 고객을 유치하기 위하여 세 가지의 형태로 마케팅을 펼치기 시작했다. 첫째 방법은 클럽들이 공동으로 진행하는 행사로 클럽데이나 사운드데이와 같은 공동마케팅이 있다. 둘째로는 클럽들이 대형화하고 기업화함으로써 상호 시너지 효과를 일으켰고, 셋째로는 이벤트, 파티 등을 벌임으로써 스스로의 이름을 노출시키는 이벤트 마케팅 그리고 마지막으로 뮤지컬과 같은 공연을 기획해서 더 많은 대중을 불러들이는 공연마케팅을 펼쳤다.

공동마케팅

클럽들이 고객을 유치하기 위해 벌인 마케팅 중에서 가장 성공적으로 평가되는 것은 바로 공동마케팅이다. 클럽데이, 사운드데이를 통해 많은 대중들이 클럽과 가까워질 수 있었던 것이다.

클럽데이

클럽은 한 달에 한 번씩 마법에 걸린다. 1만5천 원의 티켓 한 장으로 13개의 힙합을 비롯한 댄스클럽들을 이용할 수 있는 기회가 클러버들에게 주어지기 때문이다. 초기에 클럽을 활성화시키려는 목적으로 2001년 3월 30일 4개의 테크노 클럽이 '홍대 클럽 하나 되는 날'이라는 슬로건을 내걸고 첫 행사를 시작했다. 2002년 월드컵 이후 폭발적인 관심과 성장을 거듭해, 매회 만 명에 가까운 다양한 사람들이 홍대의 문화와 클러빙을 즐기는 문화현상으로까지 이어지는 대형행사로 자리 잡았다. 클럽데이는 음악 장르에 구분 없이 여러 클럽들이 어울리는 행사로 성장하였으며 지금도 계속 이어져 오고 있다. 매달 마지막 주 금요일에 펼쳐지는 클럽데이는 평소에 클럽을 접하기 어려웠던 잠재 소비자들을 홍대로 불러들이는 데 크게 기여하고 있다.

　또한 기업들이 후원 형태로 클럽데이를 홍보 및 소비자 조사 수단으로 이용하면서 클럽데이의 규모는 점점 커지고 있다. 2006년의 경우에는 KT&G에서 클럽데이를 후원하였다. KT&G에서는 클럽데이를 후원하면서 클러버들에게 젊고 스타일리쉬하고 편안한 브랜드 이미지를 심어줄 수 있었다. 또한 새로운 담배가 출시되면 클럽데이의 티켓과 함께 신상품을 홍보하였다. 2007년에는 클럽데이 6주년을 맞아 옥션이 클럽데이를 협찬하고 길거리에서 걸어다니는 브랜드 홍보 이벤트를 펼쳤다.

사운드데이

　사운드데이는 무경계 음악축제로 클럽데이와 그 맥을 같이한다. 사운드데이는 락이나 재즈를 중심으로 평소 접하기 힘든 일렉트로닉에서 실험적인 크로스오버까지, 장르를 초월한 다양한 공연들을 한 장

클러빙을 활성화하기 위해 매달 마지막 주 홍대에서 열리는 클럽데이에서 사용하는 이용권과 매달 셋째 주에 홍대에서 열리는 사운드데이 포스디

의 티켓으로 자유롭게 즐길 수 있는 행사로 매달 셋째 주 금요일에 홍대 10개 클럽에서 열리는 음악축제이다.

사운드데이는 정형화된 문화에 찌든 대중들에게, 다양한 음악, 오버와 언더를 불문한 실력 있는 뮤지션, 제대로 된 공연을 통해, 일상 속에서도 새로우면서 특별한 문화를 접할 수 있게 한다. 또한 홍대를 대표하는 문화행사로서, 문화인큐베이터이자 다양한 예술 활동들이 벌어지는 홍대앞으로 많은, 그리고 다양한 고객층이 찾을 수 있도록 유도하고 있다. 2006년 KT&G가 후원 형태로 참여했으며 현재는 행사마다 다른 주제를 가지고 여러 단체나 기업으로부터 후원받고 있다.

클럽의 기업화

클럽들은 마케팅을 효율적으로 하기 위해 대형화, 기업화되기 시작했다. 규모를 키워서 동시에 행사를 열거나 클럽을 포함해 다른 엔터테인먼트까지 즐길 수 있도록 만듦으로써 시너지 효과를 내기 위함이다. 이런 형태의 예로 클럽 '엔비(nb)'와 클럽 '할렘'은 '클럽엔비'라는 엔터테인먼트 소속으로 강남과 홍대, 수원에 지점을 가지고 있으며 클럽 'Q-vo'와 클럽 'm2'의 경우에도 오후(OHOO)라는 엔터테인먼트 기업으로 묶여 있다. 이외에 클럽 '캐치라이트(catch light)'는 'catch light'라는 하나의 종합 엔터테인먼트 건물로 안에 와인바와 레스토랑, 클럽 2개를 동시에 운영하며 시너지 효과를 노리고 있다. 이것은 비단 홍대앞 만의 현상이 아니라 강남 쪽에서도 일어나고 있는 현상으로 클럽 '아구아(AGUA)'가 바로 그런 예에 해당된다.

이벤트 마케팅

클럽데이에만 고객들이 클럽을 방문한다면 사실 클럽들은 안정적인 재정 상태를 유지할 수 없을 것이다. 결국 클럽들은 각자 자구책이 필요했다. 클럽들은 자신의 성격과 주류 음악에 맞추어 이벤트, 파티를 스스로 개최해 진행하였고 이런 이벤트 마케팅을 통해 스스로의 이름을 노출시키고 브랜드 파워를 높여 수익을 올렸다.

특히 클럽에서 스스로 기획하는 파티 중에 흔한 방법은 유명 디제이(DJ), 가수를 초청하여 파티를 여는 것이다. 해외 유명 디제이의 경우, 인지도가 크므로 많은 마니아들이 파티에 찾아오게 되는데 이 과정에서 클럽의 브랜드 노출도가 커지고 클럽 브랜드 가치도 디제이의 브랜드 파워를 따라 동시에 상승하는 일석이조의 마케팅 효과를 볼 수 있다.

일반 파티 이외에 이벤트 형식으로는 레이디스 나이트(Ladies Night)라는 클럽 이벤트가 있다. 이 이벤트는 여러 클럽에서 비슷한 유형으로 행하는 마케팅이다. 레이디스 나이트란 이른바 일주일 중 수요일만 여성 고객을 대상으로 무료입장의 기회를 부여한다. 클럽에 여성이 많을수록 남성들의 입장수가 늘어나는 원리를 이용해 클럽 고객 수가 적은 수요일에 여성들에게 음료권을 제외한 무료입장만을 허용하는 것이다. 이런 무료입장의 이벤트를 'Q-vo' 같은 클럽에서는 대학생 전체를 대상으로 펼치기도 한다. 이러한 이벤트 마케팅을 펼침으로써 더욱 많은 고객들이 클럽과 가까워지고 방문하는 계기가 마련되고 있다.

공연 마케팅

최근에는 더욱 적극적인 변화가 나타났다. '벨벳바나나'는 클럽 공간에서 '래퍼스 파라다이스'라는 랩뮤지컬(rap musical)을 시도했다. 클럽이 공연 기획 업체에게 클럽을 대관해 주는 형식이 아니라 클럽이 공연 주관 업체가 되어 자체 기획을 하고 클럽에서 힙합노래를 부르던 래퍼(rapper)들이 배우가 되어 공연을 만든 것이다.

이 '래퍼스 파라다이스'는 최초의 랩뮤지컬로 순수 창작 뮤지컬이며 실제 미국의 전설적인 래퍼 '투팍'과 '노토리어스 비아이지'의 이야기를 재구성한 작품이다. 이런 공연 마케팅을 통해서 클럽은 홍대 클럽문화에 익숙하지 않은 영 제너레이션을 자연스럽게 클러버로 이동시키는 데 성공하고 있다.

클럽을 이용한 기업들의 마케팅 전략

클럽을 찾는 사람들은 95퍼센트가 20대이며 그 중 60퍼센트가 대학생이다. 또한 10퍼센트는 외국인이다. 이렇게 클러빙이 젊은이들의 문화가 되면서 클럽을 겨냥한 기업의 마케팅 역시 활발하게 나타났다.

클럽에 뭐 입고 가지

이제 클럽은 젊은이들에게 패션의 중심지가 되었다. 그러나 이전에 클럽이 확산되기 시작할 무렵의 클러버들은 패션의 중심이라기보다는 자신만의 스타일을 가지고 있었다. 그러던 중 2004년을 기준으로 힙합클럽이 대세를 이루고 MTV의 '부비부비' 프로그램이 인기를 끌면서 클러버들이 입는 의상에 변화가 오기 시작했다. 자신이 편한 대로 입던 의상은 점점 화려하고 요염해졌고 클럽 'nb'의 경우에는 정장과 츄리닝 차림의 출입을 금지하겠다고 공표하기에 이르렀다. 이제 클럽을 가려던 이들은 고민을 하기 시작했다. "아! 오늘 클럽 가는 데 뭘 입고 가지?"

사실 '클럽 의상'이 평소 일상에서 소화하기 힘든 경우도 많지만, 대부분의 클러버들은 이곳에서 자신의 패션을 뽐내기도 하고 다른 이의 스타일을 배우기도 한다. 이제는 '최고의 스타일쟁이'라는 생각이 클러버들이 공유하는 자신감이자 그들의 원동력이다. 시장은 이 현상을 놓치지 않았고 인터넷을 이용해 '클럽 의상'이라는 타이틀을 만들

인터넷 쇼핑몰 옥션은 홍대클럽과 제휴하여 클럽 스타일의 의상과 메이크업을 판매하고 당첨된 클러버들에게 무상으로 제공하는 이벤트를 벌였다

어 의류를 만들어 팔기 시작했다. 클럽들이 의도하지는 않았지만 파생적으로 새로운 시장이 탄생한 것이다. 현재 클럽 의상을 타이틀로 하고 있는 온라인 마켓만 100여 개 업체가 넘고 있다.

특히 클럽에서 입는 클럽 웨어를 만드는 의류 브랜드의 경우는 더욱 적극적이다. 캐포츠(스포츠+캐주얼) 의류브랜드인 EXR은 2005년 'Hot Club 2005'를 개최해 전국의 주요 도시 클럽에서 섹시 클러버를 선발하는 콘테스트를 진행했다. 최후 입상자에게 3천만 원의 상금을 지급한 이 이벤트는 클러버들에게 EXR 브랜드와 클럽 문화를 연결시켜 줄 수 있는 좋은 계기가 되었다.

홍대앞 클럽 후퍼(hooper)에서는 섹시 콘셉트를 내세우고 있는 GGPX(㈜연승어패럴의 여성 영 캐주얼 브랜드)가 마케팅을 진행했다. 클럽 후퍼에서 매주 목요일 클럽 파티 이벤트를 진행한 것은 GGPX에게 모험이었다. 목요일은 클럽을 찾는 클러버들이 적은 요일이기 때문이다. 그러나 GGPX는 포토제닉, 경품을 제공하는 이벤트로 클러버들이 목요일에도 클럽을 찾게 만드는 유인책을 사용했다. 목요일에 클럽 이벤트를 준비한 GGPX는 마케팅 비용을 낮추어 비용 대비 효과를 극대화한 좋은 예라고 할 수 있다.

GGPX는 아카데미 상 6개 부문에 노미네이트된 영화 〈드림걸즈〉의 홍보 파티를 클럽 M2에서 열기도 했다. 〈드림걸즈〉를 홍보하기 위한 목적으로 열린 이 파티를 협찬한 GGPX는 드림걸즈 베스트 룩 컨테스트를 개최하여 20대 사이에 자사 브랜드 인지도를 상승을 꾀했다.

클럽은 최고의 파티 장소

최근에는 신제품 런칭 파티를 클럽에서 개최하는 등 클럽을 다양한 홍보 파티의 장소로 하는 마케팅이 성행중이다. 그 예로 클럽 '도우넛'에서는 하나포스가 부가서비스 고객 1천 명을 대상으로 '하나포스 파티'를 열었다. 런칭 이벤트의 대표적인 클럽 중 또 하나는 '캐치라이트(Catch light)'로 타 클럽보다 신제품 런칭 및 가수들의 쇼케이스 등으로 이용되며 서로가 홍보효과를 보는 윈윈효과를 노리고 있다. 최근에 캐치라이트에서는 도시락(dosirak) 뮤직콘테스트를 열었고 한빛소프드의 새로 린칭되는 세임쇼를 벌일 예성이다. 이저럼 기업이 클럽을 이용하여 마케팅하는 경우 가장 많은 것은 가수들의 새로운 앨범 쇼케이스 및 **콘서트**, 업체들의 런칭쇼로서 오히려 클럽 본연의 목적보다 대관에 가까운 상업적인 면에서 이용되기도 한다.

호텔 클럽

홍대 클럽보다는 고급문화에 속하던 호텔 클럽들이 이제는 홍대 클럽 문화를 빌려가고 있다. 중저가 비즈니스 호텔들이 많이 생겼고 특급호텔마저도 이제는 기업고객만을 대상으로 하기는 힘들어졌기 때문이었다. 대신 좋아하는 일에는 논을 아끼지 않는 젊은 층으로 눈을 돌리기 시작한 것이다. 호텔들은 젊은 층을 끌어당길 수 있는 무언가가 필요했고 홍대 클럽의 파티 문화를 통해 젊은 층, 특히 알파걸, 골드미스와 같은 경제적 능력이 있는 젊은 여성 고객증을 흡수하기로 한 것이다.

DJ에 따라 이동하는 홍대클러버들의 특성을 이용해 유명 DJ 라인업을 갖추고 입장권에 패키지로 호텔의 상품을 묶어 판매한 서울 웨스틴 조선호텔의 경우 2007년 패키지 상품 판매율이 2006년 대비 28.6퍼센트나 증가했다.

클러버들의 매거진, 「더 블링(The Bling)」

패션 잡지, 코스메틱 잡지, 자동차를 소재로 한 잡지는 문화에 대한 소식을 전달해 주는 매체이다. 클럽 문화가 점차 20대 전반의 젊은이들에게 확대되면서 그들에게도 새로운 정보를 제공해 줄 잡지가 필요하게 되었다. 이 필요를 충족시켜 준 잡지가 바로 「더 블링(The bling)」이다. 전국의 클러버를 타깃으로 하고 있는 「더 블링」은 전국에 퍼져 있는 클럽의 행사, 이벤트 소식뿐 아니라 클럽웨어, 클럽음악, 클럽 스타일 등을 포함한 트렌드를 전해 주는 소식지이다. 2004년 12월 0호 발간을 시작으로 매달 20일에 발간되고 있으며, 전국 클럽을 중심으로 무료로 배포된다.

「더 블링」에는 광고가 실리고 있지만 더 많은 기업들이 이 매체를 단순한 클럽잡지로만 볼 것이 아니라 영제너레이션을 대상으로 하는 마케팅 수단으로 인지하고 광고를 집행하거나 이벤트 매체로 활용해야 할 것이다. 홍대앞 클럽들과 전국의 클럽에 배포되는 「더 블링」은 활동적이고 소비지향성을 지닌 젊은이들에게 노출이 많이 되며 잠재 타깃 고객인 20대에게 일반 매체와는 색다른 매체로 다가가기 때문이다.

적극적인 놀이문화, 자발적인 개방, 능동적인 연애, 새로운 분출구 역할을 하고 있는 「더 블링」은 클럽 문화를 모두가 즐길 수 있게 하는 데 일조하고 있다. 클럽이 기존의 정체성을 벗어나 대중적으로 변해 가는 과정에 있어서 기존의 소수가 영향력을 잃은 것이 안 좋은 것은 아니다. 오히려 더 많은 이들에게 긍정적으로 다가설 수 있는 기회가 생겼기 때문이다. 새롭고 기발한 아이디어가 바이러스처럼 퍼지듯, 「더 블링」이 다른 문화와 클러버들의 실생활에도 같은 열기를 퍼뜨려 주기를 바란다.

2

몸으로 **말**하는 **세대, 비보이**(B-boy)

아이돌 그룹이 추던

화려한 방송용 안무에서부터 나이트 댄스, 재즈댄스, 벨리댄스, 살사, 최근 클럽의 열기에 힘입은 섹시댄스까지 많은 종류의 춤들을 우리는 주변에서 볼 수 있다. 춤을 빼놓고는 요즘 젊은이들을 이야기할 수 없고 또 젊은이들을 이야기할 때 춤을 빼놓고는 설명할 수가 없다. 구세대들에게 노래방이 대중화된 이후 굳이 가수가 아니라도 남들 앞에서 노래를 부르고 또 남의 노래를 감상하는 것이 특별한 일이 아닌 것처럼, 신세대들에게는 남들 앞에서 춤을 추고 감상하고 또 함께 즐기는 일이 대수로운 일이 아니다. 그래서 최근에는 학원 강습을 통해 여러 장르의 춤을 배우는 사람들이 늘어났고, 파티나 클럽, 전문 바에서 이렇게 배운 춤을 즐기는 경우가 많다. 춤이 하나의 건전한 문화생활로 자리 잡은 것이다. 이 중 브레이크 댄스를 즐기는 비보이(B-boy)들은 신세대 문화의 한 가운데를 차지하고 있으면서도 다른 춤과는 다른 독특한 성격을 갖고 있다.

비보잉(B-boying)

비보이(B-boy)란 브레이크 댄스(break dance)를 추는 이들(boy)을 줄인 말로 남자인 경우 b-boy, 여자인 경우 b-girl이라고 부른다. 비보잉(B-boying)이란 이들이 추는 춤인 고난이도의 힙합 브레이크 댄스를 말하는 것으로 '뛰어오르다'를 뜻하는 아프리카어 'boioing'에서 유래되었다. 극도로 격렬하고 자유로운 비보잉은 신세대들이 즐기는 다른 춤들과 다른 특징을 갖고 있다.

자유로운 영혼의 움직임

비보잉을 스트리트 댄스(Street dance)라고도 한다. 정해진 공연장에서 막이 올라가고 사회자가 호명하면 등장하여 춤을 추는 것이 아니라 주로 길거리에서 어깨에 카세트를 올려 메고 삼삼오오 모여 춤을 추기 때문에 이런 이름이 붙여졌다. 정해진 공연복도 없고 순서도 없고, 정해진 안무도 없다. 이처럼 비보잉의 가장 큰 특징은 자유로움이다. 춤의 형태가 자유로운 만큼 다른 춤들과는 배우는 방법도 다르다.

대부분의 비보이는 여러 댄스 팀에 속해서 선배들에게 춤을 배운다. 학원을 다니는 이들도 있지만, 모자란 부분을 보충하기 위한 것뿐이고 주로 댄스 팀에서 선배들 틈에 끼어서 연습을 하며 춤을 익히게 된다. 전국 모든 대학뿐만 아니라 고등학교에도 댄스 동아리는 하나쯤 있는데 이런 동아리들이 대부분 브레이크 댄스를 연습하고 있다. 학교에 속한 동아리 외에도 지역별로, 혹은 마음이 맞는 사람들끼리 다양한 댄스 팀을 만들어 활동하고 있고 대부분의 팀은 별도의 오디션 없이 원하는 사람을 모두 신입회원으로 받는다.

클럽 등지에서 자유롭게 추는 춤조차 상업화되어 각종 학원에서 댄스 교실을 개설하여 수강생을 모집하고 있는데, 비보잉은 탄탄한 마니아층과 많은 수요에도 불구하고 다른 춤에 비해 학원가의 영향을 적게 받고 있다. 자유로움이 기본 정신인 비보이들의 영향이 반영된 결과다.

비보잉에 올인하는 마니아층

아직까지 비보잉을 즐기는 사람의 숫자가 절대적으로 많은 것은 아니다. 춤 자체가 고난이도이고 제대로 즐기기 위해서는 많은 연습을 요하기 때문이다. 실제로 많은 비보잉 팀은 매일 3~4시간씩 춤 연습을 한다. 또 많은 유연성을 요하며 위험한 동작이 많기 때문에 단단히 각오하지 않으면 배우기 힘든 춤이다. 탈골이나 골절상을 당하기도 부지기수다. 하지만 한번 비보이에 빠지게 되면 그때는 마니아가 되어 비보잉에 모든 것을 걸어버리는 것도 비보이들의 또 다른 특징이다.

신세대들에게 이미 대중화되어 있는 재즈댄스, 클럽댄스 등은 보급력은 높으나 대부분 일상 속에서 취미생활 정도로 인식하고 있고, 20대 후반 이후에서 마니아층이 두터운 살사의 경우에도 취미생활 수준에서 많은 동호회가 활동하고 있다. 그러나 비보잉을 즐기는 이들은 주로 10대 후반의 청소년층에서부터 20대 초, 중반까지가 많은데 생활의 대부분을 비보잉에 투자한다. 단순한 취미 생활의 종류라고 보기에는 몰입의 강도가 높으며, 학업을 배제하거나 막노동과 아르바이트를 하면서까지 비보잉을 즐기는 이들이 많다. 이런 면이 기성세대의 눈에는 부정적으로 비춰시기노 하지만, 대중으로 퍼져나가고 기업의 마케팅 전략으로 활용되었을 때의 폭발력도 클 것이다.

비보이들은 적극적이다. 누가 시키지도 않았는데 교실을 박차고 나와 종일 연습에 몰두한다. 그래서 언론이나 상업적인 단체의 개입 없이 비보이 스스로 비보잉을 대중화시켰다. 누가 시킨 것도 아니고 언론에서 띄워주기를 하거나 광고가 있었던 것도 아니지만 스스로 팀을 만들고 거리에서 공연을 하고 대회를 만들었다. 최근 여러 국제 대회에서 우승을 차지하여 각종 언론의 스포트라이트를 받으면서 조금씩 주류 문화 트렌드로 부상하고 있지만 그 이면에는 비보이들의 적극성과 자발성이 있었던 것이다.

비보이의 높아진 위상

국내 비보이의 위상은 높아졌다. 전 세계 20여 개국 우승팀끼리 맞붙는 세계에서 가장 큰 힙합댄스 대회 중 하나인 '독일 배틀 오브

더 이어(Battle Of The Year)'에서 우리나라는 2002년, 2004년, 2005년 연이어 우승했고, 같은 기간 영국에서 열리는 비보이 챔피업십에서도 우승을 차지할 만큼 국내 비보이들의 기량은 세계 정상급이다.

그리고 2006년 우리나라 비보이의 실력은 또 한 번 검증되었다. 한국 비보이팀 '갬블러'가 미국에서 열린 세계 비보이 대회 '비보이 호다운(B-Boy Hodown)'에서 우승을 차지한 것이다. '갬블러'는 2004년 독일의 배틀 오브더이어와 2004년 프랑스의 배틀 디메시, 2005년 영국의 UK 챔피언십에 이어 2006년 미국의 비보이 호다운에서도 우승을 거머쥐었다.

기업, 비보이와 함께 춤을

비보이의 문화가 확대되면서 영제너레이션을 대상으로 하는 기업들은 비보이가 자신의 사업 영역과 연결되는 부분을 찾아 접목하기 시작했다. 자본과 만나 활성화되고 있는 비보이의 영역은 크게 세 가지가 있다. 첫째로 최근 주목받고 있는 영역은 비보이의 퍼포먼스를 스토리와 함께 하나의 공연으로 탄생시키는 공연영역이며 둘째로 기업 TV 광고 영역, 마지막으로 댄스대회 개최, 비보이팀 후원 등을 통한 기업 이미지 제고 영역이 있다.

스토리가 있는 비보이 공연

2005년 12월, 홍대앞 삼진제약 건물에 국내 최초로 비보이 전용 극장이 생겼다. 축제나 행사의 초청 공연 수준에서 진보하여 비보잉을 전문으로 하는 극장이 생긴 것이다. 그러나 이런 전용 극장이 생기기까지 우리나라의 비보이들은 헝그리정신으로 길에서 혹은 지하도에서 자신들만의 공연을 펼쳐왔다. 비보이는 공부하기 싫어하는 학생으로밖에 보이지 않았다. 더더군다나 비보이들은 수입원이 거의 존재하지 않았다. 연습실도 없는 열악한 환경에서 몸뚱이 하나만을 믿고 버텼다. 그러다 이벤트에 불려가서 진반 관객의 분위기를 띄우는 분위기 메이커라도 하면 조금의 수입이 생기는 것이었다. 그런 힘든 상황 속에서도 한국의 비보이들은 자신들의 기량을 갈고 닦았고 각종 대회에서 우승하며 대중의 주목을 받기 시작했다.

비보잉 특유의 화려하고 현란함 움지인으로 사랑받는 비보이 공연

그렇게 대중의 이목이 쏠리자 기업들은 비보이의 가능성을 높이 사기 시작했고 잠시의 유행보다 장기적으로 생산성이 있는 '쇼'를 만들기 위해 비보이의 문화에 스토리를 만들어 유료 공연화를 시도하였다. 그래서 비보이 전용 극장이 홍대에 생겨났고 그 첫 공연은 최초 비보이 공연 제작자인 이근희 예술감독의 〈프리즈(Freeze)〉가 전신이 되어 발전한 발레와 비보잉이 접목된 〈비보이를 사랑한 발레리나〉였다. 또한 공연의 배우들은 2005년 독일의 배틀 오브더이어에서 우승을 차지한 〈라스트포원(Last For One)〉으로 비보잉의 전문성을 그대로 살려냈다.

　　〈비보이를 사랑한 발레리나〉 외에도 비보이의 공연은 점차 그 형태를 발전시켜 나갔다. 지금까지 이루어진 공연들만 살펴보아도 〈굿모닝 비보이〉, 〈비걸의 반란〉, 〈비보이 코리아〉, 〈피크닉〉, 〈마리오네트〉, 〈아가씨와 건달들 – 크로스오버 비보잉〉, 〈더 굿〉, 〈비쇼(B-show)〉 등 점차 형태도 다양해지고 극 전반의 구성도 높아졌다.

　　사실 비보이의 공연이 시행되던 초반에는 비보이의 연기와 춤이 잘 조화되지 않아 잠깐의 유행으로 그칠 수 있다는 우려가 있었다. 그러나 비보이의 공연은 점진적으로 발전하고 있고 무한한 가능성을 안고 세계로 뻗어나가고 있다. 일례로 〈피크닉〉의 경우에는 잘 짜여진 스토리로 영국 웨스트엔드 무대에서 상연되었고, 〈비쇼(B-show)〉의 경우에는 반대로 스토리라인을 구축하기보다 비보잉 자체를 강조하는 공연을 시도함으로써 관객들에게 사랑받고 있다.

　　그렇다면 비보이 공연을 제작한 극단들은 어떻게 마케팅을 진행하고 있을까. 가장 많은 방법으로는 전용극장을 개설하는 경우가 있다. 〈비보이를 사랑한 발레리나〉의 (주)에스제이(SJ)비보이즈, 〈비보이 코리아〉의 피엠씨(PMC) 프로덕션, 〈비쇼(B-show)〉의 엔고마(ngoma)미디어가 바로 그 예인 회사들이다. 전용극장을 개설하게 되면 이른바 오픈런(공연일자의 끝을 정하지 않고 하는 것)을 하게 되고 장기간의 공연은 각종 비용을 줄이고 관객들에게는 노출이 많아지며 공연의 완성도도 높아지게 된다. 특히 외국인 관광객이 한국을 방문하였을 때 공연이 같은 장소에 상시 진행되고 있으므로 여행프로그램 등을 통해 공연을 관람하게 될 확률이 높아진다. 또한 극단들이 마케팅을 하는 방법에는 〈아가씨와 건달들 – 크로스오버 비보잉〉처럼 기존의 유명 뮤지컬 브랜드를 차입함으로써 관객에게 더 가까이 다가서는 방법도 있다.

홍보를 하는 데 있어서도 젊은이들을 주된 대상으로 하기 때문에 그들이 가장 흔히 이용하는 교통수단인 지하철의 코모넷(지하철 광고방송)을 통해 홍보한다. 최근에는 범위를 넓혀 공연을 관람한 관람객의 만족도를 높일 수 있는 파생산업까지 이루어지고 있는데 일례로 〈비쇼〉의 경우에는 'B'라는 공연의 아이템을 이용해 귀

코스튬 주얼리 판매와 계속되는 이벤트로 관객들을 끌어들이는 〈비쇼〉이 포스터

걸이, 반지, 목걸이 등 코스튬 쥬얼리 상품을 판매하여 고객의 공연 만족도를 오랫동안 이어가고자 하고 있다.

TV광고에 등장한 비보이

비보이가 2005년 이후로 젊은층의 트렌드가 되면서 기업들은 자사의 광고에 비보이를 활용하거나 직접적으로 기용하기 시작했다. 기업들은 젊음, 열정, 화려함의 비보이 이미지를 기업 자체 또는 기업의 상품으로 이어가고자 했다.

먼저 국내에서 만들어진 비보이를 활용한 광고의 특성은 대중에게 인지도가 있는 비보이를 모델로 기용했다는 것이다. 사례를 살펴보면 '팝핀현준'이라는 일약 스타덤에 오른 비보이의 경우, 혼자서만 기아자동차, SK주유소, 삼성MP3, LG텔레콤, 하이트맥주의 광고에 출연하였다. '스프리스'(컨버스 운동화) 광고의 경우에는 기존 비보이가 아니라 '이준기'라는 탤런트가 비보이의 동작을 배워서 광고에 나왔다. 기업들이 비보이를 활용한 광고를 만드는 데 있어서 창의성을 발휘했다거나 열정을 끌어왔다기보다는 비보이마저도 스타성에 의존하고 있음을 증명하는 대목인 것이다. 그러나 국내 비보이 활용 광고가 전부 스타성에만 의존한 것은 아니었다. 그 외에 여러 가지 시도를 한 기업광고들의 경우 'e편한세상'은 국악과 비보잉을 합친 광고를 시도함으로써 많은 이들의 주목을 받았고, '금호아시아나'의 경우에는 〈비보이를 사랑한 발레리나〉 공연 배우들의 모습을 기업 이미지 광고에 이용하였다. 또한 푸마, 삼성LCD모니터, 국민은행, 녹차베지밀음료, 카프리썬(농심), 비타500(광동제약) 등의 다양한 국내 광고에서 비보이가 직접 출연하거나 비보이의 모습을 활용하여 광고를 만들었다.

그렇다면 외국에서 비보이를 활용한 광고의 경우와는 어떤 차이가 있을까. 외국에서 집행된 광고들의 가장 큰 특징은 스타성에 의존하지 않고 비보이 사제의 자유분방함에 초점을 맞추어 자사의 이미지를 입히려 한다는 점이다.

광고에 다수출연하여 인기를 끈 비보이 팝핀현준

나이키의 경우에는 비보이들이 비보잉으로 축구하는 모습을, 아디다스의 경우는 아디다스 츄리닝을 입고 비보잉 하는 모습을, 펩시의 경우는 비보이들이 뭉쳐 단체 비보잉을, 소니넷엠디플레이어(Sony Net MD Player)는 비보이 배틀을, 콘솔게임인 XBOX 360의 경우에는 비보이의 대결구도를 통해 자사의 제품광고들을 집행하고 있다.

비보이를 후원하는 기업들

비보잉은 미국과 유럽 등지에서도 젊은이의 분화 코드로 자리 잡고 있다. 각종 대회에서 우승한 비보이들은 기업의 후원을 받아 활동하며 많은 팬을 갖고 있다.

여기에 기업이 비보이와 만나는 영역의 마지막으로 댄스대회 개최, 비보이팀 후원 등을 통한 기업이미지 제고 영역이 있다. 세계적으로 권위 있는 비보잉 배틀 대회가 굉장히 많이 있으며 국내에서 펼쳐지는 댄스대회도 그 수준이 꽤 높다. 기업들은 비보이라는 사회적 문화트렌드를 쫓아 이런 댄스대회를 직접 개최하거나 후원하는 일이 잦아졌다. 그러나 비보이를 후원하는 활동을 아직은 많은 기업들이 적합하게 활용하지는 못하고 있다.

우리나라에서 열리는 비보잉 대회는 더 넓은 층에게 다가서지 못하고 청소년들을 상대로 시청이나 여러 청소년 단체의 행사에 댄스 대회나 특정 회사의 후원 아래 이벤트 형식으로 열리는 댄스 대회가 많다. 하지만 앞으로 비보잉 댄스대회는 청소년 대상이 아닌 전체 젊은이들을 대상으로 해야 하고 더 넓게 확장하면 외국 관광객을 상대로 열려야 한다. 한국관광공사는 비보이 대회를 국제적인 행사로 만들기 위해 2007년 6월 1일부터 3일까지 서울에서 'R-16 Korea Sparkling, Seoul' 대회를 개최하였다. 이 행사는 배틀 오브 더이어, 프리스타일 세션, 레드 불 비씨 원, UK 비보이 챔피언쉽 'R-16 Korea Sparkling, Seoul' 등 4대 메이저대회를 능가하는 규모로 개최되었다.

몇 년 전까지만 해도 대부분의 비보잉 팀은 공연 출연료, 각 팀의 공연 동영상 판매 수익, 비보잉 강의료 등으로부터 생긴 수익으로 자체적으로 경비를 부담해 왔다. 댄스대회에서 우승한 소수의 비보잉 팀만 해당되는 이야기이지만 비보잉 팀에 대한 본격적인 후원이 시작된 것은 2005년부터이다. 그 첫 주자로 나온 기업인 효성은 Last For One과 공식 후원 계약을 맺고 후원금을 비롯해 효성의 기능성 섬유 브랜드의 로고가 새겨진 의류, 차량 등의 지원했다. 2007년 펩시맥스는 리버스크루(Reverse Crew)에게 음료협찬, 의상, 연습실 등의 후원을 해 주면서 온라인으로는 리버스 크루와 펩시만의 특별 카테고리를 만들어 홍보에 활용하고 있다. 또한 금호아시아나는 비보잉을 소재로 한 〈비보이를 사랑한 발레리나〉 공연을 후원하고 있다. 금호아시아나, 효성, 펩시맥스 모두 비보이 후원을 통해 기업 이미지를 젊고 열정적인 이미지로 끌어올리는 마케팅 효과를 보고 있다.

케이블TV 음악채널 MTV코리아에서는 2005년 10월부터 비보이를 다룬 8부작 다큐멘터리 'MTV 브레이크비트' 를 방송했다. 드리프터즈, 리버스, 갬블러 등 국내 최고의 비보이 팀이 출연하여 연습하는 장면과 인터뷰 모습 등을 통해 비보이들의 삶과 생각을 담아냈다.

연이은 세계 대회에서의 우승으로 유럽과 미국에서 한국 비보이들의 위상이 대단하다. 국내에서도 나이키가 주최한 비보잉 배틀대회 '프리스타일 세션' 에 4천여 명의 관람객이 몰리는 등 비보잉에 대한 관심이 점차 높아지고 있다.

비보잉은 더 이상 공부하기 싫은 청년들의 반항 정도로 볼 수 없다. 조용하게, 오랫동안 신세대 문화 이면에 깔려 있었으며 이제 우리나라에서도 주류 문화 코드로 떠오를 준비를 하고 있다. 부모의 눈치를 보며 게임을 즐기고, 게임에 미쳐 살던 사람을 한심하게 보던 사회가 프로게이머라는 직업을 만들어 내며 청소년 놀이 문화의 주류로 떠올랐듯이 비보잉도 그렇게 문화의 주류로 떠오를 것이다.

3

새로운 **문화**공간,
멀티플렉스(Multiplex) **영화관**

우리나라에 영화관이

처음 등장한 것은 언제일까? 지금으로부터 100년 전인 1907년 서울 종로 3가에 세워진 상설영화관인 단성사가 처음이다. 그로부터 현재의 최첨단 멀티플렉스 상영관에 이르기까지 영화관은 우리 삶 속의 문화공간으로 자리 잡았다. 특히 1990년대 이후 영화관의 수요 급증과 영화시장 개방 등 일련의 사건을 거치며 영화관에 대한 기대심리가 커지면서 다양화, 복합화, 쾌적화를 지향하는 멀티플렉스가 탄생했다.

초기 멀티플렉스는 집에서 편하게 비디오를 보던 소비자를 다시 극장으로 끌어들이기 위해 편안한 의자, 영화관 특유의 맛있는 팝콘 등이 그 대책으로 나왔다. 그리고 시간이 지나 여기에 더해서 보고 싶은 영화를 골라 볼 수 있도록 하는 여러 개의 상영관들이 등장했다. 또한 영화를 기다리는 동안 쇼핑, 식사, 게임, 휴식 등을 할 수 있는 복합 공간이 마련되기에 이르렀다. 그리고 이것이 현재의 멀티플렉스 모습으로서 영화관 외의 다양한 공간을 제공하며 젊은이들의 데이트 공간, 여가 공간으로 선호되는 공간으로 발전된 것이다.

멀티플렉스는 기존 극장들의 어둡고 낡아빠진 시설, 영화를 보고 나오면 좁고 가파른 계단으로 밀고 나오는 관중들, 오로지 대규모 상영관을 내세우던 모습 대신, 컴팩트화된 상영관과 갖가지 조명과 안정적인 사운드, 친절하고 통일된 서비스를 통한 안락함 등의 현대적 시설을 제공한다. 또한 다기능 몰(mall)과의 연계를 통하여 이루어지는 편익을 한 공간에서 제공하여 극장가의 새로운 패러다임이 될 수 있었다. 게다가 주5일 근무제가 시행된 이후 소비자들이 예전에 비해 많은 여가 시간을 이용할 수 있게 되면서 영화는 엔터테인먼트 산업에서 절대 빼놓을 수 없는 수익성 높은 사업으로 성장했다.

우리나라의 영화관객들은 가까운 정도나 교통 접근성에 따라 영화관을 선택하며, 극장에 가기 전에 보고 싶은 영화를 미리 정하는 성향이 있다. 입장권 구매 시에는 거의 매번 신용카드 등을 통해 다양한 할인을 받고 있다. 그렇기 때문에 지역별 접근성을 실현하고 있는 멀티플렉스형 영화관으로 관객이 몰릴 수밖에 없다. 그렇게 공격적으로 성장한 멀티플렉스에는 CGV와 롯데시네마, 2007년 호주기업에 매각된 메가박스가 가장 큰 규모를 가지고 있다. 이 멀티플렉스의 공룡들은 어떻게 영제너레이션을 타깃으로 마케팅하였을까.

스페이스 마케팅

우리의 젊은이들은 어디서 여가를 즐기고 있을까. 물론 그 장소는 커피숍, 학교 도서관, 여행, 게임방, 노래방, 패밀리 레스토랑 등 다양하기 이를 데 없다. 2006년도 영화관객성향조사에 따르면 14~49세의 남녀가 한 달에 문화생활에 지출하는 평균 비용은 4만7천 원으로 조사되었다. 이 평균 비용을 20대만을 대상으로 했다고 가정하면 20대는 문화생활에 더 적은 비용을 지출할 것으로 추측할 수 있다. 그러므로 이들이 여가를 즐기기 위해서는 교통비 등 각종 비용을 줄여야만 가능하다. 이런 상황에서의 해답은 한 곳에서 모든 것을 해결할 수 있어야 한다는 것이다. 즉, 원스탑 엔터테인먼트(One-stop entertainment) 공간만이 20대를 끌어들일 수 있음을 뜻한다.

현재 빅 3업체인 CGV, 메가박스, 롯데시네마 모두 원스탑 엔터테인먼트를 할 수 있는 멀티플렉스 기능을 제공하기 위해 한 건물 내에 식사와 쇼핑, 휴식의 기능을 할 수 있는 시설들을 다 집어넣고 있다.

젊은 연인들의 발길을 붙잡기 위해 마련된 CGV의 커플관 '스위트박스'

멀티플렉스를 데이트 장소로 선택하게 하기 위해서 모든 시설물을 집어넣은 뒤에 중요한 것은 젊은 타깃 고객들의 발을 들여놓게 하는 과정이다. 이를 위해 메가박스는 극장관 중에서 커플관을 따로 만들어서 젊

은 연인들의 발길을 붙잡고 있다. 또한 영화 시작 전에 약 10여 초간 '키스타임' 으로 커플관 내 전석의 조명을 꺼주는 이벤트도 마련된다. CGV도 '스위트박스(Sweet Box)' 라는 커플관을 만들어 젊은 연인 고객들을 불러 들이고 있다. 이런 이벤트는 커플이어서 찾아오는 관객부터 커플이 아니지만 그냥 찾아온 관객까지 모두 영화관에 긍정적인 감성으로 다가서도록 만들어 준다. CGV나 롯데시네마도 좌석이 둘이 붙어 있는 커플좌석을 극장 내에 도입함으로써 젊은 연인들의 발걸음을 멈추게 하고 있다.

가격 마케팅

20대 소비자들도 사실은 둘로 분류할 수 있다. 경제적인 능력을 가진 부류와 경제적인 능력을 가지지 못한 부류가 그것이다. 멀티플렉스들은 이 둘을 모두 잡기 위해서 다양한 마케팅 정책을 시행하고 있다.

시간

"그 시절 그땐 그렇게 갈 데가 없었는지 언제나 조조할인은 우리 차지였었죠." 이것은 이문세의 노래 '조조할인' 의 가사 중 일부분이다. 시간에 따른 관객의 유동성에 의해 가격을 조정하는 멀티플렉스의 정책은 이제 조조할인을 넘어서 다양하게 이용되고 있다. 이제는 대부분의 멀티플렉스가 평일과 주말의 요금을 달리 책정하고 있고, 야간 시간대에는 영화 3편을 붙여서 저렴한 가격에 볼 수 있는 심야 가격정책을 구사하고 있다.

VIP

영화관들은 다른 공연에 비해서 저렴한 가격으로 이용할 수 있는 문화유희로 여겨져 왔다. 그러나 가격적인 면에서 훨씬 고가에 포지셔닝함으로써 멀티플렉스의 브랜드가 고급화될 수 있는 효과에 영화관들은 주목하기 시작했다. CGV는 '씨네 드 쉐프(CINE DE CHEF)'라는 VIP영화관을 만들어 최상의 요리와 최상의 시설에서 영화를 즐길 수 있는 시스템을 구축했다. 마찬가지로 롯데시네마의 경우도 '샤롯데'와 '프레스티지'라는 프리미엄 영화관을 만들어 안락한 좌석에 와인을 제공하고, 메가박스의 경우에는 M관이라는 편안한 상영관을 모든 메가박스에 설치하고 있는 중이다. 이런 VIP마케팅을 통해 높은 가격을 매기고 멀티플렉스의 이미지가 고급화되며 특별한 날의 고객들에게는 멀티플렉스가 이벤트 공간이 되어줌으로써 만족을 얻게 된다.

이벤트 마케팅

멀티플렉스하면 떠오르는 것이 몇 가지 있다. 여러 영화 중에서 보고 싶은 영화를 고를 수 있다는 선택권과 이것저것 즐길 수 있는 시설들이 많다는 것, 영화관의 시스템이 체계적으로 되어 있어 예매 등 이용이 편리하다는 점 등이다. 그리고 20대라면 누구나 멀티플렉스에서 시행하는 이벤트에 참여해 보게 된다. 가격에 초점이 맞춰진 상태의 가벼운 지갑 소유자들이 많기 때문이다. 멀티플렉스에서 타깃 고객을 대상으로 시행하는 이벤트는 굉장히 다양하다. 특히 신작 영화가 나와서 미리 예매를 받을 때, 영화사와 계약을 맺어서 영화를 온, 오프라인을 통해 홍보하고 온라인상에 영화와 관련된 질문을 맞추면 개봉작을 볼 수 있는 표를 상품으로 주거나 기타 상품들을 주는 이벤트가 가장 많은 경우이다.

그 외에도 다양한 이벤트들이 소개되고 있는데 그 중에서도 가장 흔한 것은 스타마케팅이라고 부를 수 있는 '무대인사' 이벤트이다. 스타 자신이 영화가 개봉한 시점에서 관객을 불러모으기 위해 하는 무대인사는 가장 관객 집객력이 강한 멀티플렉스에서 대부분 이루어지게 되고 이것이 멀티플렉스 자체 마케팅 효과를 주게 된다.

시사회 또는 가격할인 외에 좀 더 장기적인 이벤트로는 '데이'의 개념을 활용하는 이벤트들이 있다. 다른 세대보다 유행과 트렌드에 민감한 젊은 고객층은 '데이'들에도 중, 장년층보다 빠르고 민감하게 반응하는 성향을 가지고 있다. 때문에 발렌타인데이, 화이트데이를 비롯한 여러 기존 데이들에는 기플들을 위해 행사를 기획하고 시행한다.

메가박스 신촌섬의 경우에는 조금 더 특별한 '데이' 마케팅을 하고 있다. 이른바 지역화(Localization)시킨 이벤트인 이것은 신촌이라는 시역석, 문화적 특성을 영화관과 융합시킨 사례라고 할 수 있다. 신촌 메가박스에서 시행하고 있는 '메가클럽데이(Mega Club Day)'가 비로

그것이다. 메가클럽데이는 신촌, 홍대앞의 클럽문화를 영화관에 적용시킨 것으로 매주 금요일 1만2천 원으로 메가클럽데이의 티켓을 구매하는 1천 명의 고객에게 하루 종일 영화를 볼 수 있는 기회를 부여하는 것이다. 이 이벤트의 경우, 멀티플렉스라는 공간을 더 젊은 이미지의 공간으로 만들려는 노력이라고 할 수 있다.

멤버십 마케팅

최근에는 통신사의 할인이 되지 않아서 할인을 하지 않는 관객도 늘어나는 추세이지만 아직도 멀티플렉스 영화관에 가서 할인을 받지 않거나 포인트 적립이라도 받지 않고 영화를 보게 되면 손해를 보는 느낌을 가지게 된다. 특히 젊은 층은 이런 포인트를 이용하거나 멤버십을 통한 할인제도를 아주 유용하게 활용하는 편이다. 이에 따라 멀티플렉스들은 멤버십 등을 통한 가격 할인 정책으로 젊은 관객을 잡으려는 노력을 할 수밖에 없다.

멀티플렉스에는 영화관만 있는 것이 아니기 때문에 영화 자체 콘텐츠의 중요성보다도 전체적인 시설 이용 만족도에 따른 선택의 영향이 크다. 때문에 멤버십 카드의 포인트를 활용하는 정책에 있어서도 멀티플렉스는 영화관 이외의 멀티플렉스 안의 다른 시설들과 합의를 통해 할인 정책을 펼치고 있다. 일례로 씨네큐브 광화문점의 경우, 영화표를 소지한 관객이 씨네큐브와 합의를 맺어놓은 '세븐 스프링스'

패밀리 레스토랑을 당일 방문할 경우, 음식값을 할인해 주는 정책을 쓰고 있다. 이런 방법으로 멀티플렉스를 운영하는 업체들은 멤버십 카드를 활용하는 다양한 수단들을 고객들에게 제공한다.

CGV 경우 멤버십 카드를 소지하고 영화를 관람하면, 관람료의 10퍼센트가 포인트로 적립되고 그 포인트는 일정액 이상 누적되면 포인트를 차감하여 영화관람 등 다양한 용도로 멀티플렉스 안에서 사용할 수 있게 된다. 그리고 메가박스의 경우에도 메가티즌이라는 자체 멤버십을 활용해 일정 포인트 이상을 누적하는 충성고객에게는 메가티즌 VIP라는 프리미엄 카드를 부여하고 VIP만의 특권으로 특별발권, 더 큰 할인, 전용쿠폰 등의 제도를 쓰고 있다. 이는 소비자에게는 가격적인 면에서 매력을 가지게 되고 멀티플렉스 입장에서는 고객을 조금 더 오래 머무르게 하는 효과가 있다. 또한 고객으로 하여금 할인이라는 혜택으로 기분이 좋아져 만족하고 더 큰 소비를 하도록 유도할 뿐더러 자신의 멀티플렉스에 누적시킨 포인트에 의해 충성도가 높아지게 만드는 효과도 얻는다.

마지막으로 예외적인 경우를 들자면 메가박스를 통해 매주 목요일 정해진 숫자 내에서 TTL의 고객들이 영화를 무료로 이용할 수 있도록 하고 있는 SK텔레콤의 TTL 서비스가 있다. 이는 SK텔레콤과 메가박스, 두 업체 모두에게 긍정적인 효과를 불러일으키는 윈-윈(Win-Win) 사례이다.

공연 마케팅

최근에 멀티플렉스들은 영화 이외에 더 다양한 공연을 극장에서도 실연할 수 있음을 증명했다. 물론 이것은 마케팅 차원에서 실행되는 이벤트 공연이다. 이제는 영화관에서 콘서트를 하고 마술쇼를 하며 비보이 공연이 이루어진다. 이것은 2006년 월드컵 때부터 두드러진 현상으로써 월드컵 응원을 영화관에서 축구를 보며 하려는 기획에서부터 시작되었다. 응원 공간이라는 성격적 차이로 빛을 발하지는 못한 마케팅 정책이 되었으나 오히려 그 이후로 다양한 공연을 극장에서 펼치려는 시도가 이어졌다.

CGV의 경우, 모노드라마인 〈발칙한 미망인〉, 뮤지컬인 〈거울공주 평강이야기〉 등 다양한 연극, 뮤지컬을 2006년부터 극장에 올리고 있다. 이는 멀티플렉스와 같이 접근성이 좋은 무대를 확보, 관객층을 넓혀 보겠다는 공연제작사의 의욕과 젊은층을 타깃으로 마케팅 정책을 펼치려는 멀티플렉스 업체와의 필요관계가 만들어 낸 작품이다. 멀티플렉스 극장 내부에 연극, 뮤지컬, 퍼포먼스 등을 펼칠 수 있는 공간을 따로 개설한다면 멀티플렉스는 단지 영화필름만이 돌아가는 공간이 아니라 젊음의 숨소리까지 담아내는 공간이 될 것이다.

20대는 다양함을 원한다

멀티플렉스라는 대형화된 영화관이 큰 자리를 차지하면서 이른바 상업적인 성공을 할 수 있는 영화 콘텐츠만이 살아남는 시대가 되었다. 영화를 시간 때우는 용도로 보는 것도 물론 있겠지만 20대는 더 다양하고 실험적인 영화들을 통해 자신의 모습을 비추어보고 더 다양한 의견과 생각을 가지게 된다.

2006년 영화 〈괴물〉이나 2007년 〈캐리비언의 해적3〉에 이르기까지 한 편의 상업적 영화 콘텐츠가 멀티플렉스 전체 상영관의 대부분을 차지하는 실정에서 이른바 인디, 독립, 예술영화들은 갈 곳을 잃고 있었다. 그러나 2001년 관객들에 의한 '와라나고' 운동이 펼쳐지면서 예술영화에 대한 젊은이들의 니즈가 폭발했다. '와라나고' 란 〈와이키키 브라더스〉, 〈라이방〉, 〈나비〉, 〈고양이를 부탁해〉라는 영화들이 관객으로부터 인성을 받았으나 흥행성에서 떨어진다는 이유로 영화를 상영관에서 내린 것에 반발해서 관객들이 자발적으로 재상영을 추진한 운동이다.

예술영화, 다양한 영화의 선택에 대한 젊은이들의 욕구가 표출되면서 예술영화관들이 다시 힘을 얻기 시작했다. 그래서 새롭게 생겨나거나 기존 예술영화관이 재탄생하거나 멀티플렉스에서 부분적으로 예술영화관을 만드는 것으로 나타나기 시작했다. 그 결과 씨네큐브, 필름포럼, 하이퍼텍 나다, CGV 상암 인디영화관, CGV 강변 인디영화관, 서울애너시네마, 스폰지하우스(씨네코아), 스폰지하우스(압구정), 시울아트시네마, CQN 명동, 미로스페이스, 부산 국도예술관, CGV 서면 인디영화관, 대구 동성아트홀, CGV 인천 인디영화관, 인천 영화공간 수안, 광주극장, 대전아트시네마, 프리머스 둔산7관, 프리머스 전주8관 등의 예술영화관이 관객의 욕구를 충족시켜 주고 있다.

예술영화관은 멀티플렉스라는 대중문화의 흐름 속에서 소수의 문화일지라도 존중하는 틈새시장 전략이며 멀티플렉스의 이미지 제고 차원에서도 유용한 정책이다.

멀티플렉스는 더더욱 다양하고 즐거움으로 가득찬 엔터테인먼트 공간, 테마파크의 개념으로 옮겨갈 것이다. 젊은이들이 집중될 수 있는, 유동인구가 많은 곳에 위치한 멀티플렉스들은 이제 영화관이 주가 아니라 영화관을 중심으로 한 복합 놀이공간이 된 것이다.

멀티플렉스의 수요창출이 이제는 한계에 다다랐다는 평가도 많이 있지만 멀티플렉스가 전략적인 마케팅 기획에 있어서 수요에 따른 규모의 변화를 통해 다양한 모습으로 타깃 고객에게 다가간다면 젊은 고객층을 만족시킬 수 있는 다양한 방법을 찾을 수 있을 것이다.

4

젊은이들의 개성과 도전,
익스트림 스포츠

젊은이들의 넘치는

열정과 도전정신을 마음껏 펼칠 수 있는 것 중에 하나가 바로 스포츠
이다. 스포츠 중에서도 개성이 넘치고 스릴을 만끽할 수 있는 것이 바
로 익스트림 스포츠이다.

익스트림 스포츠란

익스트림 스포츠(X-game이라고도 함)란 단어의 유래는 1995년 미국의 스
포츠 전문 채널 ESPN이 젊은이들의 스포츠로 극한 상황을 연출하는

프로그램을 방영하면서 그것에 X-game이라는 이름을 붙인 데서 유래되었다. 여기서 모험에 도전하는 스포츠 정신을 "Extreme spirit"이라고 부르게 됐고, 익스트림 스포츠는 '생명의 위협을 무릅쓰고 여러 가지 묘기를 펼치는 레저스포츠를 총칭하며 주로 신세대들이 즐기는 특수 장비를 이용한 스포츠'라고 정의할 수 있다.

첫 번째 익스트림 스포츠 경기는 1995년 6월 로드아일랜드에서 열렸으며 윈드서핑과 번지점프, 마운틴 바이크를 포함한 총 9개 종목을 포함했다. 이 시합에는 총 400명의 선수가 출전하였으며 19만 명의 관중이 경기를 관람하였다. 이에 미국 스포츠 전문유선채널인 ESPN은 이러한 시합을 매년 개최하기로 하였고, 이 대회를 '극한', '미지' 등의 뜻을 가진 X를 이용하여 X-game이라고 부르게 되었다.

아래의 표와 같이, 익스트림 스포츠는 매우 다양한 종류가 있다. 세계적으로 20여 개의 종목이 있으며 1억 2천만 명 이상이 익스트림

• **익스트림 스포츠의 유형**

구분		내용
계절 구분	여름	스케이트보드, 어그레시브 인라인, 다운힐 인라인, BMX, 도로 썰매타기, 수상스포츠, 인공암벽등반, 스카이 서핑
	겨울	스노우보딩, 동력 눈썰매 경주, 산악 자전거, 스노우 크로스, 빙벽 등반
경기 방식	속도 기준	스노우보딩, 스케이트보딩, 스노우 크로스, 스피드 클라이밍, 피트니스 인라인 스케이팅
	난이도 기준	인라인 어그레시브, 빙벽등반, 인공암벽등반, 스카이 서핑, 바이시클스턴트

출처: 「익스트림 스포츠와 마케팅 전략」, 김창호, 2001

스포츠를 즐기고 있다. 대한 익스트림 스포츠 협회에서는 익스트림 스포츠 종목을 어그레시브 인라인, 모토-X, BMX, 스케이트보드, 웨이크보드, 스노우보드, 스포츠 클라이밍으로 지정하고 있다. 점점 그 저변이 확대되어 가고 있는 익스트림 스포츠에 대해 자세히 알아보자.

어그레시브 인라인: 1800년대 네덜란드에서 발명된 인라인 스케이트는 1990년대부터 어그레시브라는 새로운 장르의 탄생으로 더 화려하고 스릴 넘치는 스케이팅이 가능해지면서 지금은 익스트림 스포츠에서 가장 인기 있는 종목 중 하나이나. 날이 날린 아이스 스케이트와 달리 보통 4개의 바퀴가 프레임 안쪽에 일렬로 나란히 있는 인라인 스케이트는 크게 휘트니스(Fitness), 어그레시브(Aggressive), 하키(Hockey) 이렇게 3가지로 분류하며 이중 어그레시브 인라인이 가장 익스트림 스포츠다운 움직임을 보일 수 있다.

모토-X: 익스트림 스포츠 종목 중에서 기술의 스케일이 가장 큰 모토 X는 1924년 3월 영국의 남부 스코틀랜드에서 개최된 스크램블 경기가 시조이며, 온 로드와 오프 로드의 모터스포츠에서 좀 더 스릴을 원하는 라이너늘에 의해 점점 발전되어 현재에 이르렀다. 모터크로스 경기는 타이트코너에서의 와인드한 액션과 점프의 하이테크가 높은 야성미를 연출하며 공중에서의 체공시간과 그 시간 동안 보여지는 기술들은 정말 보는 이로 하여금 소름까지 돋을 정도의 짜릿함을 선사한다.

BMX: 60년대 후반에 탄생된 이 스포츠는 자전거로 묘기를 부리는 경기로 Bicycle Motor Cross의 약자이며 바이시클 스턴트(Bicycle Stunt)라고도 부른다. BMX는 80년에 제작된 영화 E.T의 성공을 업고 전 세계적으로 널리 인기를 누리게 되었다. 일반 자전거보다 작은 BMX를 자기 몸의 일부인 양 자연스럽게 조작해서 표현하는 스포츠로, 색색으로 페인트한 헬멧을 쓰고 화려한 패션으로 크고 시원스러운 에어와 여러 트릭을 보여준다. 에어 도중에 손을 떼기도 하고 BMX로부터 몸을 분리하거나 핸들을 돌리기도 하는 등 신기에 가까운 묘기를 연출한다. 위험도가 가장 높으며 그렇기에 스릴 또한 높은 스포츠이다.

스케이트보드: 가늘고 긴 널빤지 앞뒤에 4개의 바퀴를 달고 달리는 것으로 파도타기 애호가들이 파도가 없는 잔잔한 바다에서는 파도타기를 할 수 없게 되자 서핑보드가 육지로 올라오면서 점차 스케이트보드의 형태를 갖추어 1960년대 미국의 캘리포니아 해변에서 처음 시작, 1993년 미국의 스포츠 전문유선채널인 ESPN 방영 및 대회로 전 세계에 알려졌다. 스케이트보드는 익스트림 스포츠의 수많은 종목 가운데서도 어렵다고 하는 종목 중 하나이다.

웨이크 보드: 1984년에 미국에서 웨이크보드 제1호라고 말할 수 있는 '스카퍼(수상스키와 서핑을 믹스한 명칭)'가 탄생하면서 본격적인 스포츠로써 인정을 받으며 워터 스포츠의 새로운 역사를 만들어 나아갔다. 당시는 웨이크보드라고 부르지 않고 스키보드라고 불렀으며, 그 후 차

츰 웨이크보드의 전용 보트라고 할 수 있는 엔진이 보트 안에 장착된 IN보트가 나오기 시작하면서 웨이크보드라는 명칭이 나오기 시작했다.

스노우보드: 스키와 서핑을 접목시킨 것으로, 스키와는 달리 스노우보드는 스케이트보드를 즐겼던 세대의 꾸준한 관심과 새로운 것을 시도하고 싶어 하는 젊은이들에 의해 명목을 유지해 오다가 1980년대 중반 미국의 Burton과 Sims의 노력에 의해 장비 및 기술 개발이 이루어진 이후 다시 떠오르게 되었다. 그 후 스노우보드는 더욱 빠른 속도로 발전하였으며, 고분자 플라스틱의 소울, 전용 바인딩, 부츠의 개발과 개량 등 장비의 발전과 함께 스노보드 인구도 급속히 상승하여 세계적인 규모로 보급되고 있다.

어려운 기술로 많은 시간과 노력을 필요로 해 마니아들이 열광하는 **스케이트보드**의 DMX

스포츠 클라이밍: 각종 난코스를 가진 인공암벽을 설치하여 등반하는 종목으로 20세기 현대 문명사회가 발전하면서 만들어진 다양한 등반 형태들 가운데 하나이다. 암벽등반이 아무리 발전해도 공간적인 제약을 탈피할 수 없어 대중화의 곤란한 요인이 되었던 바, 도회지 내에 자연암벽과 비슷한 인공 암벽을 만들어 그 제약을 탈피하려는 클라이머들의 노력에 의해 도회지에서도 항상 새롭고 더 어려운 루트를 인공적으로 만들 수 있게 되기 시작, 등반 기술이 날로 발전하여 선수, 관중, 경기규칙, 시합장을 갖추어 명실상부한 스포츠로 자리 잡게 되었다.

익스트림 스포츠의 특징

개성과 독창성

익스트림 스포츠의 발전 과정에는 한 가지 공통점이 있다. 기존의 아웃도어 레크레이션을 즐기던 사람들이 환경의 제약을 벗어나기 위해 새로운 스타일의 스포츠를 고안하면서 시작되었다는 것이다. 스노우보드의 경우 바다에서 타는 서핑을 겨울에도 즐기기 위해 고안되었으며 땅 위에서 아이스하키를 즐기고 싶은 아이스하키 선수에 의해 인라인 스케이트가 고안되었다. 이러한 한계를 뛰어넘는 창의성과 독창성은 향후 익스트림 스포츠의 무한한 발전 가능성을 시사한다.

또한 익스트림 스포츠는 개인의 개성 표현을 중시한다. 익스트림 스포츠는 80년대부터 본격적으로 유행하기 시작하였으며 이 시기는 이전의 히피문화로 대표되는 단체 문화에 반하는 개인주의 문화가 성행하던 시기였다. 익스트림 스포츠를 즐기는 사람들은 보드의 디자인과 의상 스타일을 중시하며 자신을 표현하였으며 이러한 경향은 오늘날까지도 지속되고 있다.

도전과 진보

익스트림 스포츠의 근본은 도전 정신이다. 서구 문화에서 도전은 소중한 것이며 그들은 무엇이든 도전하는 자에게 아낌없는 박수를 보낸다. 익스트림 스포츠를 연습하는 것은 사신과의 고독한 싸움이며 더 높은 수준의 트릭을 구사하기 위해 많은 노력을 기울여야 한다. 이러한 도전은 도전 그 자체로 의미가 있다고 받아들여진다. 또한 이러한 도전은 묘한 중독성을 유발한다. 익스트림 스포츠의 난이도는 어려우며 끊임없는 도전을 통해서만 어려운 트릭들을 습득할 수 있다. 이러한 과정에서 많은 마니아들을 양산하며 이들의 삶에 있어 익스트림 스포츠가 차지하는 비중은 매우 크다.

또한 익스트림 스포츠는 진보주의를 표방한다. 익스트림 스포츠는 스포츠 문화의 최극단에 있다. 이들은 남들이 시도하지 않은 스릴과 묘기를 추구하는 데 정열을 바친다. 이들에 의해 개척된 새로운 문화나 스포츠는 결국 메인스트림에 흡수되어 진보적인 스포츠로 각광을 받게 된다. 스노우보드가 처음 등장하였을 당시 대부분의 슬로프에서 스노우보드는 위험한 것으로 인식되어 리프트 탑승이 금지되었다. 그러나 스노우보드 마니아들은 슬로프를 걸어 올라가 스누우보드를 즐겼고 결국 지금의 유행에까지 이르렀다. 익스트림 스포츠 마니아들은 문화의 맨 가장자리에 자리 잡았다가도 결국은 유행을 선도하는 사람들이 되는 것이다.

익스트림 스포츠 마니아들의 라이프스타일

익스트림 스포츠를 즐기는 사람들은 그들만의 독특한 라이프스타일을 가지고 있다. 스노우보드와 스케이트보드 마니아들과의 인터뷰 및 각종 조사를 통해 그들의 라이프스타일을 알아보자.

스노우보더의 라이프타일

스노우보더는 크게 두 가지 부류로 나눌 수 있다. 첫 번째 부류는 마니아 계층으로 1년에 30일 이상 보드를 즐기는 사람들을 말한다. 이러한 마니아 계층은 스노우보드 문화라고 할 수 있는 나름의 문화와 라이프스타일을 형성하고 있으며 또한 상대적으로 장비 및 의상에 투자하는 비용이 높다. 마니아 계층의 나이는 주로 20대 초반에서 30대 초반까지이며 다른 익스트림 스포츠에 비해 상대적으로 여성의 비중이 높다. 이들은 겨울이 되면 스키장 시즌권을 구매하고 인근 콘도를 동호회나 단체별로 장기 예약하여 스노우보딩을 즐긴다. 개인별로 시즌 콘도를 예약하면 많은 비용이 들기 때문에 이들은 대학 스노우보딩 동아리나 온라인 동호회를 통해 교류하며 단체로 스노우보딩을 즐긴다. 포털사이트 다음에서 '스노우보드'라는 키워드를 검색하였을 때 회원 수 1만 명 이상의 카페가 14개였으며, 이들 대부분은 활발하게 운영되고 있다. 또한 회원 수가 1천~1만 명 사이인 카페들은 대형 카페들보다 한층 긴밀하고 활발하게 운영되고 있는 것으로 보인다.

스노우보드 장비와 의상의 가격은 천차만별이지만 마니아 계층들은 가격이 매우 높은 특정 브랜드의 장비와 의상을 선호한다. 이와 더불어 스키장 시즌권의 가격과 주말을 보장받을 수 있는 직장환경 등의 요소들을 고려할 때 스노우보드 마니아들은 일반적으로 높은 소득수준과 좋은 근무환경을 보장받고 있는 사람들인 것으로 보인다. 이들은 여름에는 뉴질랜드 등의 외국으로 스노우보드 여행을 떠나기도 하는데 최근 들어 이러한 관광상품들이 갈수록 늘어나고 있다.

또한 스노우보드 문화는 힙합 문화와 연결되어 받아들여지고 있다. 모든 스노우보드 마니아들을 일반화할 수는 없겠지만 일반적으로 스노우보드 마니아들은 힙합 스타일, 클럽 문화 등을 선호한다. 그러나 스노우보드는 원래 힙합 문화에서 파생된 것은 아니며, 서핑에서 출발한 미국 백인 문화의 산물이다. 그러나 한국에 소개되면서 힙합 문화와 결합되었고 이는 스노우보드가 한국에 전파되면서 형성된 독특한 특징이라고 할 수 있다

스노우보드는 누구나 쉽게 도전해 볼 수 있는 익스트림 스포츠이다.

스노우보더들은 유행에 민감한 경향이 있으며, 자신의 장비와 의상을 과시하고 싶어 하는 경향이 강하다. 위에서 말했듯 장비의 주요 고려사항이 '브랜드의 정통성'이었다면 보드복의 경우는 '유행과 디자인'을 가장 중시한다. 스노우보드 마니아들은 외국의 세계적인 보드 선수들의 경기 동영상을 통해 외국의 최신 스타일을 파악한다. 수입상들은 이러한 유행을 파악하여 매년 신상품을 공급하는데 '김준범 스노우보드 연구소'(www.boarderszone.com)가 이와 같은 유행을 전파하는 허브의 역할을 하고 있다. 이곳에서 유행을 탄 상품은 곧 보더들 사이의 '대세'로 통용되게 된다.

스케이트보더들의 라이프스타일

스케이트보더들은 스노우보더들에 비해 상대적으로 어리다. 스케이트보더들을 위한 포털 사이트인 www.flateen.com에서 무작위로 10명의 회원정보를 검색해 본 결과 81년생부터 96년생까지 분포하고 있었으며 평균 나이는 19.3세였다. 최근에는 직장인들도 스케이트보드를 많이 타며, 여성들도 늘어나고 있는 추세라고 한다. 대부분의 스케이트보더들은 Flateen 회원인데 회원 수는 2~3만 명 정도라고 한다.

이들은 스케이트보드에 매우 매료되어 있으며 스케이트보드가 삶의 주관심사인 것으로 보인다. Flateen의 게시판에는 스케이트보드 이외의 화제를 찾아볼 수 없으며, 자신의 연습 과정을 기록하며 이에 대해 서로 조언하고 격려한다. 또한 이들 역시 클럽을 만들어 함께 보딩을 즐기는데 이러한 클럽은 지역별, 스팟(스케이트 보딩을 하기에 좋은 지형을 가진 공원이나 공터)별로 구분하여 이루어진다. Flateen에는 지역별로 48개의 클럽이 링크되어 있는데 이 중 서울 경기 지역만 26개의 클럽이 있었다. 특히 이름난 스팟인 상암 월드컵 경기장을 중심으로 하는 클럽은 3개나 되었다. 이러한 스팟들은 www.theskeit.com에 지역별로 정리되어 있는데 길거리 보딩을 하기 위한 지형지물이 많으면서 평평한 바닥을 가진 지역을 스팟으로 많이 이용하고 있다. 특히 서울은 많은 공원과 다양한 지형지물을 가지고 있어 스케이트보드를 타기 위한 최적의 환경이라고 한다.

이들 역시 패션과 스타일에 관심이 낳다. 스케이트보드도 힙합문화와 함께 유입되면서 힙합과 많은 연관성을 지닌 것처럼 인식되었는데 사실 스케이트보드 역시 백인 문화이며 힙합과의 연관성이 없다. 그러나 스케이트보드 같은 경우 최근에는 힙합 이외의 스타일을 추구하는 보더들도 많이 생겨났다. 이러한 유행의 출처는 주로 미국에서 출시된 스케이트보드 비디오들이나 스케이트보드 전문 잡지들인데 스노우보드에 비해 유행에 많이 민감하지는 않다.

스케이트보더들은 가격이나 브랜드에 그렇게 민감하지는 않으며 직접 만들거나 동대문 시장 등에서 구입한 옷들도 즐겨 입는다. 그러나 보더 스타일은 명확하게 정의되어 있는 것으로 보이며 이들은 이러한 옷차림을 통해 일종의 소속감을 느낀다. 이러한 스케이트보드 의상은 보딩을 즐기지 않는 사람들 사이에서도 선호되고 있다. Vans 나 DC 등의 브랜드는 보더 아닌 사람들 사이에서도 유행하고 있다. 그렇지만 스케이트보드 스타일로 옷을 입었다고 해도 신발을 보면 그 사람이 보더인지 '포저(poser, 옷차림만 보더인 사람들을 이르는 속어)'인지 알 수 있다고 한다. 스케이트 보더의 신발은 항상 닳아 있기 때문이다.

스케이트보드는 매우 어렵다. 가장 기본적인 점프를 하는 데만 몇 달의 꾸준한 연습과 노력이 필요하다. 스케이트보드 동호회 내에서 자체적으로 수행한 조사에 따르면 초보자 중 50퍼센트가 한 달 내에 보딩을 포기한다고 한다. 그러나 어려운 만큼의 중독성이 있다. 스케이트보드는 일단 발과 보드가 떨어져 있기 때문에, 인라인이나 스노우보드와는 확실히 다르다. 스케이트보더들은 발과 보드가 하나가 되는 것에 중독성을 느낀다고 한다. 또한 보더들은 의외로 내성적인 사람들도 많다고 한다. '하나를 하면 끝장을 보는' 사람들이 주로 탄다고 하며 마니아적인 성향이 매우 강한 것으로 보인다.

익스트림 스포츠와 마케팅

대회를 통한 마케팅 활동

각 익스트림 스포츠별로 여러 가지 대회가 개최되며 기업은 이를 마케팅의 장으로 이용한다. 스노우보드의 경우 버튼 클래식(Burton classic)과 노키아 스노우보드 월드컵(Nokia snowboard world cup)이 가장 대표적인 대회이다. 외국의 경우 스노우보딩의 인기가 높기 때문에 노키아와 같은 대기업이 스폰서하는 대규모 대회가 성황리에 개최된다. 노키아는 1998년부터 이 대회를 개최해 왔으며, 이를 통해 젊은층에 어필하고 다이내믹한 브랜드 이미지를 구축하는 데 일조하고 있다. 또한 버튼은 세계 최고의 권위를 자랑하는 US 오픈을 후원하고 있으며 국내에서도 버튼 클래식이라는 대회를 개최하고 있다.

그러나 각각의 종목들이 익스트림 스포츠라는 이름으로 통합되어 하나의 문화 현상이 된 데는 'X-games' 이벤트가 기폭제가 되었다. X-games는 미국의 스포츠 전문 케이블 채널인 ESPN에서 개최하는 익스트림 스포츠 대회로 X-games 썸머와 윈터로 나뉘어 1년에 두 번 개최된다. 이 대회는 1995년부터 시작되었으며, 매년 20만 명가량의 관객이 관람하며 각 종목별 최고의 X-game 선수들이 모여 최고의 실력자를 가린다. 아디다스, 소니 등 산업과 국가를 불문한 다국적 기업들이 스폰서를 맡고 있으며 PPV 시청자가 50만 명에 이르러 이로 인한 수입도 상당하다.

버튼에서 후원하는 스노우보드 대회 '버튼클래시-2007'

선수 스폰서 마케팅

선수 스폰서를 통한 마케팅 활동은 익스트림 스포츠에서 가장 중요한 마케팅 활동이다. 익스트림 스포츠 마니아들은 유명 선수들이 사용하는 브랜드와 제품을 사용함으로써 만족감과 소속감을 얻기 때문이다. 주요 대회에 참가하는 유명 프로 선수들은 모두 브랜드 스폰서를 받고 있으며, 우승할 경우 이들이 이용한 브랜드는 큰 유행을 타게 된다. 또한 스노우보드나 스케이트보드, BMX 등은 유명 선수들의 기술을 모은 비디오 촬영을 많이 하는데 이러한 비디오에는 항상 장비 업체들이 스폰서로 참여하게 된다. 이러한 비디오나 동영상을 통해 마니아들은 프로 선수들의 스타일과 장비를 접하고 이를 구매하게 된다.

인터넷 마케팅

국내 시장의 경우 익스트림 스포츠의 저변이 미약하기 때문에 기업별로 대대적인 마케팅 활동을 전개하고 있지는 않다. 스노우보드의 경우 국내에 직접 진출한 스노우보드 장비 업체는 없으며 수입상을 통해 수입되고 있다. 따라서 인터넷 상에서의 입소문과 유행이 소비자의 구매를 유도하는 가장 중요한 요소라고 할 수 있다. 각 익스트림 스포츠는 거의 모든 익스트림 스포츠 마니아들이 가입되어 있는 포털 사이트가 한두 개씩 존재한다.

예를 들어 스노우보드는 '김준범 스노우보드 연구소(www.boarderszone.com)'나 '헝그리보더(www.hungryboarder.com)'와 같은 사이트에서 유행을 타는 것이 가장 중요하다. 이를 위해 일부 수입상에서는

아르바이트생을 고용하여 특정 제품에 대해 우호적인 여론을 조성하는 등의 불법적 행위도 성행하고 있다.

반스(Vans)의 프로모션 전략

익스트림 스포츠는 다양한 종목만큼이나 다양한 대표 브랜드가 존재하며 이들이 수행하는 마케팅 전략은 각각 다르다. 익스트림 스포츠의 초창기 브랜드로 시작하여 대표적인 스니커즈 브랜드로 성장한 반스의 사례를 통해 익스트림 스포츠의 마케팅에 대해 알아보자

스폰서 전략

반스는 원래 익스트림 스포츠용 스니커즈가 아니었다. 하지만 두꺼운 밑창과 저렴한 가격은 스케이트보딩에 적합했다. 1970년대 스케이트 보딩계의 신화적인 존재였던 Z-boys는 이러한 이유로 반스의 신발을 애용하였고 이들이 당시 각종 스케이트보드 대회를 제패하면서 반스도 널리 알려지게 되었다. 또한 1982년에는 서핑(Surfing)을 다룬 영화에서 주인공의 신발을 스폰서하여 큰 인기를 끌었다. 반스는 선수 스폰서를 이용하여 마케팅을 펼친 최초의 기업이었으며 이는 현재까지 이어져 각 종목별로 총 600명의 선수를 지원하고 있다.

대회 개최

반스는 트리플 크라운 시리즈(Triple crown series)라는 이름으로 각종 익스트림 스포츠 대회를 개최하고 있다 1997년 작은 규모의 스케

이트보드 대회에서 출발한 이 이벤트는 반스의 7개 주력 스포츠 종목을 대상으로 한 거대 규모의 대회로 발전하였으며 2002년의 경우 275만 명의 팬이 관람하였고 4천만 명의 관객이 시청한 거대한 규모의 대회로 발전하였다.

와프트 투어 이벤트(Warped tour event)

와프트 투어는 아마추어들을 위한 이벤트라고 할 수 있다. 6월부터 8월 말까지 각 도시를 돌면서 록 콘서트와 아마추어 익스트림 게임 대회를 개최하는 이벤트이다. 트리플 크라운 시리즈는 프로 선수들을 위한 이벤트지만 와프트 투어는 아마추어들을 위한 이벤트이다. 이 이벤트에서 우승한 선수들은 캘리포니아에서 열리는 최종 결선에 참가하게 되며 여기서 우승한 선수는 반스와 정식 스폰서 계약을 체결하게 된다.

반스 스케이트보드 전용 공원

70년대 스케이트보드는 큰 위기를 맞이했었는데 그 이유는 스케이트보드 공원들의 안전시설과 보험가입 미비로 많은 사고가 발생했기 때문이다. 그러나 1997년 '스케이트보딩으로 인한 사고의 책임은 기본적으로 보더에게 있다' 라는 법 개정이 이루어지면서 스케이트보드 공원(Skateboard park)이 자유롭게 설립될 수 있게 되었다. 반스는 총 11개의 공원을 운영하고 있으며 1997년에 개장한 첫 스케이트보드 공원에는 첫 해에만 10만 명 이상의 이용자가 입장하였다.

익스트림 스포츠의 기본 정신인 '도전과 진보'라는 콘셉트는 모든 세대의 젊은이들을 상징하는 영원한 모토라고 할 수 있으며 젊은이들을 대상으로 하는 제품의 마케팅을 위한 지속적인 모티브가 될 수 있을 것으로 보인다. 그러나 우리나라는 아직 익스트림 스포츠의 저변이 부족하여 이를 이용한 본격적인 마케팅 활동이 이루어지기는 어려운 시점이라고 할 수 있다. 아직 짧은 역사와 인프라의 부족으로 당분간은 이러한 현상이 계속될 것으로 보이지만 레저에 대한 관심이 증가하면서 향후 이용 인구는 더욱 늘어날 것으로 보이며 이를 젊은층을 대상으로 하는 마케팅 활동에 여러 가지 방향으로 이용할 수 있을 것으로 예상된다.

5

음악 **콘텐츠**의 진화,
온라인 음악 시장

불과 몇 년 전만

하더라도 듣고 싶은 음악은 음원파일 다운로드를 통해 자신의 컴퓨터에 저장해서 들었다. 그리고 그보다 더 이전에는 듣고 싶은 음악이 담긴 CD나 테이프를 구입해서 CD 플레이어, 워크맨 등을 통해 들었다.

그리고 요즘 음악을 듣는 방법이 다시 바뀌었다. 온라인 음악포털을 이용해서 듣는 것이다. 젊은이들이 온라인 음악포털을 선호하는 이유는 소리바다 등의 P2P 사이트가 유료화된 까닭도 있다. 하지만 온라인 음악포털을 이용하면 인터넷이 되는 곳 어디에서나 자신이 지정해 두었던 음악을 들을 수 있는 편리함 때문이기도 하다. 또 온라인 음악포털을 이용하면 검색을 통해 쉽게 원하는 음악을 찾을 수 있고,

MP3 플레이어나 휴대폰에 다운로드가 가능하다. 또한 과거 P2P 사이트의 음원파일과는 달리 음원의 정확성과 음질이 보장된다. 이러한 이유들로 젊은이들은 음악포털을 통한 온라인 음악을 선호하고 있다.

국내 온라인 음악시장

국내 온라인 음악시장은 인터넷 사용자의 급격한 증가, MP3의 등장과 인터넷 속도의 향상 그리고 소리바다 등과 같은 파일교환 프로그램들이 등장하면서 그 규모가 폭발적으로 증가하였다. 국내 온라인 음악시장은 2000년 450억 원에서 매년 45퍼센트씩 급성장을 기록하여

• **국내 음악산업의 규모 추이**

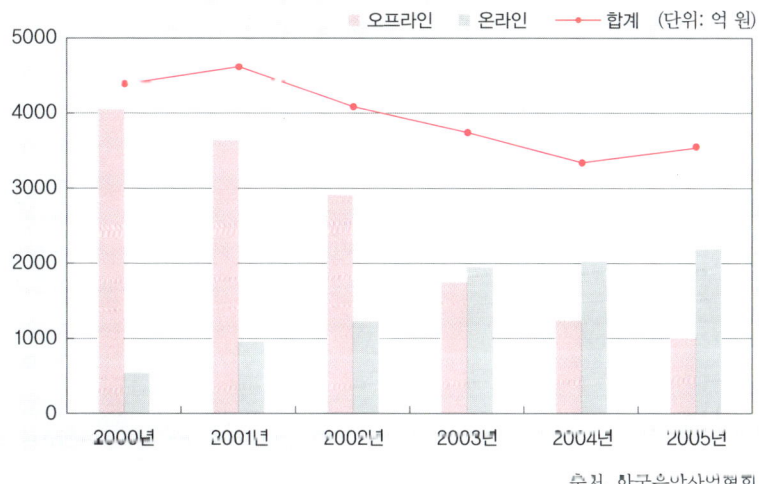

출처. 한국음악산업협회

2005년 2,486억 원의 규모로 성장하였다. 매년 성장하는 온라인 음악 시장과는 달리 오프라인 음악 시장 규모는 2000년 4,104억 원에서 성장세를 멈추고 2005년 1,087억 원으로 줄어들었다. 반면 온라인 음악 산업은 성장세를 거듭하여 시장규모가 2001년 911억 원에서 2005년 2,486억 원으로 증가하였으며, 2003년에는 온라인 음악시장 규모가 오프라인 음반시장 규모를 넘어서기에 이르렀다.

소리바다와 벅스 등 무료 온라인 음악 포털들이 저작권법에 의해 설 자리를 잃게 되자 유료 온라인 음악 포털이 등장하기 시작했다. 그 중 2004년 11월부터 서비스를 시작한 SK텔레콤(SKT)의 '멜론'은 가장 많은 인기를 누리며 매월 수십억 원의 매출을 기록하여 온라인 음악포털의 다크호스가 되었다.

• 국내 음반시장과 온라인 음악시장 규모

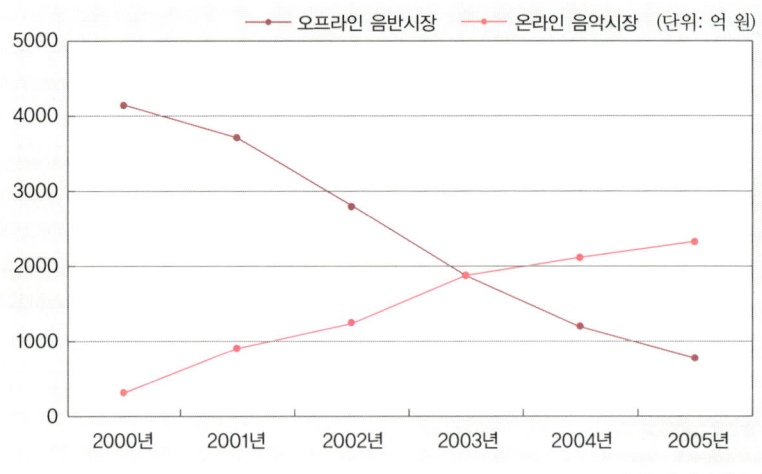

출처: 음악산업백서

온라인 음악포털의 다크호스, 멜론

멜론(www.melon.com)은 SKT가 운영하는 유료 온라인 음악포털로써 가요, 팝, 클래식 등 100만여 곡의 음악을 인터넷에 접속하여 실시간 으로 감상하거나 휴대폰, PC, MP3 플레이어 등으로 음악을 전송받을 수 있다. 이름이 멜론인 이유는 멜론처럼 신선한 활력과 상큼한 즐거움을 선사하는 서비스를 제공한다는 뜻이다.

2004년 11월부터 서비스를 시작한 멜론은 개설 이후 1년여 만인 2005년 12월 회원 수가 420만 명을 돌파하여 유료 온라인 음악 사이트 순위 1위로 올라섰다. 멜론은 월 3~5천 원씩 지불하는 유료회원 가입 자를 국내 최다인 60만 명을 확보하고 있으며 월 평균 가입자 수가 11.93퍼센트씩 증가하고 있다. 서비스를 시작한 지 1년여 만인 2005년 에 450억 원의 매출액을 기록하며 온라인 음악 포털의 다크호스가 되 었다.

월정액을 지불하여 이용할 수 있는 멜론이 상품 및 서비스에는 음 악을 감상할 수 있는 스트리밍 서비스, 스트리밍 서비스에 멜론이 보 유한 모든 음악을 모두 다운로드를 할 수 있는 프리 다운로드 서비스, 컬러링 및 벨소리 다운로드 서비스(1건당 500원) 그리고 CD, 악보, 음악 관련 장비를 구매할 수 있는 멜론샵 등이 있다. 멜론은 온라인뿐만 아 니라 휴대폰, MP3플레이어에서도 멜론의 서비스를 이용할 수 있도록 하여 언제, 어디에서나 음악을 감상할 수 있는 유비쿼터스 뮤직 서비 스를 제공하고 있다.

2005년 5월, 미국 경제지 〈비즈니스위크〉는 멜론을 "미국 애플의 음악서비스 아이포드를 누를 킬러 서비스"라고 소개했으며 음반업체 소니BMG의 베텔스만 회장은 SK텔레콤의 김신배 사장을 만나 "멜론은 음악분야에서 궁극의 서비스"라고 극찬했을 정도이다.

SKT 가입자들을 멜론의 고객으로 연결

멜론을 만든 SKT는 1,900만 명의 가입자를 확보하고 있다. 멜론은 SKT의 가입자들을 자사의 고객으로 연결하고자 네이트와 준에 멜론 서비스를 개설하여 SKT 고객이면 핸드폰, 인터넷, MP3 등 어떠한 기기에서도 멜론을 이용할 수 있도록 하였다. 그리고 SKT는 멜론, KTF는 도시락, LGT는 뮤직온에서만 음악을 다운로드받을 수 있기 때문에 SKT 고객들은 자연스럽게 멜론을 이용할 수밖에 없었다. 요금제에서도 SKT 멤버십을 통해 할인받을 수 있는 혜택을 부여함으로써 SKT가 확보한 고객들이 멜론으로 연결되도록 하였다.

독특한 광고전략

멜론은 사이트를 오픈할 때 독특한 광고로 소비자들의 이목을 주목시켰다. 첫 번째 광고는 진짜 멜론에 헤드폰 잭을 꽂자 흥겨운 힙합 음악이 흘러나오는 내용이다. 멜론이라는 이름과 사이트의 성격을 잘 나타낸 이 광고는 소비자들을 멜론으로 불러들였으며 이 광고는 브랜드와 광고를 잘 연결시켜 2005년 올해의 광고 대상을 차지하기도 했다. 현재는 댄스배틀을 주제로 한 광고를 제작하여 광고하고 있다.

뮤직폰과 MP3 플레이어의 보급

멜론은 뮤직폰과 MP3플레이어가 대거 보급되어 있는 국내환경 덕분에 성장이 가능하였다. 정보통신부의 조사에 따르면 2005년 하반기 국내 가구 중 27퍼센트가 MP3플레이어를 보유하고 있다고 한다. 그리고 핸드폰은 기본적으로 MP3를 재생할 수 있는 기능이 갖추어져 출시되고 있다. 이러한 환경에서 멜론은 휴대폰과 MP3플레이어에서도 언제 어디에서나 음악을 자유롭게 다운로드와 재생이 가능하게 함으로써 디바이스는 갖고 있으나 디바이스를 통해 이용할 콘텐츠를 찾는 소비자들의 욕구를 충족시켜 주었다.

특히 멜론은 MP3플레이어 제조업체들과 제휴하여 코원의 아이오디오, 삼성의 엡, 레인콤의 아이리버 등의 MP3플레이어에 멜론의 펌웨어를 제공하여 MP3플레이어 이용자들이 멜론에서 가장 쉽게 음악 콘텐츠를 이용할 수 있도록 하였다. 그리하여 음악을 감상할 수 있는 기기를 갖고 있다면 멜론을 통해 가장 손쉽고 빠르게 음악을 감상할 수 있도록 하였다.

멜론의 과제

멜론의 경쟁자는 헌새 무료에서 유료도 선환한 먹스와 KTF의 노시락, LGT의 뮤직온 등이다. 벅스는 2003년 국내 클릭 수 랭킹 3위, 세계 13위에 올랐던 온라인 음악의 대명사로 불리던 사이트였으며 현재도 서비스의 편의성, 음악검색, 음질 등에 있어서 국내 최고라는 평가를 듣고 있는 음악전문 포털 사이트이다. 그러나 그놓아 무료로 서비스를 제공하였던 벅스는 저작권 소송에 패소하여 무료서비스를 중단하고 유료사이트로 전환하였다.

벅스는 유료로 전환하기 이전에 무료 음악을 미끼로 많은 방문자 수를 확보하고 이를 기반으로 광고와 쇼핑몰 등 음악과 관련이 적은 사업에서 주로 수익을 내는 사업구조를 갖고 있었으나, 유료전환 후 사이트 방문자 수가 급격히 줄고, 기존의 회원을 효과적으로 유료회원으로 전환하지 못해 수익이 악화되어 부도설까지 나돌기도 했다. 하지만 벅스는 이러한 위기를 극복하여 현재 회원 1,700만 명, 유료회원 수 40만 명을 보유하고 있고 인지도 면에서 절대 우위를 차지하고 있기 때문에 앞으로 멜론의 최대 경쟁상대가 될 것으로 예상된다.

도시락은 KTF에서 2005년 5월에 오픈한 온라인 음악 포털로 같은

• 온라인 음악포털 4개사 가입자 현황

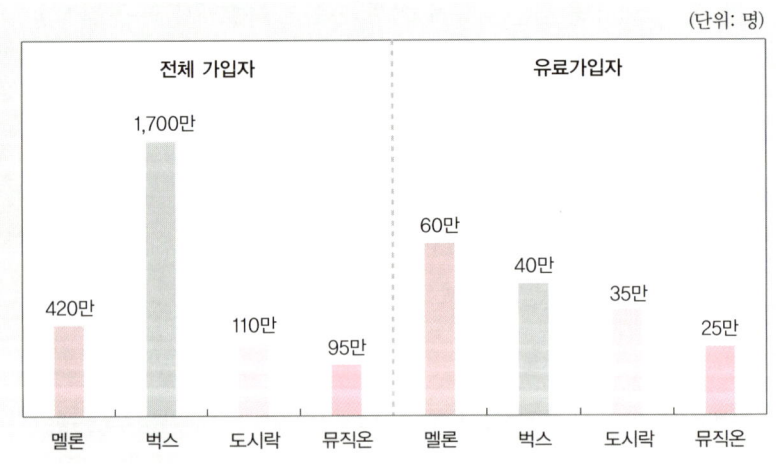

(단위: 명)

＊ 도시락, 벅스(2005년 11월 기준), 멜론(2005년 12월 기준), 뮤직온(2006년 12월 기준)

해 11월 말까지 110만 명의 가입자와 35만 명의 유료회원을 확보했다. KTF는 SKT와 마찬가지로 음반기획사와 공동으로 기획하여 디지털 싱글을 발매하거나 MP3 플레이어 업체들과 적극적으로 제휴를 추진하면서 KTF의 가입자들을 도시락으로 유인시키고 있다. LGT가 운영하는 뮤직온은 국내 음악 포털 업체 중 음악사업에 가장 적극적이었으나 고객들이 멜론과 도시락으로 이탈하면서 2006년 2월에 가입자 95만 명, 유료 25만 명을 확보하고 있다.

멜론의 향후 전망

멜론은 언제 어디에서나 접속 가능한 유비쿼터스 시대의 음악 콘텐츠 강자로 성장하기 위하여 음악사업을 더욱 확대하고 있다. 특히 멜론을 운용하는 SKT가 네트워크 업체에서 콘텐츠 업체로 탈바꿈을 하기 위해 콘텐츠 사업을 활발히 펼치고 있기 때문에 멜론에 대한 투자도 더욱 증대할 것으로 예상된다.

멜론은 2006년 인텔과 제휴하여 멜론 홈 서비스를 제공하고 있다. 멜론 홈 서비스란 인텔 기반의 디지털 홈 PC에서 멜론에서 제공한 프로그램으로 다운로드받은 음악 콘텐츠를 사용자의 MP3플레이어나 휴대폰, 개인용 미니어 플레이어(PMP) 등에 선송함에 따라 이동중에도 즐길 수 있는 서비스이다. 멜론은 멜론 홈 서비스와 같이 소비자들이 언제, 어디에서나 쉽게 음악을 접할 수 있는 서비스를 개발하는 데 적극적인 투자를 하고 있기 때문에 앞으로 유비쿼터스 시대의 음악 포털의 강자로 성장할 것으로 예상된다.

6

젊은이들이 열광하는 e-스포츠

2004년 7월 30일

부산 광안리 해수욕장에는 12만 명에 달하는 인파가 몰렸다. 그들은 해수욕을 하기 위해서 몰린 것도 아니고 콘서트가 있어서 몰린 것도 아니다. SK텔레텍의 스폰서를 받아 개최된 국내 대표적인 e-스포츠 행사인 '스카이(SKY) 프로리그 2005' 1라운드 결승전이 광안리에서 열렸기 때문이다. 프로게이머들이 입장하자 어느 연예인 못지 않은 함성이 여기저기서 터져 나왔다. 그리고 마치 축구 경기를 보는 것과 마찬가지로 놀랄 만한 플레이가 나올 때면 사람들은 환호했고 놀라움을 감추지 않았다. 무엇이 그들을 이렇게 열광하게 만들었을까?

e-스포츠와 프로게이머에 열광하는 젊은이들

e-스포츠란 Electronic Sports의 약자로 기존의 스포츠들이 경기장에서 땀흘리며 뛰는 것과 달리 인터넷 상에서 이루어지는 스포츠 게임을 말한다. 국내에서는 1999년 말과 2000년 초부터 e-스포츠란 단어가 쓰이기 시작했다. 그러다 e-스포츠가 널리 쓰이기 시작한 것은 2000년 2월 21세기프로게임협회(현 한국e-스포츠협회) 창립 행사 시에 문화관광부 박지원 장관의 축사에 언급된 이후이다. 이때부터 e-스포츠라는 말은 본격적으로 많은 이들의 입에 오르내리기 시작하였다. 현재 국내에서는 일반적으로 프로게임이라고도 불리는 대회 및 리그, 프로게이머 관련 분야를 통칭해 e-스포츠라고 부른다.

이러한 e-스포츠의 정착과 더불어 새로운 직종과 전에 볼 수 없

e-스포츠의 대표적인 게임 스타 크래프트의 프로게이머 임요환과 그를 응원하는 치어플 문구

던 많은 현상도 생겨났다. 먼저 프로게이머(Progamer)라는 직업이 청소년들이 선호하는 직업이 되었으며 몇몇 프로게이머들은 억대 연봉의 고소득층이 되었다. 대표적 프로게이머인 임요환 선수의 팬 카페에는 55만 명이 넘는 회원이 활동하고 있으며 청소년들 사이에 어느 연예인 못지않은 인지도와 인기를 가지고 있다. 야구, 축구, 농구, 배구 등 오프라인 스포츠 경기가 열리는 경기장에 청소년들이 사라진 지 오래인 반면, e-스포츠가 열리는 경기장에는 초등학생과 10대 소녀 팬, 20대 청년들이 가득하다.

TV 시청률도 오프라인 스포츠와 e-스포츠의 역전이 이뤄진 지 오래이다. 한일 축구대회나 월드컵과 같은 수준은 아니지만, 평소 10대와 20대의 스포츠 채널 시청률을 비교하면 e-스포츠 방송의 시청률이 오프라인 스포츠의 몇 배에 이르고 있음을 알 수 있다. 이는 오프라인 스포츠의 미래와 e-스포츠의 미래를 예견할 수 있는 대목이기도 하다. 실제 80년대 중반 초등학생들의 꿈이 프로야구 선수였다면, 요즘 스포츠 스타를 꿈꾸는 아이들의 목표는 프로게이머이다. 최근 프로게임단 '칸'을 운영하고 있는 삼성전자가 프로게이머 연습생 3명을 모집하는 데 수천 명이 몰린 것도 이 같은 현상을 잘 보여준다. 이처럼 e-스포츠는 10~20대의 고객층을 중심으로 하여 이미 넓고도 탄탄한 기반을 잡아 새로운 스포츠 문화로서 각광받고 있다.

이제 그들 사이에서 e-스포츠를 모르거나 해 본 적이 없다면 대화가 불가능하다. 스타크래프트(StarCraft)를 모르고 워크래프트3(WarCraft3)를 모르면 그들의 대화에 끼어들 수 없다. 하나의 문화가 되어버린 e-스포츠의 한 가운데 청소년들과 20대는 속해 있으며, 또한 그들도 e-스포츠를 적극적으로 즐기고 있다.

왜 e-스포츠에 열광하나

10~20대는 왜 e-스포츠에 열광할까? 거기에는 여러 가지 이유가 있을 수 있다. 게임 그 자체가 가지는 매력, 온라인 게임 시장의 경쟁 구도 속에서 훌륭한 콘텐츠들이 지속적으로 생기고 있으며 유독 한국과 잘맞는 정서구도도 e-스포츠에 열광하게 하는 이유일 것이다. e-스포츠가 젊은이들의 여가문화로 자리매김했다는 것을 실감한 수 있는 것은 이들의 응원 모습을 봉해서도 알 수 있다. 이들의 응원문화에서 눈에 띄는 것은 '치어플'(cheer+placard)이다. '치어플'은 합성사진이나 영화 패러디 사진에 선수 응원 문구가 들어가는 '응원 메시지'를 의미한다. 일반적인 플래카드와 다르다.

'대한민국 파이팅'과 같은 뻔한 응원이 아니라, 최근 화제로 떠오른 선수와 팀들의 개인적인 이야기가 응원 문구로 담긴다. e-스포츠에서 새로운 영역을 차지하기 시작한 '치어플' 문화는 2002년 '붉은 악마'에서 기인한 것으로 보인다. '꿈은 이루어진다'라는 초대형 플래카드로 하나가 됐던 그 당시 기억과 경험이 10대와 20대의 몸에 문신처럼 각인된 셈이나. 그래서인지 e-스포츠 경기에서 보이는 플래카드는 네티즌과 선수, 10대들의 가려운 곳을 긁어주는 역할을 한다. 동시에 10대와 20대들은 그들의 인터넷 문화, 문법이 파괴된 한글, 익명성의 문화를 오프라인에서 드러내고 있다.

뿐만 아니라 국내에서 e-스포츠가 급성장할 수 있었던 배경으로 지적되는 것이 바로 한국인의 독특한 기질이다. 우리 민족의 집단적 놀이문화는 함께 모여서 게임을 매개로 하여 경쟁하고 응원하며 환호하는 e-스포츠의 특성과 잘맞아 떨어진다. 또한 젓가락 문화에서 비롯된 뛰어난 손동작 또한 우수한 경기력의 기반이 되는 것으로 분석되고 있다. 실제 WCG게임 등에서 한국 선수들이 절묘하고 뛰어난 컨트롤을 선보일 때마다 외국 관중들이 환호하는 모습을 보였으며, 이를 바탕으로 국제대회에서 발군의 실력을 발휘하고 있다.

스타크래프트의 대중화, 게임 채널의 탄생

e-스포츠를 이야기하는 데 있어 빼놓을 수 없는 게임이 있다. 바로 스타크래프트이다. 우리나라 게임산업의 발전에 결정적인 공헌을 한 게임이기도 한 이 스타크래프트는 세 종족으로 나뉘어진 종족 가운데 하나를 선택해서 실시간으로 유닛과 건물의 생산, 운용을 통하여 전략적으로 상대방을 이기는 게임이다. 90년대 말 이 게임은 우리나라에 pc방 문화를 접목시킬 만큼 많은 청소년과 게임 유저들을 몰입하게 만들었다.

스타크래프트의 발전과 더불어 1997년, 사람들은 조그마한 규모의 대회를 열기 시작하였다. 1999년부터 한국프로게임리그(Korea Pro-game League) 대회를 필두로 프로게이머 코리아 오픈(Progamer Korea Open), 한국 마스터즈 대회, SBS 대회 등이 생겨나기 시작했다. 2003년 단체전 성격의 팀 리그가 생겨나면서 프로게임단 창단 러시가 이뤄졌고, 삼성, KTF, SKT, 한빛 소프트 등 10여 개의 프로게임단이 등장했다. 이때부터 프로게임 대회의 인기가 급상승하기 시작했고, 2004년 7월 부산 광안리에서 열린 야외 결승전에는 사상 최대 규모인 12만 관중을 기록하며 국내서 열린 온, 오프라인 스포츠를 통틀어 최대 기록을 세웠다.

국내 e−스포츠 문화는 중국과 동남아시아를 넘어 세계로 뻗어나 갈 움직임을 보이고 있다. 최근엔 대기업과 정부까지 e−스포츠의 세계화에 동참하고 있다. 삼성전자와 문화관광부가 글로벌 게임 올림픽 개념의 '월드사이버게임스(World Cyber Games: WCG)' 대회를 5년째 진행하고 있다. 이 같은 움직임에 대해 e−스포츠의 성장을 주도하고 있는 한국e-스포츠협회는 "20세기 최고의 스포츠인 야구와 축구의 주

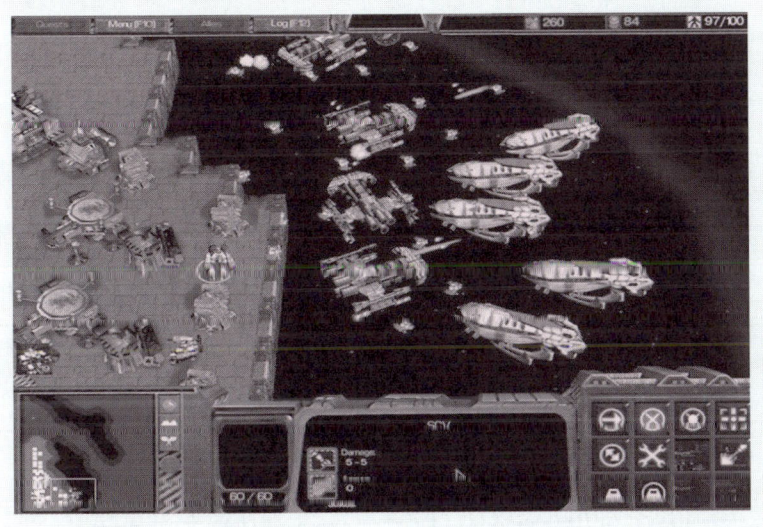

전세계적으로 선풍적인 인기를 끌었으며, 우리나라 및 전세계 e-스포츠 발전에 결정적인 공헌을 한 스타크래프트의 게임 회면

무대는 미국과 유럽이었다. 그래서 한국은 물론 세계 모든 선수들이 미국과 유럽에 진출하고자 했다면, 21세기에는 세계 최고의 프로게이머를 꿈꾸는 젊은이들이 종주국인 한국 무대에 진출하기 위해 땀 흘려 연습을 하는 시대가 올지 모른다"며 "그 시대를 위해 e-스포츠가 유행이 아닌 하나의 장르로 성장할 수 있도록 지원할 필요가 있다"고 입을 모은다.

e-스포츠의 성장 동력, 게임산업의 발전

e-스포츠도 결국 게임이라는 것을 매개체로 한 스포츠 산업이다. 한국 게임산업은 세계 주요 영화제를 섭렵하며 중흥기를 맞이하고 있는 한국 영화산업을 능가할 정도로 한국 엔터테인먼트 산업의 핵심 아이템으로 부상했다.

한국은 특히 온라인게임 부문에 최대 강점을 가지고 있으며, 세계 온라인 게임 시장 규모는 지속적으로 커지고 있다는 점도 게임 산업의 폭발력을 더욱 키워주고 있다. 세계 온라인게임 시장규모는 2002년 10억 달러 선을 돌파한 이래 2003년 20억 달러, 2004년 32억 3천만 달러, 2005년 46억 8천만 달러, 2006년에는 62억 달러로 추정된다. 우리나라는 2005년 기준으로 미국(2위), 중국(3위), 일본(4위)을 제치고 온라인 게임산업 1위를 점유하고 있다. 삼성경제연구소는 국내 e-스포츠 시장이 2010년에는 1,200억 원의 규모를 형성할 정도로 더욱 더 성장할 것을 전망하고 있다.

기업은 게임단 운영과 리그후원 등의 형태로 투자를 하고, 이를 통하여 막대한 브랜드 홍보 효과를 추구하고 있다. KTF의 경우 'MagicNs' 게임단 운영을 위하여 5년간 45억 원을 투입해 468억 원에 이르는 마케팅 효과를 얻었다고 발표하였으며, 'T1' 게임단을 운영하는 SK텔레콤도 2004년 20억 원을 투입하여 150억 원에 이르는 마케팅 효과를 얻었다고 발표하였다. 아직 e-스포츠 산업이 초기 단계인 만큼 향후 높은 성장이 예상되고 있다. 기업들이 e-스포츠 마케팅에 관심을 가지고 있고, 신규 매체가 증가하는 등 e-스포츠 시장은 지속적으로 확대되리라 생각된다. 시장규모도 2007년 774억 원에서 2010년 1,207억 원이 될 것으로 추정하고 있나.

e-스포츠, 건전하고 지속적인 발전

e-스포츠는 게임의 중독성 등 일부 부정적인 인식에도 불구하고 청소년들의 확고한 새로운 놀이문화로 정착했다. 이미 구축되어 있는 문화를 배타적으로 쳐다보기보다는 어떻게 하면 건전하게 e-스포츠를 즐길 수 있게 만들고, 지속적으로 e-스포츠를 발전시킬 수 있을까에 대해 고민해야 한다. 먼저 부모 세대와 청소년 세대간의 게임에 대한 인식을 바꾸어야 한다. 부모 세대의 경우 게임은 무조건 나쁜 것이라기보다는 적절한 여가 활동으로 사용되어야 한다는 점을 강조하고 게임 문화, 나아가서는 e-스포츠 전반의 문화에 대해 이해하려는 노력이 필요하다.

e-스포츠 정식 종목 선정에 있어서도 게임의 건전성에 대한 심의를 강화하여 게임이 아니라 e-스포츠라는 인식을 확실히 심어줄 수 있어야 한다. 게임에 대한 전반적인 부정적인 인식을 지우면서 e-스포츠 발전을 위한 기초 인프라스트럭처를 갖추어야 한다. 전용경기장 건립을 비롯하여 프로와 아마추어간의 상호보완적 시스템 확립 등을 위하여 법적, 제도적 지원이 필요하다. 문화적, 사회적, 정책적인 시스템을 통하여 e-스포츠를 미국의 MLB(Major League Baseball)처럼 즐길 수 있게 만든다면 e-스포츠는 더 이상 게임이 아니라 진정한 스포츠 문화로 정착될 수 있을 것이다.

7

20대 **트렌드** 제조자,
온스타일과 미국드라마

소위 '된장녀' 라 부르는

여성상이 2006년을 뜨겁게 달구며 사회적으로 커다란 이슈가 되었다. 벅찬 아르바이트로 힘겹게 돈을 모아 값비싼 명품 가방을 사고, 친구들과 스타벅스에 모여 앉아 다이어트에 치명적인 시럽을 전혀 넣지 않은 진한 아메리카노를 시켜 남자이야기를 나누면서도, 설탕시럽이 가득 뿌려진 크리스피크림(KrispyKreme) 도너츠에는 열광한다. 선배들에게 밥을 사 달라고 조르며 먹는 비용을 아끼는 데는 목숨을 걸면서도, 친구들과 고급 레스토랑에서의 식사를 즐기는 아이러니한 이중생활을 즐기는 여성들에게 '너희가 무슨 뉴요커(NewYorker)라도 되느냐' 라는 누리꾼들의 서슴없는 비난이 쏟아졌다. 그럼에도 불구하고 된장녀는 어느덧 당당히 이 시대 젊은 여성들의 꿈과 가치를 대변하는 하나의 사회상으로 자리 잡았다.

'된장녀 사건'은 사회적으로도 커다란 이슈가 되었지만, 비즈니스적인 면에서 역시 많은 것을 시사한다. 20~30대 여성들이 추구하고자 하는 삶의 모습을 통해 그들의 소비문화와 라이프스타일의 지향점을 발견할 수 있고, 이를 공략한 마케팅이나 상품들 역시 된장녀만큼이나 유명세를 톡톡히 치렀기 때문이다.

2035(20세~35세) 여성들의 사회활동이 활발해지고 소비계층의 주된 축이 되면서 이들을 타깃으로 하는 매체가 하나 둘씩 생겨나기 시작했다. 1995년 39개의 SO(System Operator)가 21개의 PP(Program Provider)를 9,625가구에 송출한 것으로 국내 케이블 시장이 형성되었다. 그 후, 케이블 시장은 시행착오를 거치며 출범한 지 10년이 지난 지금 1,300만 가구 이상의 가입자를 확충하며 방송계의 한 축을 담당하게 되었다. IPtv나 위성방송과의 경쟁에서도 현재의 5,492원이라는 낮은 시청료 때문에 비교적 우위를 점하며, 수입도 꾸준히 증가할 것으로 예상된다. 난시청 해소용으로 쓰이던 케이블 TV의 옛 모습을 생각해 보면 지금의 규모와 앞으로의 예상은 놀라울 따름이다. 현재 국내 케이블 시장에서는 온미디어와 CJ미디어가 그 우위를 다투고 있다.

온미디어와 CJ미디어가 케이블 시장을 대표하는 단어가 된 것은 현재 케이블 시장의 흐름을 보여주는 전형적인 단면 중 하나이다. 케이블 TV가 생길 무렵에는 TV를 제공해 주는 SO(System Operator)가 막강한 권력을 행사했다. 배고플 때는 아무거나 먹어도 좋지만, 배가 부른 후에는 맛있는 것을 찾듯이 케이블 시장이 커질수록 PP(Program Provider)가 SO보다 더 중요해지기 시작하였다. 그리고 그 중에서도 여러 채널을 가진 온미디어나 CJ미디어와 같은 MPP(Multiple Program Provider)가 힘을 발휘하기 시작하였다.

그 중에서도 온미디어의 온스타일은 20, 30대 여성들에게 전폭적인 지지를 받으며 급성장하였다. 된장녀의 역할모델인 네 명의 여성이 등장하는 미국드라마 〈섹스앤더시티〉를 방영하기도 했던 온스타일에 대해 좀더 자세히 살펴보자.

여심을 사로잡다, On style

케이블TV의 PP 중에서도 온미디어(On Media)가 운영하는 온스타일(On Style)이 더욱 주목받는 이유에는 무엇보다도 앞서 이야기한 20~30대 여성들이 추구하고자 하는 라이프스타일을 구체적으로 안내하고, 코치하는 가이드 역할을 톡톡히 하고 있기 때문일 것이다. 물론 온스타일 이전에도 뷰티, 육아와 같은 한정된 범위에서 여성을 대상으로 한 대중매체가 존재하였지만, 단순한 관련 정보 제공이 아닌 라이프스타일 전체를 아우를 수 있는 프로그램으로 주목받은 것은 온스타일이 처음이라 할 수 있다.

20~35세 여성을 메인 타깃으로 하되, 감각 있는 20~30대 남녀가 모두 즐길 수 있는 스타일 채널을 추구하는 온스타일은 2004년에 온미

디어에서 야심차게 준비한 타깃팅 채널이다. 투니버스(4~15세), Qwi-ny(10대), 바둑 TV(성인 남자), Super Action(25~49세) 등 기존의 채널들이 겹치지 않는(Mutually Exclusive) 명확한 타깃팅으로 성공을 거둔 후 개국한 온스타일은 기존의 성공을 바탕으로 비교적 쉽게 케이블 채널에 안착하였다. 개국 당시 스포츠, 게임, 드라마 같은 범주는 하나의 채널로 만들 수 있을 만큼 다양한 콘텐츠가 존재하였지만 여성의 뷰티, 패션 등을 모두 아우를 수 있는 콘텐츠는 생각할 수 없었기에 온스타일은 퓨전의 색채를 띄는 신개념의 채널이라는 독특한 포지셔닝을 할 수 있었다.

현대 여성의 라이프스타일 기준을 제시하는 온스타일은 실험적인 겉포장과 달리 안정성을 기반으로 한 콘텐츠를 보여준다. 다양한 프로그램을 통해 한국 여성들에게 제시하는 라이프스타일이 알고 보면 한국의 것이 아닌 뉴욕과 할리우드 등 세계에서 트렌드를 가장 빨리 읽을 수 있는 곳에서 가져오는 것이다. 온스타일에서 방영된 대표

• 케이블 TV 3/4분기 광고비 현황

(단위: 백만 원)

장르	채널	2004년			2005년		
		상반기 계	3/4분기	누계	상반기 계	3/4분기	누계
여성	On Style	550	360	910	1,800	1,600	3,400
	올리브	260	172	432	699	463	1,162

증감률: On Style(273.6퍼센트), 올리브(169.1퍼센트)

출처: LG애드

적 프로그램들로 젊은 미혼녀들의 일, 사랑, 생활에 대한 이야기를 생동감 있게 그려낸 〈섹스앤더시티(Sex and the City)〉, 젊은 엄마와 어린 딸의 행복과 갈등을 그려낸 〈길모어걸스(Gilmore Girls)〉, 세계적인 모델이 되고픈 여성들의 도전기를 그려낸 리얼리티쇼 〈도전! 수퍼모델(American Next Top Model)〉과 같은 수입 프로그램들이 있다. 이러한 시트콤, 드라마, 쇼 프로그램은 이미 해외에서 성공한 프로그램들이기에 위험을 수반하지 않고, 따라서 온스타일은 타 경쟁 채널보다 전 세계 콘텐츠를 먼저 수집하기 위한 체제를 만들어 주간 단위로 새로운 콘텐츠를 추적한다.

채널의 성장세를 직·간접적으로 볼 수 있는 광고비 현황을 살펴보면, 온스타일은 2004년에 비해 2005년 273.6퍼센트의 성장을 보이면서 XTM에 이어 케이블 TV 채널 중 두 번째로 높은 증가율을 보였다. 케이블 TV 광고시장의 연평균 성장률이 20~30퍼센트임을 감안하면 그야말로 엄청난 성장이다. '케이블 여성 전문 매체 1위'로 젊은 여성들에게 큰 지지를 받고 있는 온스타일의 성공 요인은 무엇일까?

여성채널의 대중화 물결

한국광고단체연합회와 LM리서치의 2000년 인터넷 사용자 실태조사에 따르면 1999년 29.3퍼센트에 머무르던 여성의 비율이 17.2퍼센트 증가해 46.5퍼센트에 이른 것으로 나타났다. 인터넷 시장에서의 여성비율뿐만 아니라 음식업계에서는 패밀리레스토랑 이용고객의 70퍼센트가 여성고객이라고 하며, 카드와 연계된 할인혜택이나 여성 전용

요금상품을 내세운 이동통신회사의 마케팅이 큰 호응을 얻는 등 산업 전반에 여성의 대중화 물결이 거세게 일어나고 있다.

앞서 이야기했듯이 여성의 지위가 높아지고, 직장을 가진 여성이 늘어나면서 여성만을 위한 다양한 종류의 상품과 콘텐츠가 등장하기 시작하였다. 그리고 경제적으로 여유가 있으며, 생필품 이외의 취미, 자기계발에 시간과 소비를 쏟는 여성들이 늘어나는 전세계적인 추세를 한국에서 가장 먼저 받아들인 곳이 온스타일이다.

온스타일의 성공 이래 올리브, tvN과 같은 여성 전문 채널이 잇따라 개국하였다. 온스타일은 '라이프타임(Lifetime)'이라는 미국의 채널이 모델이 되었는데, 라이프타임은 미국의 거의 모든 가구라 할 수 있는 7,500만 가입자를 보유중이고, 케이블 기본 공급 채널 가운데 시청률 5위를 기록중이다. 라이프타임이 여성들의 관심이 집중되는 분야인 육아 문제, 여성들이 많이 걸리는 유방암 문제, 가정문제 등을 내세워 여성 시청자들을 사로잡았다면, 온스타일은 좀 더 젊은 층의 여성을 대상으로 한 콘텐츠를 보여준다.

시청자의 자아표현 욕구 충족

"우리는 어쩌면 이런 악마 같은 삶을 부러워하고 있을지도……." 소설을 영화화하여 흥행에 성공한 〈악마는 프라다를 입는다〉를 보면 주인공 앤드리아가 이런 대사를 한다. 영화는 신데렐라가 되기를 거부하는 앤드리아의 반성과 회귀를 그리지만, 다른 이유로 세간의 이목을 끌었다.

특히 영화는 명품 소비에 은근한 욕망을 품고 살아가던 젊은 여성들로부터 각별한 관심을 얻었는데, 이들 관객층의 다수는 세계적인 명품들이 영화의 주요한 소재로 등장하고 있다는 것만으로도 티켓 값을 지불할 나름의 이유를 찾았던 듯하다.

앤드리아의 대사를 들으며 온스타일이 떠오르는 것은 왜일까? 온스타일은 현재 20대 여성의 역할모델을 제시하며, 30대 여성에게는 이루지 못한 꿈을 보여주는 '꿈과 모험의 채널'이다. 입가로 흐르는 침을 닦고 조금만 정신 차려보면 TV 속의 주인공은 현실과 동떨어진 너무나 완벽하고 아름다운 여성이기에 비현실적으로 느껴질지 모른다. 하지만 처음 패션 잡지가 생겨나고, 패션에 처음 노출되었던 10~15년 전의 세대가 지금은 20~35세의 온스타일 주 고객층이 되었고, 그들은 끊임없는 트렌드에 대한 욕망을 인쇄매체에서뿐 아니라 영상매체에서까지 접하길 원하게 된 것이다.

온스타일이 자체 분석한 시청층 성향은 고소득층의 패션 지향적이고, 최근 1년 동안 해외여행을 다녀왔으며, 여가 생활에 많은 돈을 쓰며, 컴퓨터와 테크놀로지 수용성이 높은 여성층이다. 온스타일의 콘텐츠가 소비를 부추기며 의미보다는 순간의 즐거움을 준다는 비판을 받고는 있지만, 자아표현 욕구를 자극하는 온스타일의 전략이 타깃 여성고객에게 정확하게 먹히고 있는 것은 분명하다.

타깃팅(targeting) 광고

공중파 방송과 달리 케이블 채널은 많은 부분을 광고에 의존해야 한다. 또한 케이블 채널의 광고는 프로그램 중간에 배치되어 흐름을 끊기 때문에 아무리 재미있고 좋은 내용의 프로그램이라도 광고의 짜증스러움이 크다면 시청자를 잡아둘 수 없다. 온스타일의 성공에는 이러한 케이블 채널 광고의 한계점을 극복한 타깃팅 광고가 있다.

이 회사는 2005년 1월부터 인포머셜(유사홈쇼핑) 광고를 폐지하고 본격적으로 일반 제품 및 기업 광고를 유치한 후 매출이 급증하고 있다. 6월을 포함한 2005년 상반기 광고매출은 500억 원대로 지난해 같은 기간 400억 원대에 비해 25퍼센트 증가했다. 2000년 115억 원, 2001년 320억 원, 2002년 460억 원, 2003년 815억 원, 2004년 957억 원으로 매년 두 자리수 이상 성장해 왔다.

온미디어는 광고만 전담으로 하는 사이트 애드온(adON)을 통해 온미디어의 채널에 소개되는 광고를 관리하고 있다. 광고주들은 이

여성고객의 욕구를 정확히 파악하여 성공을 거둔 온스타일의 패션 관련 프로그램

사이트를 통해 언제 어디서나 채널에 방송되는 광고의 마케팅 효과를 측정할 수 있다. 또한 채널을 보유하고 있는 온미디어는 애드온을 통해 유사홈쇼핑 광고를 폐지하고 채널과 관련된 일반 제품 및 기업 광고를 본격적으로 유치하면서 광고 매출을 증가시키고 채널별 차별화를 추구하고 있다. 그 중 온스타일은 2035 여성을 타깃으로 한 프로그램뿐만 아니라 광고를 통해서도 스타일을 제안하고 꿈을 꿀 수 있도록 광고를 내보냈다. 광고상품도 향수, 샴푸, 화장품, 자동차 등 여성들이 소비하고 트렌드를 리드하는 물품을 광고한다. 또한 장진영과 같은 스타를 홍보모델로 등장시키는 등 케이블채널에서는 좀처럼 어려운 시도를 하기도 하였다.

이는 케이블 TV 의 광고단가가 공중파에 비해 싼 점을 적극 활용하였고, 보다 유연한 구성을 통해 원하는 시간과 선호에 맞게 광고를 배치할 수 있었기 때문에 가능한 것이었다. 더 깊이 들어간다면 전문채널에 맞게 타깃 시청층이 뚜렷하여 각각에 맞춤화(customized)된 상품과 형식의 광고를 사용한 것이 주효하였다. 시청자가 온스타일을 찾는 중요한 이유를 알기 때문에 그만큼의 투자를 통해 정체성을 확고히하고, 온스타일만의 경쟁력을 지니게 된 것이다.

매스클루시버티(massclusivity)

LG 경제연구원의 '마케팅 신조어로 풀어보는 신소비 코드' 보고서에 언급된 5가지 흐름 중에 하나인 '매스클루시버티(massclusivity)'로 온스타일 시청자층을 표현할 수 있다. 극히 수수에게만 맞춤생산으로 제공하는 고급상품이나 서비스를 뜻하는 이 말은 개별 고객의 필요를 차별화시켜 부응하는 것이다. 기존의 명품 혹은 매스티지(masstige)가 대중화됨에 따라 더욱 차별화되고 희소성 있는 것을 선호하고 있는 것이다.

온스타일은 타깃 시청자의 눈높이가 단순한 고급화가 아닌 자기표현 욕구에 있다는 것을 알고 남들과 같은 수준의 동조 소비가 아닌, 고급화 중에서도 더욱 세분화하여 보여주는 마케팅을 사용함으로써 시청자를 사로잡았다. 온스타일에서 방송하는 것은 미국의 리얼리티 쇼, 드라마, 시트콤 등이지만 그것을 소비하는 시청자는 뉴욕과 헐리우드의 라이프스타일, 새로운 제품, 추구하는 방향을 보면서 자기표현을 통한 고급화된 라이프스타일을 지향하고, 한국 내의 매스클루시버티를 형성하는 것이다.

국내의 케이블 TV 여성채널은 여전히 온스타일이 독주중이지만, 직장 여성을 대상으로 하는 채널 'W'가 개국하고 기존의 라이벌인 동아 TV, 올리브 채널 등이 다양한 방법으로 위협을 해 옴에 따라 보다 강력한 경쟁력을 지녀야 한다. 최근 온미디어에서는 '스토리온(Story On)'이라는 35세 이상을 메인 타깃으로 하는 라이프스타일 채널을 개국하기도 하였다. 여성들의 감성적 만족과 감각적 트렌드를 이끌기 위해서 더 많은 대상을 포괄하며 몸집을 불리기보다는, 그 넓은 범주의 각각을 공략할 수 있는 세밀한 마케팅이 필요한 시점이다.

이렇게 온스타일 등 케이블 채널이 성장함에 따라, 그 콘텐츠의 기반이 되었던 미국드라마도 전성기를 맞게 된다. 그것도 하나의 장

르로 끝나는 정도가 아니라, 시청자의 라이프스타일과 소비패턴에 변화를 줄 정도의 강력한 영향력을 가진 트렌드를 만드는 파워를 가지고 다시 돌아온 것이다.

미국드라마 열풍과 미드족

미국드라마가 국내 미드족에게 보여줬던 영향력을 보여주는 대표적인 예로 뉴욕의 성공한 30대 독신여성의 라이프스타일을 보여줬던 〈섹스앤더시티〉라는 드라마를 들 수 있다. 2006년 한 해를 수놓았던 〈악마를 프라다를 입는다〉와 같은 칙릿(chick lit, 젊은 여성을 뜻하는 속어 'chick'

미드족과 된장녀 열풍을 불러올 정도로 우리나라 젊은 여성들에게 큰 영향을 미친 미국드라마 〈섹스앤더시티〉와 〈프렌즈〉

과 문학 'literature' 를 결합한 단어로, 20대 여성을 타깃으로 한 문학작품)과 『여자생활백서』 같은 20대 여성전용서적 그리고 된장녀신드롬 같은 유행어 역시 원류는 모두 미국드라마 〈섹스앤더시티〉라고 봐도 무방하다. 그래서 전문직 여성들 사이에서는 〈섹스앤더시티〉의 여주인공인 캐리를 어느새 우리나라 전문직 여성들의 바람직한 모델로 여기고 있다.

〈섹스앤더시티〉로 대표되는 미국 트렌디 드라마가 우리나라 여성들에게 미치는 영향은 명품 소비, 브런치와 같은 생활양식 그리고 이런 것들의 변화에 기본이 되는 미국 문화나 싱글 문화에 대한 인식의 변화를 들 수 있다. 이렇게 케이블 TV의 붐을 타고 전성기를 맞은 미국 드라마는 우리에게 어떤 영향을 미치고 있을까?

명품에 대한 인식 변화

이와 같이 드라마 안에 보이는 명품에 대한 인식은 우리나라 기존의 명품 소비에 대한 인식과는 사뭇 다르다. 바로 가치소비로서 명품의 소비가 분류된다는 것이다.

미국 드라마에서는 PPL이 매우 자유롭다. PPL을 통한 상업성의 심화는 전적으로 시청자들의 판단으로 돌리고 있다. 드라마 극중전개가 방해될 정도의 PPL이라면 시청자가 알아서 보지 않을 거라는 판단에서이다. 그래서 오히려 PPL 자체가 드라마의 에피소드를 더 맛깔나게 하고 현실성이 넘치게 하는 역할을 하는 것 역시 사실이다. 〈섹스앤더시티〉에서는 수많은 명품 브랜드의 실명과 실제 제품들이 등장한다.

하지만 여기에서 중요한 것은 이 드라마의 주인공들이 명품을 대하는 태도이다. 이들은 남들에게 과시하기 위한 소비가 아닌 자신의 소비욕구나 미에 대한 욕구의 충족을 위해 소비를 한다. 명품이 단순한 제품이 아닌 자신과 하나될 수 있는 패션의 부분으로 생각하는 것이다. 그리고 그녀들은 이러한 자신들에 당당한 모습을 보여준다. 이러한 면들은 기존의 부의 과시에 초점이 맞추어져 있었던 명품 소비에 대한 국내 인식을 바꾸는 데 많은 역할을 했다.

〈섹스앤더시티〉를 통해 유명해진 대표적인 명품 브랜드를 들라면 바로 '마놀로 블라닉'이라는 디자이너 구두 브랜드를 들 수 있다. 드라마내에서 주인공 '캐리'는 기존의 명품브랜드들보다도 이 구두 브랜드에 자신의 모든 애정을 쏟는다. 거리에서 불한당을 만났을 때 했던 "다른 건 다 가져가도 좋으니 내 마놀로 블라닉만은 안 돼요"라는 대사나 구두 쇼핑 때문에 돈이 부족하여 방세를 못내 자신의 옛 남자친구에 찾아가는 그녀의 모습에서 이 브랜드의 구두는 그녀에게는 구두 이상이라는 사실을 알 수 있다. 여기서 중요한 점은 그녀는 이런 자신의 모습에 자괴감을 느끼는 것이 아니라 마놀로 블라닉을 가지기 위해서는 어쩔 수 없는 희생이라고 생각하고 있다는 것이다.

부를 과시하기 위한 소비가 아닌 자신의 만족을 채우기 위한 쇼핑으로서의 캐리의 쇼핑 패턴은 우리나라의 명품 쇼핑에 새로운 인식을 주었다. 2006년 명품업계를 떠들썩하게 했던 뉴럭셔리 브랜드나 요즘에 새로운 소비계층으로 떠오르고 있는 프라브 족(PRAVS, Proud Realisers of Added Value의 줄임말로 명품에 대한 맹목적 중독성을 벗어나 자신만의 패션을 창출해 내는 사람들) 역시 이런 기본적인 마인드를 공유하고 있다고 볼 수 있다.

미국문화와 싱글문화에 대한 인식변화

〈섹스앤더시티〉 안에서 보여준 그들의 소비문화와 생활양식은 자신에게 당당한 미국 싱글여성들의 문화를 보여주는 거울이라고 할 수 있다. 이것은 〈섹스앤더시티〉가 단순한 드라마가 아닌 한국의 싱글여성들에게 생활지침서로까지 여겨지고 있는 이유라 할 수 있다. 단순한 소비나 생활양식만을 드러낸 드라마가 아니라 이런 삶을 살기 위해서 이들이 희생해야 하는 것들이나 삶에 대한 고민 그리고 사랑과 우정에 대한 진지한 묘사가 미드족의 라이프스타일에 많은 영향을 주고 있는 것이다.

〈섹스앤더시티〉뿐만 아니라, 〈프렌즈〉는 미국문화 전반과 친구들끼리의 우정이라는 면에서, 〈앨리 맥빌〉은 세상에 존재하는 여러 종류의 사랑에 대해서 드라마 전반에 걸쳐 시청자들과의 소통을 시도했다. 2007년에는 서점가와 극장가에서 우리나라 싱글여성의 소비패턴에 큰 영향력을 주었던 〈악마는 프라다를 입는다〉가 드라마로 제작되어 방영될 것이고, 〈섹스앤더시티〉의 경우에는 반대로 영화화될 것이다. 한국에서 전반적인 소비문화가 20대 후반과 30대 여성 중심으로 돌아가고 있다는 점을 상기해 볼 때, 미국 트렌디 드라마들이 한국 소비시장과 라이프스타일 변화에 미칠 영향은 앞으로도 더 커질 전망이다.

8

이동족들의 필수아이템,
포터블 플레이어

지하철 안에서 지상파

DMB를 통해 실시간으로 드라마를 보고 게임을 하는 사람들, 이어폰을 끼고 인터넷 강의를 시청하는 학생들 그리고 무선 인터넷을 통해 메일을 확인하고 전자책이나 신문을 다운받아서 읽는 사람들. 이제는 일상에서 흔히 볼 수 있는 모습들이 되어버렸지만 불과 몇 년 전까지민 해도 찾아보기 힘든 모습이었다. 최근 동영상을 중심으로 이동을 하면서 즐길 수 있는 포터블 플레이어(Portable Player)들에 대한 관심이 점점 더해가고 있다. IT의 발전과 넓어진 생활권으로 '이동족'이라는 신조어까지 생겨나고 있다. 그리고 이동족의 중심에 영제너레이션(20대)이 있다.

이동족이란

2007년 1월 통계청이 이동족을 새로운 소비자층으로 선정할 정도로, 최근 IT 업계에서는 이동족을 만족시키는 것을 최고의 화두로 삼고 있다.

이동족이란 이동하는 동안 무료함을 달래기 위해 휴대폰, MP3, 게임기, PMP 등의 휴대형 IT 기기를 최소한 2~3가지 들고 다니며 이를 활용하는 소비자라고 정의할 수 있다. 이러한 이동족들이 빠르게 늘어나게 된 가장 큰 요인은 생활 반경이 넓어졌다는 것이다. 통계청이 최근 발표한 '2004년 생활시간 조사'를 보면 2004년 10세 이상 우리 국민의 평균 이동시간은 1999년보다 5분 더 늘었다. 전체 인구(4,200만 명)를 감안하면 이동시간이 무려 2억 1천만 분이나 늘어난 것으로 하루 평균 이동시간이 1시간 40분이나 되는 것을 의미한다. 이와 더불어 건강을 위한 걷기가 유행하면서 움직이는 시간 동안에 무료함을 없애고 이동시간을 효율적으로 활용하고 싶어 하게 되었다.

포터블 플레이어 시장 현황

2007년 4월, 인터넷 오픈마켓의 리더 업체인 옥션은 이동족들의 의류나 파우치 등에 고성능 스피커가 내장된 제품이나 MP3 선글라스와 PMP를 중심으로 한 휴대용 IT 기기에 대한 제품 구매가 2006년 같은 기간에 비해 5배 가량 증가하였다고 발표했다. 급성장하고 있는 포터블 플레이어 시장의 규모를 제품 카테고리별로 알아보고, 늘어나는 수요만큼 빠르게 변화하는 소비자들의 소비 트렌드를 파악해 보자.

포터블 플레이어의 시장 규모

가장 큰 성장세를 이루고 있는 제품은 단연 PMP이다. 2005년 네비게이션을 주력 상품으로 연간 15만 대 정도가 판매되던 PMP는 2006년 독일 월드컵을 기점으로 판매량이 기하급수적으로 급증하여 2006년에는 4배 가까운 58만 대 그리고 2007년에는 75만 대 규모를 이룰 것으로 업계는 추정하고 있다.

노트북의 경우 2006년 기준으로 116만 8천 대의 판매량을 보이고 있으며 그 중 휴대가 간편한 서브 노트북이 차지하는 비중이 지속적으로 높아져 가고 있다. 노트북 시장 내 12인치 이하 서브 노트북이 차지하는 비중은 2007년 1분기 5.3퍼센트에서 2007년 4분기에는 13.5퍼센트로 증가한 16만 대 규모로 성장할 것으로 예측하고 있다.

휴대용 게임 시장에서는 2007년 1월 PSP가 국내 30만 대를 출하하였고, 2007년 1월 18일에 국내에 정식 발매된 닌텐도 DS라이트는 발매 4개월 만인 5월 18일 국내 출하량이 27만 대를 돌파하였다고 발표하였다. 포터블 플레이어 시장을 주도하고 있는 세 가지 카테고리의 제품을 살펴보았을 때 가장 빠른 성장을 보인다는 IT 시장 내에서도 눈에 띄게 빠른 성장세를 이루고 있음을 알 수 있다.

포터블 플레이어의 트렌드

이동족에게 가장 인기가 있는 제품은 단연 여러 기능을 작은 기기 하나에 모은 '컨버전스' 제품이다. 다양한 기능을 가진 제품 하나면 맥가이버 칼처럼 언제 어디서든 필요에 따라 사용할 수 있기 때문이다. MP3 플레이어나 PMP의 경우 동영상 재생은 물론 전자사전 기능까지 탑재된 제품들이 출시되고 있다. 이어폰 줄을 안테나로 활용해 지상파 디지털 멀티미디어 방송을 볼 수도 있으며 액정표시장치(LCD) 화면은 2.5인치 정도로 비교적 크고 무게는 가벼운 제품들이 인기몰이를 하고 있다.

두 번째로 교육 콘텐츠와 연관된 기능의 선호이다. 교육의 목적으로 가장 이슈가 되고 있는 PMP의 경우 고등학생 10명 중 절반 이상이 동영상 강의나 전자사전 기능을 사용하기 위해서 PMP를 구매하여 사용하고 있다. 예전에는 DMB 기능을 갖춘 모델이나 네비게이션 기능을 하는 모델들이 주력 상품이었지만 최근에는 교육용으로 만든 모델들로 포커스가 맞춰지고 있다. 교육용 PMP의 매출이 전체의 30퍼센트까지 늘고 있으며, U 러닝 시장의 성장 잠재력을 감안했을 때 교육용 PMP 제품의 판매 성장은 지속될 것으로 예상되고 있다.

마지막으로 슬림(Slim)과 라이트(Lite)이다. 이를 대표하는 포터블 기기로 노트북을 들 수 있다. 최근 이동중 휴대와 사용이 가능한 12인치 이하의 노트북 제품들이 속속 선보이고 있다. 이는 이동성을 중시하는 요즘 젊은이들이 노트북을 선택할 때 무게를 가장 중시하기 때문이다. 이러한 이동족들을 겨냥하여 노트북도 더 얇고 가볍게 변신을 거듭하고 있다. LG전자의 엑스노트 A1의 경우 10.5인치 와이드 LCD에 무게는 1kg으로 A4 사이즈 가방에 쏙 들어가는 정도의 휴대성을 자랑하고 있다.

포터블 플레이어의 파생제품

포터블 플레이어의 발전과 함께 IT 소형기기의 기능을 패션 액세서리에 접목한 파생 제품들도 상품화되고 있다.

움직임이 많은 야외 활동 시 유용한 '멜빵 스피커', MP3 및 게임기 보관 케이스에 스피커가 내장된 '스피커 파우치'와 백팩에 스테레오 시스템이 장착된 '스피커 가방'은 스포츠형 백팩의 양 어깨 끈에 판넬 스피커가 장착해 있어 어깨끈 조절만으로 다른 곳에 새지 않게 자신의 귀에만 소리가 들리게 하거나, 다른 이들과 함께 소리를 즐길 수 있다. 'MP3 선글라스'는 편광렌즈와 MP3기기가 결합된 일체형으로, 운동시 지루함을 달래주고 음악과 함께 스포츠레저를 즐길 수 있는 제품으로 안성 나리 부분에 틸딘 꼬김도 스테레오 이이폰은 싱히 자유조절이 가능하다. 'MP3 패션 손목시계'는 음악은 물론 동영상, 디지털 앨범, 보이스 레코더, 이동식 메모리카드 기능이 패션 손목시계 하나에 담긴 멀티 제품이다. PC와의 연결을 통해 간편히 충전이 가능하다.

IT 소형기기를 패션 액세
사리에 접목한 MP3 선
글라스와 MP3 손목시계

종전에는 디지털웨어가 일부 레포츠 동호회나 마니아 층을 위주
로 판매됐지만, 최근에는 IT기기의 대중화로 일반인들 사이에서도 인
기를 모으고 있다. 신체를 보호하거나 장식하는 의복의 본래 기능을
뛰어 넘어 다양한 디지털 기능을 겸비한 똑똑한 패션 역시 또 하나 의
미래주의 패션으로 각광받을 것으로 기대된다.

포터블 플레이어 제품 카테고리

포터블 플레이어는 사용자들의 필요만큼이나 다양한 제품들이 출시
되고 있다. '다양한 엔터테인먼트 및 통신 기능을 제공하는 통합 멀티
미디어 휴대용 단말기'로 정의되는 포터블 플레이어의 종류를 살펴보
면 가장 먼저 현대인의 필수품이자 IT 컨버전스를 가속시키고 있는 핸

드폰에서 시작할 수 있을 것이다. 출시 당시 핸드폰을 대체할 아이템이라 여겨졌던 PDA, 점점 작아지고 가벼워지는 노트북과 차세대 휴대용 PC인 UMPC, 원래의 기능 이외에도 동영상 재생 기능을 추가한 MP3 플레이어, PMP, 전자사전, 디지털카메라, 비디오 게임을 손안으로 옮겨 놓은 휴대용 게임기 등이 있다. 이 책에서는 포터블 플레이어 시장을 주도하는 카테고리를 크게 노트북과 UMPC의 포터블 PC, PMP 그리고 휴대용 게임기 시장으로 나누어 살펴보고자 한다.

포터블 PC

2006년 하반기부터 포터블 PC를 주도하고 있는 서브 노트북을 살펴보자. 서브 노트북은 CD-ROM 드라이브 같은 광학드라이브 장치를 장착하지 않음으로써 크기와 무게를 줄여 휴대하기 용이하게 만든 노트북으로 이동이 많으며 여러 장소에서 PC를 사용해야 하는 사람들을 위한 제품이다. 서브 노트북 시장은 삼성전자의 세계 최소형 듀얼코어 노트북 컴퓨터 '센스 Q35'가 2006년 11월 선보인 뒤 국내 서브 노트북 컴퓨터 시장을 주도하고 있다. 실버와 레드 두 가지 색상과 내장형 ODD를 탑재하였고. 무게는 1.89kg이다.

UMPC는 Ultra Mobile PC의 약자로 양복 안주머니나 핸드백에 들어갈 정도로 작은 휴대용 PC를 말한다. 2006년 출시된 1세대 UMPC 제품들은 성능, 가격, 편의성 등 모든 면에서 미흡하다는 평가를 받으면서 외면당했다. 하지만 1세대 제품의 단점을 보안한 2세대 제품들이 등장하면서 관심을 모으고 있다. UMPC 시장을 개척한 라온디지털의

UMPC '베가'는 기존 UMPC의 단점으로 지적되던 배터리 지속 시간과 무게, 키보드의 부재 등 사용자의 불편사항을 최소화하고 경량화, 소형화하여 460g의 무게와 세계 최장 12시간 배터리를 갖추고 있다.

PMP(Portable Multimedia Player)

PMP 시장의 점유율은 디지털큐브가 60퍼센트, 코원이 20퍼센트, 멕시안이 10퍼센트, 기타 업체들이 3퍼센트를 차지하고 있다. 디지털큐브는 2004년 국내시장에 PMP를 선보인 이래 국내 PMP 업계에서 60퍼센트의 점유율을 차지하며 부동의 1위 기업으로 자리매김하고 있다. 2006년 8월 국내 최초의 지상파 DMB 내장형 수신기를 탑재한 '아이스케이션 T43'의 성공적인 출시 이후, 네비게이션, DMB, 교육 콘텐츠 등으로 PMP시장 발전을 주도하고 있다.

디지털큐브는 2007년 6월 전형적인 고가 시장인 PMP에서 벗어나 20만 원대 저가형 PMP를 출시하였다. 지상파 DMB 및 TV-OUT 기능과 전자사전을 비롯한 부가기능을 제외하고 교육 콘텐츠에 초점을 맞춘 하이엔드 성능의 저가형 PMP인 M43 아카데미로 기존 MP3 플레이어 구매자들의 교체 수요를 PMP 시장에 진입시킬 수 있을 것으로 예상하고 있다.

휴대용 게임기

2007년 국내 휴대용 게임 시장은 국내 출시 4개월 만에 판매량이 27만 대를 넘어선 닌텐도 DSL의 출시에 힘입어 큰 성장세를 나타내고 있다. 2007년 1월에 출시한 닌텐도 DSL은 두뇌트레이닝과 영어삼매경을 시작으로 모두가 즐길 수 있는 게임 라인과 더불어 더블 스크린에 터치 패드 그리고 다양한 게임기의 색상으로 여성과 어린 학생층을 공략하여 좋은 반응을 얻고 있다.

포터블 플레이어 업체들의 마케팅 전략

젊은층의 필요에 부합하기 위해 포터블 플레이어 업체들은 제품 차별화뿐만 아니라 소비자들에게 다양한 방법으로 다가가고 있다. 포터블 플레이어 업체들의 마케팅 전략에 대해서 알아보자.

삼성 노트북 Sense

삼성전자 Sense는 광고 전속 모델로 임수정을 기용해 스타 마케팅을 펼치고 있다. 청순하고 귀여운 이미지를 지닌 스타 임수정이 유독 삼성전자 Sense의 광고를 통해 독특한 변신을 펼침으로써 소비자의 관심을 이끌어 내고 있다. 여성 소비자들을 겨냥하여 컬러 마케팅을 펼친 Q30 시리즈를 시작으로 신제품인 Q45의 광고까지 변하는 제품 속성에 맞춰 변신하는 임수정의 이미지가 소비자들에게 효과적으로 어필하고 있다.

PC 없이는 숙제를 할 수 없는 세상이 되면서 대학 새내기들에게도 노트북이 점점 필수품이 되고 있다. 따라서 삼성전자는 입학 시즌에 맞춰 개학을 하는 대학생들을 겨냥하여 이동성과 멀티미디어 기능 등을 강화한 제품을 출시하고 판촉 이벤트를 실시하였다. 2007년 새해 시작과 함께 '新나는 센스 〈거침없이 바꿔라 센스 大 작전 이벤트〉 아카데미' 행사를 통해 센스 제품을 구입하는 고객에게는 은나노 코팅 광마우스와 1GB USB 및 윈도비스타 업그레이드를 지원해 주었다.

도서관에서 공부를 하는 대학생들을 타깃으로 노트북 소음의 주요 원인인 냉각팬을 제거한 노팬(No-Fan) 기술을 적용한 제품 Q40을 런칭하였다. 이와 더불어 '조용한 도서관에서도 주위 눈치를 보지 않고 사용할 수 있다' 라는 소비자 편익을 다양한 매체를 통해서 효과적으로 홍보하였다.

디지털큐브 I-Station

국내에서 출시된 PMP 중 가장 성공적이라고 평가받는 제품이 바로 디지털큐브의 I-Station V43이다. 이 제품은 PMP 유저들이 모인 인터넷 커뮤니티에서 가장 좋은 평가를 받으면서 입소문을 탔다. 아직 기술이 완벽하지 않은 PMP 기기의 특성 상, 먼저 사용한 사람들의 후기와 추천, 조언이 신생 유저들에게 많은 영향을 주기 때문이다. PMP의 등장과 함께 설립된 인터넷 커뮤니티 피엠피 인사이드(www.pmpinside.com) 등에서는 다양한 기기를 사용해 본 경험이 있는 얼리어답터들이 많으며 PMP 판매의 '대세(일정 시기 동안 타 기종에 비해 가장 우월한 기종을 이르는 말)'를 결정하므로 이들을 관리하는 능력이 요구된다.

디지털큐브는 다른 IT기기에 비해 고가인 PMP시장에 PMP 본연

의 기능인 동영상 재생에 충실한 제품에 대한 꾸준한 수요를 파악하고, 합리적인 가격대의 PMP를 출시하였다. 가격이 PMP 대중화의 주요 걸림돌이었으나 저가형 모델 출시를 통하여 고객 만족도를 더욱 높일 수 있는 계기로 삼는다는 전략이다. 저가형 PMP 첫 모델인 'M43 아카데미'는 오는 학생을 대상으로 온라인 쇼핑몰을 통해 1천 대 한정 예약 판매하고, 이 기간 동안 학생들이 학습을 위해 많이 방문을 하는 YBM 시사닷컴의 사이버 어학원 쿠폰도 함께 제공하고 있다.

미드(미국 드라마) 열풍으로 여성 PMP 유저들이 늘어남에 따라 디자인 또한 여성 친화적으로 세련되게 변화되고 있다. 여성 소비자들을 겨냥하여 DMB기능을 갖췄으면서도 컴팩트하고 스타일리쉬한 디자인에 파랑, 빨강, 노랑 등의 다양한 컬러 PMP 모델을 출시하였다.

초기 시장 형성기에는 파일 포맷(format)에 구애받지 않는 동영상 재생 능력, 음악 재생, 사진 뷰어(viewer), 전자사전, 간단한 게임, PPT

젊은 세대 사이에서 폭발적인 인기를 끌고 있는 휴대용 게임기 닌텐도 DS Lite와 아이스테이션의 PMP

뷰어 등 다양한 기능을 갖추고 있는 PMP가 인기를 끌었다. 그러나 요즘에는 PMP의 사용자가 학생, 직장인, 여성 등으로 다변화되고 있는 양상을 보이는 만큼 각 타깃에 걸맞는 제품 개발과 마케팅 전략이 필요하다.

닌텐도코리아 닌텐도

닌텐도 DS Lite의 메인 마케팅 전략은 스타 마케팅을 통해 게임은 배우기 어렵다는 고정관념을 깨뜨리기 위한 광고 캠페인이었다. 빨리 계산하기, 단어 많이 기억하기 같은 두뇌트레이닝 게임을 광고 전면에 내세워 게임은 어렵고 청소년들이나 하는 것이라고 여겼던 성인과 여성층에게 '저 정도면 나도 할 수 있겠구나' 하는 이미지를 심어준 것이 주효하였다. 장동건의 '두뇌 트레이닝' 편을 시작으로 이나영의 '뉴 슈퍼 마리오 브라더스' 편과 'Nintendog' 편, 박수홍과 차태현의 '마리오 카트 DS' 편을 통해서 사용법을 노출시키고, 어렵지 않게 게임을 즐길 수 있다는 메시지를 잘 전달하였다.

또한 타깃 소비자층에 맞는 다양한 소프트웨어 라인업을 갖추고 있다. 성인 남성 및 일반 소비자들을 위한 두뇌 트레이닝과 말랑말랑 두뇌교실, 영어 삼매경을 시작으로 여자 소비자들에게 어필할 수 있는 Nintendos와 뉴 슈퍼 마리오 브라더스 그리고 나이가 어린 소비자들을 위한 피카츄대시, 포켓몬 토로제, 틀린 그림전집 등 타깃의 특성과 레벨에 맞는 제품들을 판매함으로써 넓은 소비자층을 사로잡고 있다.

닌텐도 코리아는 NDS 판매점으로 전문매장과 백화점 · 할인마트

· 온라인 쇼핑몰 등을 활용하고 닌텐도 코리아 또한 게임인구 확대와 유통망 추가 확보를 핵심으로 하는 NDS 보급 활성화 전략을 수립해 시행하고 있다. 이외에도 오프라인 상에서 NDS 체험이벤트를 진행하는 한편, 이를 인터넷 홈페이지를 통해 소개하는 등 온·오프라인 마케팅도 병행하고 있다. 런칭 후 서울 삼성동 코엑스몰 내 애니랜드의 체험공간을 통해 소비자들이 직접 게임을 해 보도록 체험을 유도함으로써 흥미 유발과 동시에 친근감을 느낄 수 있도록 체험이벤트를 진행하고 있다.

IT 기술의 발전과 일일 하루 생활권이라는 교통의 발전이 이동족이라는 새로운 소비자를 탄생하게 하였다 해도 과언이 아닐 것이다. 그리고 이동중에 잠을 자거나 책을 읽는 두 가지 선택에서 벗어나 즐거움을 추구하려는 소비자들은 다양한 제품들을 요구하고 있다. 많은 포터블 플레이어 업체들이 소비자들의 특성과 트렌드를 파악하여 제품을 출시하고, 효과적으로 드러내기 위해서 다양한 방법으로 마케팅 활동을 펼치고 있다. 지금과 같이 포터블 플레이어 시장의 빠른 성장세로 비추어 볼 때 머지않아 이어폰이 더 이상 블루투머도 불리지 않을 날이 멀지 않았다는 생각도 해 본다. 끊임없이 성장할 것만 같던 핸드폰과 MP3 시장의 성장이 둔화된 것과 같이 포터블 플레이어 시장도 성장세가 꺾일 것인지, 끊임 없는 소비자 요구 충족으로 계속해서 고속성정을 이루어나갈 것인지 지켜볼 일이다.

FOOD

1

뉴요커를 꿈꾼다, 브런치

미국 드라마 〈섹스앤더시티〉는

우리나라 젊은이들에게 많은 변화를 가져다주었다. 뉴욕 시에 사는 싱글이면서 고소득층인 4명의 여자 주인공들이 보여주는 라이프스타일은 우리나라 젊은 여성들에게 많은 영향을 끼쳤고, 어느새 그들의 이상향이 되었다. 그 결과 마크 제이콥스, 마놀로 블라닉 등 많은 명품 패션 브랜드들이 우리나라에 알려졌고, 그 중에 몇몇은 멋쟁이들이 갖춰야 할 필수 아이템으로 자리잡기도 하였다.

이러한 패션 트렌드 외에도 〈섹스앤더시티〉가 우리나라 젊은이들에게 영향을 준 것이 또 있다. 바로 20대들 사이에서 유행하고 있는 브런치를 즐기는 문화이다. 〈섹스앤더시티〉의 여주인공 네 명은 주밀

늦은 아침, 뉴욕의 한 레스토랑에서 브런치를 먹는 것으로 하루를 시작한다. 이제 우리나라의 젊은이들도 그녀들처럼 브런치를 즐기기 위해 레스토랑을 찾고 있다. 그들은 뉴욕식 레스토랑에서 브런치를 먹으며, 자신들이 마치 〈섹스앤더시티〉의 주인공이 된 것처럼 착각하기도 한다.

고상한 아점, 브런치

브런치(brunch)는 영어로 아침 식사를 뜻하는 breakfast와 점심 식사를 뜻하는 lunch를 합성한 말이다. 아침과 점심 중에 점심에 더 가깝다. 아침을 겸하여 먹는 점심이기 때문이다. 우리나라 말로 한다면 '아점(아침 겸 점심)'이다. 아점 하면 게을러서 편의상 합쳐서 먹는다는 느낌이지만 브런치는 고상한 분위기를 풍긴다. 브런치를 먹는 장소가 예사스럽지 않고 사람들이 이곳에 갈 때 신경을 써서 옷을 입고 나가는 경향이 많기 때문이다.

브런치가 최근 들어와 갑자기 생긴 것은 아니다. 이미 상류층 주부 여성들은 남편을 직장에 보내고 아이들이 학교에서 돌아오기 전에 남산 그랜드 하얏트 호텔의 전망 좋은 테라스(The Terrace) 같은 카페에서 아침 10시경에 친구들을 만나 12시경까지 브런치를 먹으며 담소를 나누었다. 그런데 주5일제가 확산되고 미국 드라마의 영향을 받아 20대 직장 여성들도 브런치를 즐기기 시작한 것이다.

브런치를 즐기는 문화

〈섹스앤더시티〉의 여주인공들이 브런치를 즐기는 광경은 이 드라마를 본 우리나라 미드족(미국 드라마를 좋아하는 사람들), 특히 20대 여성에게 급속도로 영향을 끼쳤다. 드라마에 나오는 미모의 여성들이 뉴욕 맨하탄에서 브런치를 즐기는 모습은 그것을 시청하는 사람들에게 동경의 대상이 되었을 것이다. 미국 드라마의 영향과 더불어, 주5일제의 정착은 젊은이들로 하여금 브런치를 즐길 수 있도록 부추겼고, 그에 따라 호텔 외에 청담동, 압구정동, 이태원, 서초동 서래마을을 중심으로 브런치를 취급하는 레스토랑이 점차적으로 늘어났다.

현재 서울 시내에만 브런치를 정기적으로 제공하는 전문 레스토랑만도 20여 개가 넘는다. 이뿐 아니라, 기업에서도 이 같은 수요를 충족시키기 위한 각종 프로모션을 진행중이다. 브런치와 음악회를 연결시킨 브런치 음악회나 조조영화 관람과 브런치를 연결시킨 프로모션이 그 예라 할 수 있다.

하이엔드 문화로서의 브런치

미국 일상에서의 브런치는, 대부분 〈프렌즈〉에서 나오는 주말에 친구들끼리 늦잡지고 모여 같이 먹는 와플이나 머핀 같은 신선한 식사를 뜻한다. 따라서 커피, 빵, 감사, 베이컨 등이 주 메뉴이다. 따라서 보통 점심 메뉴보다는 가격이 저렴하다.

하지만 한국에서는 〈섹스앤더시티〉 드라마 때문에 브런치가 하이엔드 문화로 포지셔닝되어 있다. 이는 1990년대 초 미국에서는 일반적이었던 TGI Friday's 같은 패밀리레스토랑이 한국에서 하이엔드 문화로 엄청난 인기를 끌었던 것과 비슷한 현상이다. 주로 메뉴는 팬케익, 파스타, 스파게티, 와플, 샐러드 등으로 간단한 메뉴는 아니다. 가격도 부가세를 포함해서 1인당 1만5천 원에서 2만 원 정도로 높은 편이다.

브런치 레스토랑

우리나라 대부분의 문화가 그렇듯 브런치 레스토랑도 청담동, 압구정동 등 강남 지역과 강북의 이태원을 중심으로 시작되었다. 강남의 브런치 레스토랑은 신사동 도산공원 쪽으로도 확대되고 있다.

브런치 레스토랑의 원조 강남

청담동의 Cafe 74(seventy four)는 마치 뉴욕의 맨하탄에 와 있는 듯한 느낌을 준다. 식사는 물론 커피, 차, 와인, 브런치 와플세트까지 즐길 수 있는 복합 레스토랑이다. Cafe 74의 이름은 레스토랑이 있는 곳이 뉴욕의 74번가와 비슷해서 지은 이름이다. 이 레스토랑에서는 오전 11시 30분에서 오후 3시까지 브런치 타임을 운영하고 있다. 주로 방문하는 고객들은 20대 여성이 많으며, 커플로 방문하기보다는 여자친구들끼리 방문하는 것이 보통이다. 대부분은 식사와 티타임을 함께 해결하는 경우가 많아 2~3시간씩 브런치를 즐기는 경우가 많다. 가격대는 1만5천 원에서 2만 원 이상으로 비싼 편이지만, 이곳은 브런치 시간부터 저녁 늦게까지 손님이 끊이지 않는다.

브런치가 20대가 즐기는 하나의 트렌드가 되면서 와플과 팬케익이 브런치 레스토랑의 인기 메뉴가 되었다. 팬케익은 밀가루와 달걀 반죽으로 만든 것으로 커피와 함께 간단하게 식사를 해결하기에 좋다. 청담동의 팬케익 전문점인 '버터핑거 팬케익'은 아침 7시에 문을 열기 때문에 브런치와 모닝 식사를 해결하기 위해 방문하는 20대가 많다. 구세대들은 왜 팬케익을 돈 주고 사먹느냐고 말할지도 모르겠으나, 요즘 젊은이들은 5천~1만 원을 내고 팬케익을 기꺼이 사먹는다.

강북 이태원의 브런치 레스토랑

강북의 브런치 레스토랑은 이태원에서 시작됐다. 이태원의 유명한 브런치 레스토랑인 수지스(Suji' s)는 청담동의 브런치 레스토랑과는

브런치 메뉴로 인기기 좋은 버터핑거 팬케익 매장과 메뉴

좀 다르다. 이 레스토랑의 브런치는 제대로 된 미국식이기 때문이다. 일반적으로 우리나라에서 유행하고 있는 브런치 메뉴처럼 보통의 런치 메뉴에 브런치라는 네임을 붙인 것이 아니다. 다른 브런치 레스토랑과는 달리 가벼운 메뉴가 준비되어 있다. 특히 수지스 레스토랑의 사장은 미국에서 10년 넘게 거주한 경험이 있기 때문에 그 분위기가 훨씬 더 이국적이다. 이곳 역시, 주말 오전에는 줄을 서서 기다릴 정도로 인기가 좋다.

고급 호텔에서의 고가격 브런치

브런치는 가볍게 할 수 있는 아침 겸 점심 식사를 의미하지만, 가격은 그리 가볍지 않다. 하지만 청담동과 이태원 일대의 레스토랑보다 더욱 가격이 비싼 브런치가 제공되는 곳도 있다. 레스토랑의 브런치가 보통 1~2만 원 대인 것에 비해, 호텔의 브런치는 4~6만 원 대이다.

서울에서 브런치로 이름이 있는 호텔은 그랜드 하얏트 호텔과 신라 호텔이 있다. 호텔의 브런치는 일반 메뉴도 있지만 대부분 뷔페 스타일이어서 브런치를 즐길 호텔을 정할 때 가격적인 면을 미리 고려할 필요가 있다.

호텔 브런치는 가격이 높기 때문에, 20대 여성보다 가족 단위로 주말 브런치를 즐기는 사람들이 많다. 강남의 트렌디한 레스토랑들은 최근 붐이라 할 정도로 주말이면 브런치 메뉴를 선보이고 있으며, 최근에는 중식당에서도 아시아의 대표적인 브런치 메뉴라 할 수 있는 딤섬을 브런치 세트로 내놓아 좋은 반응을 얻고 있다. 롯데호텔 중식당

도림의 '딤섬 브런치'가 그것인데, 이곳은 홍콩에서 건너온 주방장이 직접 만드는 딤섬으로 유명하다. 또한 중국차 전문 서버인 티 소믈리에가 있어, 30여 종의 중국 명차 중 딤섬과 가장 잘 어울리는 차를 추천해 주기도 한다.

브런치와 연계한 공연 프로그램

영화와 연계한 브런치가 요즘 늘어나고 있다. 여성 고객들이 주말 아침에 브런치와 함께 개봉작을 무료로 볼 수 있도록 GS칼텍스가 '시네마 브런치'라는 문화마케팅을 전개하고 있는 것이다. 일정 금액 이상 주유를 하면 특정 사이트에 들어가 시네마 브런치를 신청할 수 있다. 그러면 가맹 영화관에서 약간의 간식과 함께 아침 영화를 볼 수 있는 것이다. 여기서 브런치란 아주 약식의 식사이다.

해외에서는 영화와 브런치를 연계한 마케팅이 예전부터 있어 왔다. 세계적인 축제인 브루클린 아카데미 오브 뮤직(BAM)에서도 2006년 당시 브런치와 연계한 이벤트가 진행된 바 있다. BAM에서는 'BAM에

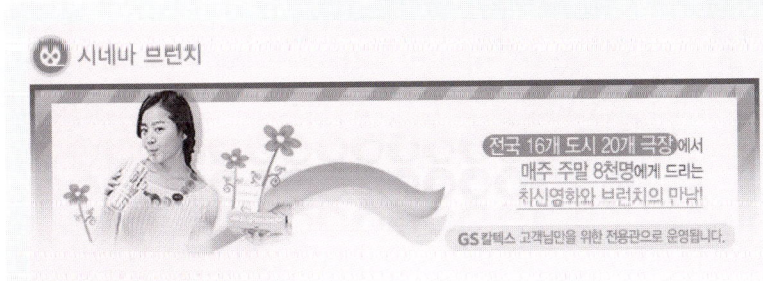

GS 칼텍스에서 지원하는
시네마 브런치 이벤트

서의 선댄스협회(Sundance Institute at BAM)'라는 제목으로 10일간 영화 작품을 선보이며 브런치와 연계한 이벤트를 한 것이다. 브런치 이벤트에서는 브런치를 먹으며 관객과 프로그램 관계자들과 대화를 할 수 있는 시간이 마련되었다.

공연과 연계한 브런치도 일부 이루어지고 있다. 주부를 대상으로 한 공연 프로그램이긴 하지만, 유니버설발레단은 관객들이 아침 11시부터 유니버설아트센터에서 브런치를 먹으며 발레를 감상할 수 있는 프로그램을 제공하고 있다. 문훈숙 단장이 발레 공연을 보는 방법에 대해 직접 해설도 해 준다.

브런치 문화의 대중화

명품에 대한 20대의 소비 욕구가 증가하면서 그들의 욕구를 채워 줄 수 있는 세컨드 명품인 매스티지 상품이 인기를 끌고 있다. 명품보다는 저렴한 가격에 비슷한 수준의 가치를 느낄 수 있는 브랜드들이 20대 패션의 대세이다. 브런치 문화 역시 이러한 방향으로 발전할 것이다. 지금의 브런치는 가격 면에서 대다수가 즐기기에는 다소 부담스럽다.

하지만 요즘 신세대들은 감성적인 소비를 즐기지만 구매 결정에 있어서는 이성적이다. 따라서 브런치가 좀 더 대중화하기 위해서는 약간의 변화가 필요하다. 청담동과 압구정동, 이태원 일대를 중심으로 형성되어 있는 하이엔드 형태의 브런치 레스토랑이 홍대, 이대 등의 강북 상권으로 확산되기 위해서는 좀 더 다양한 메뉴와 가벼운 가격이 형성되어야 할 것이다. 그리고 브런치의 주요 메뉴 중 와플과 팬케익가 가장 인기를 얻고 있다. 그래서 이 메뉴만을 중심으로 한 카페도 광화문과 홍대 부근에 늘어나고 있다. 가격 면에서 정식 브런치가 부담되는 사람들이 많이 있을 것이니 와플, 팬케익 전문점이 더욱 인기를 끌 전망이다.

앞서 언급한 대로 콘서트나 영화 같은 공연과 브런치를 연계하는 것도 좋은 방안이 될 수 있다. 주부를 대상으로 한 유니버설발레단의 브린치 빌레 프로그램은 요즘 공연에 대한 관심이 부쩍 늘어난 20내에도 얼마든지 적용할 수 있는 좋은 아이디어이다. 일부 정유사와 영화관이 공동으로 전개하고 있는 영화와 연계한 시네마 브런치 프로그램도 앞으로 더욱 늘어날 것으로 보인다.

2

베이커리형 카페,
젊은 여성을 유혹하다

신촌 로터리에 있는

독수리 다방을 기억하는가? 요즘 젊은이의 어머니 세대만 해도 독수리 다방은 단체 미팅의 메카이자 멋쟁이 DJ의 설명을 들으며 음악 감상을 하는 쉼터로 유명한 곳이었다. 그러나 당신이 혹시 독수리 다방을 기억한다면, 구세대이거나 연세대학교 학생일 것이다. 독수리 다방은 여전히 신촌 로터리 한가운데에 자리 잡고 있지만, 젊은이들은 더 이상 독수리 다방을 찾지 않는다. 서구 문물의 유입과 함께 젊은이들에게 빠르게 자리 잡아 가는 것이 바로 '카페' 문화이기 때문이다.

카페 문화는 커피, 차, 베이커리 산업 등과 함께 성장하였다. 특히 요즘에는 우리나라 카페 시장에 대전쟁이 붙었다고 해도 과언이 아니다. 1999년 7월 서울 이화여대 앞에 1호점을 개장한 스타벅스는 국내 진출 8년 만인 2007년 4월 서울 역삼동 이마트에 200호점을 개장하였다. 또한 스타벅스는 일 평균 고객 8만여 명. 총누적 판매 커피 1억 잔을 돌파했다.

이에 질세라 박상배 사장이 미국으로부터 가지고 온 커피빈앤티리프, 파리크라상이 이탈리아로부터 가지고 온 파스구찌, 그리고 한국 토종의 할리스, 탐앤탐스 등 경쟁자들이 카페 시장에 연달아 뛰어들었다. 스타벅스가 우리나라에 진출하기 전에 일본계 커피체인점인 도토루(Doutor)가 이미 존재했으나 에스프레소 커피를 내세운 스타벅스에 밀렸다.

카페 시장뿐만 아니라, 베이커리 시장도 점점 경쟁이 치열해지고 있다. 파리바게뜨, 뚜레쥬르, 던킨도너츠 등 대규모 프랜차이즈 매장을 비롯하여 김영모 과자점, 리치몬드 제과점 등의 중소형 베이커리도 소비자들로부터 인기를 누리고 있다.

그런데 이러한 카페 시장과 베이커리 시장이 최근 들어 서로 수렴하는 양상을 보이고 있다. 카페 시장은 커피를 마시러 온 고객에게 교차판매를 하기 위하여 베이커리를 강화하고 있다. 반면에 베이커리 시장 또한 커피가 고객의 매장 방문율을 높이는 좋은 식품이라 생각하고 커피 메뉴를 다양화하고 강화하고 있는 것이다.

젊은 입맛을 공략한 커피빈&티리프

스타벅스를 별다방이라고 한다면 커피빈은 콩다방이라 불린다. 이렇게 불릴 정도라면 커피빈을 스타벅스와 어깨를 겨루는 주요 경쟁자로 본다는 말이다. 특히 20대 여성에게 인기를 얻고 있는 커피빈앤티리프(The Coffee Bean & Tea Leaf)는 매장 수가 스타벅스의 절반 수준에 이를 정도로 아직 스타벅스의 아성을 넘어서고 있지는 않지만 매장이 주요 상권에 많이 입점해 있다. 한국에서는 2001년 5월에 첫 개장한 청담점으로 시작하여 2007년 5월 96개의 매장이 오픈되어 있다.

부드러운 커피 맛으로 여성 고객에 어필

어떤 사람은 스타벅스의 커피가 너무 진해서 싫다는 이야기를 들어본 적이 있을 것이다. 스타벅스는 오래 볶아 까맣게 된 다크 로스트

젊은 여성의 입맛에 맞춘 라스트 로스트 커피로 인기를 끌고 있는 커피빈&티리프

(dark roast)를 선호하는 반면, 커피빈은 약간 볶은 라이트 로스트(light roast), 즉 약배전 방식을 따르고 있다. 조사에 따르면 나이가 어릴수록, 그리고 여성 고객일수록 라이트 로스트를 선호한다. 커피 전문점의 성패는 얼마나 많은 여성 고객과 젊은 고객들을 사로잡을 수 있느냐에 달려 있다. 때문에 커피빈의 라이트 로스트 커피는 여성 고객의 취향과 잘 맞아떨어진 차별화 전략이 아닐 수 없다.

미국의 경우 최근 맥도날드의 커피 판매액이 크게 늘고 있다. 한국 맥도날드에서는 라바짜(Lavazza) 커피를 판매하지만 미국 맥도날드에서는 시애틀즈베스트커피(Seattle's Best Coffee)를 판매한다. 시애들스베스트는 한때 스타벅스의 강력한 경쟁자였는데 스타벅스가 이 회사를 2003년에 지분을 100퍼센트 모두 인수해 버렸다. 그런 다음 스타벅스는 시애틀즈베스트커피 매장은 줄이는 한편 맛있기로 소문난 시애틀즈베스트 원두커피는 B2B로 맥도날드에 판매했다. 그런데 스타벅스보다 부드러운 맛을 지닌 시애틀즈베스트 커피를 좋아하는 고객, 특히 여성 고객이 맥도날드에 몰려들어 맥도날드 커피 판매가 급증한 것이다. 스타벅스가 아무리 인기를 끌고 있다고 하지만 소비자의 취향은 이처럼 다양하다.

웰빙 콘셉트의 무시방 부가당

커피빈앤티리프는 커피는 물론 베이글, 쿠키, 샌드위치, 케이크 등의 모든 베이커리를 만드는 데 저지방(fat-free)의 고급원료만을 사용한다. 크림이 듬뿍 들어긴 커피를 마시면서노 날씬함을 유지하길 바라는 젊은 여성들의 마음을 사로잡으려는 전략이다. 커피빈의 아이스 블렌디드 제품에는 저지방 우유가 사용될 뿐 아니라, 모든 음료가 무지방 무설탕 파우더로도 제조될 수 있기 때문에 몸매를 생각하면서도 맛있는 것을 먹고 싶어 하는 여성 고객과 연예인들의 전폭적인 지지를 받고 있다.

커피 외에 다양한 허브티, 과일티

커피빈앤티리프의 또 다른 인기요인은 다른 커피 전문점과는 달리 다양한 허브티와 과일티를 만날 수 있다는 것이다. 지금까지 커피 전문점에서 녹차, 홍차 정도만 마실 수 있었다면, 이곳에서는 이 외에도 얼그레이, 포모사 우롱, 트로피칼 패션, 차이, 모로칸 민트 등의 다양한 차 종류를 손쉽게 즐길 수 있다. 커피보다 차를 즐기는 사람들도 얼마든지 함께 갈 수 있는 커피 전문점인 것이다. 뿐만 아니라, 고객들에게 주문하기 전 차의 향을 미리 맡아볼 수 있도록 해 주어, 자신의 취향에 맞는 차를 선택할 수도 있다. 이 회사의 CI와 로고(LOGO)를 보면 커피빈 모습은 브라운 컬러의 바탕에 찻잎 그림도 있어 이 매장에서 차도 마실 수 있다는 것을 잘 보여주고 있다.

좋은 상권, 고급 매장에 고가 전략

스타벅스 커피가 비싸다고 하지만 커피빈과 파스구찌의 커피 가격은 스타벅스보다 높다. 커피 가격이 고가이지만 매장 인테리어도 더 고급이다. 커피빈의 매장은 스타벅스 매장보다 고전적인 분위기가 나는데, 인테리어의 기본 소재가 떡갈나무(Oak)이기 때문이다. 커피빈은 스타벅스 못지 않게 매우 좋은 상권에 대형 매장을 입점시키고 있다. 그래서 지나가는 행인의 눈에 잘 보인다. 명동타워에 있는 커피빈 매장은 2층 규모로 홀처럼 매장 면적이 상당히 넓다. 커피빈이 자신을 마음대로 뽐낼 수 있는 플래그십(flagship) 스토어라고 불러도 손색이 없을 정도다.

선물로 주기에 좋은 상품권

요즘 전반적으로 상품권 시장이 크게 늘고 있다. 제화점, 백화점에서 시작된 상품권은 이제 매우 다양한 매장으로 확장되고 있는데 커피빈에도 상품권이 있다. 5만 원권과 10만 원권이 있는데, 매장에서 결제를 할 때마다 상품권 잔액이 차감된다. 상품권을 구입할 때 무료 음료권을 제공하고 있고 상품권 사용시 소득공제도 받을 수 있다. 상품권은 자신이 사용할 수도 있지만 커피를 좋아하는 친구나 동료에게 선물로 주기에도 좋다.

커피빈은 스타벅스보다 우리나라에 늦게 진출했지만 좋은 상권에 고급 인테리어의 매장을 공격적으로 개설하여 고가의 커피와 티를 판매함으로써 소비자로부터 매우 좋은 반응을 얻는 데 성공했다. 2005년 매출을 보면 스타벅스는 912억 원, 커피빈은 380억 원이다. 2005년 매장 수가 스타벅스는 148개, 커피빈은 55개였으니 매장당 매출액은 커피빈이 7억 원으로 스타벅스의 6억 원보다 더 많다. 커피빈 코리아는 2등 전략을 추구하고 있다. 하지만 최근 들어 커피빈의 매상

수가 매우 빠른 속도로 늘고 있기 때문에 커피빈의 매출이 스타벅스를 조만간 따라잡을지도 모른다.

도너츠와 커피로 공략한다, 던킨도너츠

밀가루 반죽(dough)을 땅콩(nut)처럼 노릇한 갈색 빛이 돌 정도로 기름에 튀기면 그것이 도너츠(doughnut)가 된다. 이 도너츠를 커피에 담가 적시면(dunk in) 어떻게 될까? 여기에 던킨도너츠의 어원이 있다. 여배우 매 머레이(Mae Murray)가 던킨도너츠의 한 매장에서 우연히 커피에 도너츠를 떨어뜨렸는데, 그 맛이 일품이었다고 하여 던킨도너츠가 유명해지게 되었다. 한때 국내 도너츠 시장의 90퍼센트 이상을 점령하

젊은층을 공략하기 위해 카페 사업으로 발을 뻗고 있는 던킨도너츠

던 던킨도너츠는 요즘 방향을 선회하고 있다. 카페 사업을 크게 확장하고 있기 때문이다.

던킨도너츠가 1994년 서울 이태원에 첫 점포를 열 때만 해도, 우리나라 사람들은 도너츠에 그리 익숙하지 않았다. 더군다나 도너츠를 식사 대용으로 먹는다는 것은 식사는 밥이어야 한다는 고정관념에 크게 위배되는 것이었다. 따라서 던킨도너츠는 새로운 문화에 비교적 거부감이 덜 하고, 흡수력이 빠른 젊은 층을 우선적 타깃으로 공략하는 전략을 사용해야 했다.

다양한 종류의 도너츠

던킨도너츠의 기본정신은 '사람을 행복하게 한다(We make people happy!)' 이기도 하다. 그들은 일찍이 POP(Point Of Purchase) 광고, 즉 구매시점 광고의 중요성을 인식한 듯, 깔끔한 매장 인테리어, 종업원 서비스 관리를 통해 친절 서비스를 제공하며 소비자에게 다가갔다. 또한 던킨도너츠의 매장에는 여러 종류의 도너츠가 진열되어 있고, 소비자는 자유로이 도너츠를 먹고 싶은 대로 마음껏 고를 수도 있다. 이는 대접받는다는 느낌을 갖는 것을 좋아하고, 주체적으로 서비스 및 제품 선택에 참여하고 싶어 하는 젊은이들의 성향을 파악한 마케팅이라고 할 수 있다.

그리고 던킨도너츠는 지속적으로 새로운 메뉴를 개발한다. 던킨도너츠가 최근 새로 출시한 '더블베리커플' 도너츠는 기존 원형 타입의 도너츠에서 탈피해 사각 형태를 띄고 있다. 던킨도너츠는 국내에서만 50여 종이 넘는 도너츠를 제공하고 있으며, 높은 칼로리를 걱정하는 소비자를 위해 저 칼로리의 음료인 쿨라타를 출시하는 등 던킨도너츠는 지속적으로 끊임없는 메뉴를 개발한다. 지속적인 변화를 통해 고객들의 다양한 욕구를 채워준 던킨도너츠의 노력이 10년이 넘도록 고객에게 사랑받는 브랜드의 위치에 오르도록 일조했음은 물론이다.

저 칼로리, 저 트랜스지방

도너츠 종류가 이렇게 다양하지만 품질관리를 위해 하루 넘긴 도너츠는 판매하지 않는다는 원칙을 던킨도너츠는 철저히 준수하고 있다. 던킨도너츠는 생산은 매장이 아닌 20개 공장에서 이루어지기 때문에 센트럴키친(Central Kitchen) 방식을 이용한다. 20개 이상의 공장에서 만들어진 도너츠는 하루에 2번씩 매장에 배달되고 있다. 도너츠의 유통시간을 12시간 내로 유지하려고 하기 때문에 그날 만든 도너츠가 재고로 남았다고 하더라도 그 도너츠를 다음날 절대로 팔지 않는다.

던킨도너츠는 고객의 건강을 생각하는 차원에서 트랜스지방 및 칼로리에 대한 관리를 철저히 하고 있다. 세계보건기구(WHO)의 일일 트랜스지방 권장량은 섭취 칼로리의 1퍼센트 이하로, 2천 kcal를 먹는 성인은 2.2g으로 돼 있다. 던킨도너츠의 대표 제품인 찹쌀스틱은 한 개 중량이 62g이며 이 중 트랜스지방 함량은 0.09g이다. 크리스피크림 도너츠의 오리지널 글레이즈드는 한 개 중량이 49g이며 트랜스지방이 2.5g나 함유되어 있다. 이는 던킨도너츠와 비교해 현저히 높은 수치이며, 트랜스지방 함유율이 알려진 후 크리스피크림 도너츠는 주가가 급락하게 된다. 이에 반해 던킨도너츠는 트랜스지방에 민감해진 소비자에 대해 비교적 잘 대처했다고 볼 수 있다. 던킨도너츠의 글레이즈드 도너츠는 180kcal, 프렌치 크롤러의 경우 150kcal인 데 반해, 크리스피 크림 도너츠의 오리지날글레이즈드는 206kcal, 그 밖의 도너츠들은 300kcal가 웃도는 것도 있다. 이 역시 건강과 다이어트를 중시하는 젊은이들에게 호소력 있는 전략으로 작용하였다.

20대 여성을 타깃팅한 꽃미남 광고

던킨도너츠의 성공적인 마케팅 전략 중 빼놓을 수 없는 것이 비로 치밀한 광고전략이다. 던킨도니츠의 광고 선략은 크게 세 가지 단계를 밟는다. 초기에는 각국의 유명한 배우들을 CF에 등장시킴으로써, 서구적 이미지와 세계적 브랜드 이미지를 심어 주려 했다.

그 뒤, 2001년과 2002년에는 미소가 매력적인 이병헌과 김재원을 모델로 기용한다. 이는 20대 여성을 주 타깃으로 삼아 매출을 늘리려는 던킨도너츠의 전략이 반영된 것이다.

최근에는 모션(motion) 광고를 통해 커피와 도너츠를 양손에 쥔 듯한 특정 동작으로 제품과 브랜드의 특성을 표현하는 전략을 사용하였다. 길거리에 붙어 있는 오케스트라 지휘자 모습, 버스정류장 광고 속의 축구선수 골키퍼 사진, 버스 외부광고 속 요가 사진 등은 커피와 도너츠를 양손에 쥐고 있는 모습을 연상시킨다. 이러한 광고 전략은 던킨도너츠가 도너츠 외에도 커피의 판매량을 거부감 없이 늘리기 위한 설득 전략이라 할 수 있다

해피포인트 카드(Happy point Card)

던킨도너츠 코리아는 샤니파리크라상의 약자인 SPC그룹에 속해 있다. SPC그룹은 우리에게 잘 알려진 파리크라상, 파리바게뜨, 배스킨라빈스, 던킨도너츠 외에도, 중국과 미국의 해외법인 등의 프랜차이즈 기업과 샤니, 삼립식품, SPL(물류회사) 등을 포함한 식품전문그룹이다. SPC그룹은 60년 이상의 역사를 가지고 있으며, 매장점포의 상권분석을 바탕으로 합리적 매점 입지를 통한 성공적인 운영 노하우로 유명하다. SPC의 허영인 회장은 전국의 2천 개가 넘는 점포를 하나의 유기체처럼 관리한다. 그 관리 전략 중 하나가 바로 '해피포인트 카드'이다. 소비자는 1천 원 이상 구매했을 때 구매금액의 5퍼센트를 적립할 수 있으며, SPC그룹이 운영하는 타 브랜드의 이벤트, 포인트 등을 통합해서 혜택을 받을 수 있다. 던킨도너츠가 국내에서 성공하는 과정에서 SPC그룹 내 계열사로서 해피포인트 카드를 통한 시너지 효과를 얻었다. 특히 과시하기를 좋아하면서도, 실용성을 추구하는 젊은이들에게 해피포인트 카드는 큰 호응을 얻었다.

던킨도너츠, 배스킨라빈스, 파리바게뜨 등에서 사용할 수 있는 포인트 적립 카드 '해피포인트 카드'

카페형 매장으로 변신

던킨도너츠는 현재 매장의 인테리어를 카페형으로 변화시키는 데 박차를 가하고 있다. 역삼, 명동, 강남, 신촌 등 젊은 유동인구가 많은 대표적인 지역을 중심으로 카페형 매장을 늘리면서 지역 특성에 맞는 인테리어 구성 및 메뉴의 차별화를 시도하는 것이다. 특히 선릉역점의 경우 100여 평 규모의 넓은 매장에 테라스 형태의 외부 공간을 별도로 마련하고 나무 등을 채택, 고급스럽고 여유로운 인테리어를 적용했다. 또한 바쁜 직장인들이 아침이나 점심 식사 대용으로 즐길 수 있도록 베이글 메뉴를 강화하고, 고객이 주문 시 베이글을 매장에서 직접 구워 판매하는 시스템을 적용하고 있다.

던킨도너츠는 끊임없는 변화의 시도와 노력으로 커피시장에서 순조로운 출발을 할 것으로 기대된다. 그러나 질 좋은 원두를 합리적인 가격으로 소비자에게 공급하는 것이, 오히려 던킨도너츠의 커피를 패스트푸드점의 싸구려 커피로 포지셔닝할 위험도 갖고 있다. 또한 스타벅스가 최근 베이커리 강화 전략을 펼치고 있어, 커피 음료 부분을 강화하는 전략을 펼치고 있는 던킨도너츠와의 충돌이 예상된다.

그럼에도 불구하고, 던킨도너츠는 지속적으로 수익사업 다각화를 시도하고 있다. 현재 던킨도너츠 인터내셔널의 음료부문 수익은 전 매출의 50퍼센트를 차지하지만, 던킨도너츠 코리아는 아직 40퍼센트가 채 되지 않는 상황이다. 또한 세계 11위의 커피소비국인 우리나라에서 현재의 원두커피 소비량은 그리 높지 않은 상태이기 때문에 원두커피 시장의 성장 가능성은 크다. 젊은이들은 계속해서 이국적인 맛과 문화를 누릴 수 있는 원두커피 매장을 찾을 것이다. 이런 의미에서 커피 시장 성장에 맞서 던킨도너츠의 카페형 매장으로의 변신은 큰 의의가 있다. 미국을 비롯하여 전 세계적으로 던킨도너츠는 성장이 두드러지지 않기 때문에 우리나라 시장에 맞게 변신을 추구한 글로컬(Glocal) 전략은 매우 성공적이라 평가된다.

20대의 약속 장소 투썸플레이스

CJ푸드빌의 투썸플레이스는 정통 유럽풍 카페를 지향하며 2002년 처음 런칭하여 서울에 11개의 매장을 보유하고 있다. 커피 이외의 선택이 불가능한 커피 전문점, 획일화된 맛의 케익과 샌드위치를 뛰어넘어 다양한 음료와 케익, 샌드위치를 제공하고 있다. 투썸플레이스는 혼자 둘 혹은 몇 명이 되든 '누구나 와서 쉴 수 있는 만남의 장소'를 의미한다. 고급 분위기의 투썸플레이스는 유럽의 고성을 허물어 나온 벽돌을 이용하여 벽면을 장식하고 이탈리안 까페의 곡선형 쇼케이스, 실내에 벤자민 나무를 심어 편안한 분위기를 연출하고 있다.

분위기 있는 아침 식사

국내 20대 인구 2명 중 1명은 '아침 사양족(Hungry Morning)'이라고 한다. 투썸플레이스는 이러한 고객들을 대상으로 베이글과 커피 세트의 아침 메뉴를 내놓았다. 아침 메뉴는 커피와 함께 할인된 세트 가격으로 제공되는데, 제휴 카드로 결제하면 추가 할인을 받을 수도 있다. 모닝메뉴의 제공은 최근 젊은이들 사이에서 하이엔드 문화로서 브런치가 유행하고 있는 것에 대한 대비책이기도 하다.

캠퍼스 안으로

CJ푸드빌은 좀더 적극적인 시장 공략을 위해 캠퍼스를 공격하고 있다. CJ푸드빌의 투썸플레이스가 서울대 자연과학대에 입성하였다. 공부하는 학생들이 누가 학교에서 비싼 에스프레소 커피를 사먹겠냐고 할 사람도 있겠지만, CJ푸드빌은 장기적인 시각으로 생각하고 있다. 대학생들은 미래의 고객이며, 향후 해외 핵심인재로 자라날 사람들이므로 이들에게 자신의 브랜드를 알릴 수 있는 기회라는 것이다. 또한 회사를 적극적으로 알림으로서, 추후에 우수인재 확보에도 호재로 작용할 것으로 여기고 있다.

투썸플레이스는 스타벅스, 커피빈 등의 해외 커피전문점에 뒤치지 않는 커피맛과 서비스를 제공하고자 노력하고 있으며, 그 결과 신촌과 강남역의 투썸플레이스는 20대 젊은이들의 약속 장소로서 확실

시올대 지연괴학대에 입점해 대학생들을 공략한 투썸플레이스

히 자리 잡았다. 2007년 코엑스에서 성황리에 개최된 국제아트페어전에 투썸플레이스 매장이 여럿 들어섰는데 그림을 보느라 피곤한 관람객들에게 매우 반가운 휴식터 역할을 톡톡히 했다.

커피에 열광하는 대한민국

이제는 연령에 따라 라이프스타일이 워낙 다르기 때문에 획일적으로 단정지을 수는 없지만 연령층에 따라 그들이 선호하는 음료 매장이 어느 정도 다른 것은 사실이다. 10대는 탄산음료를 선호하고 약속 장소로 패스트푸드점을 애용한다. 20대는 아직 본격적으로 웰빙 문화에 빠지지는 않아서 커피를 즐긴다. 30대는 본격적으로 웰빙을 의식하기 시작하여 커피 소비를 줄이기 시작한다. 40대는 혼자서 커피를 마시기 위해서보다는 다른 사람과 대화하기 위해 커피를 소비하는 경향이 있다. 50대는 보다 건강을 중시하여 커피보다는 차를 훨씬 선호한다.

　연령별 구분에서 알 수 있듯이, 카페 문화는 이미 우리나라 젊은이들 사이에 확고히 자리 잡았다. 외국 브랜드의 진입이 늘어나고 국내 자체 브랜드도 끊임없이 생기고 있어, 시장 경쟁이 더욱 치열해졌음에도 불구하고 커피 시장의 미래는 아직 밝다. 우리나라의 커피 시장 규모는 2006년 1조 2천억 원대에서, 2007년 1조 8천억 원대로 커질 전망이며, 이 가운데 에스프레소 커피전문점 시장(카페 문화 시장)이 차지하는 비중은 30퍼센트에 못 미치는 3천억 원 규모이다. 하지만 이 시장은 베이커리형 카페처럼 도너츠, 케이크, 델리 등과 접목해 다양한 형태로 발전할 수 있기 때문에 충분히 매력적이다. 일본에서는 커피전문점과 인스턴트커피 시장 비중이 6 대 4인 데 비해 한국은 아직 2 대 8 수준인 것을 감안할 때, 국내 카페 문화 시장은 앞으로 낙관적이다.

이러한 커피 시장의 성장과 더불어, 전문대학(2년제)의 커피학과와 대학 부설 평생교육원의 커피전문가과정 그리고 커피 아카데미가 생길 정도로 대한민국은 현재 커피에 열광하고 있다. 보다 정확히 말하면, 카페에서 파는 커피 문화에 열광하고 있는 것일지도 모르겠다. 앞으로 카페 문화가 젊은이들이 열광하는 문화로 남을 수 있을시 국내 커피시장의 행보가 기대된다.

3

분위기를 먹는다, **패밀리** 레스토랑

젊은이들의 또 다른

세상인 미니홈피나 블로그, 젊은이들은 이곳에 자신을 표현하는 사진과 글을 업데이트하고, 커뮤니티를 형성하기도 한다. 젊은 여성의 미니홈피나 블로그에 빠지지 않고 등장하는 사진이 있다. 바로 패밀리 레스토랑의 조명 아래에서 주문한 음식을 한껏 차려놓고 찍은 사진이다. 젊은이들이 열광하는 패밀리레스토랑에 대해 살펴보자.

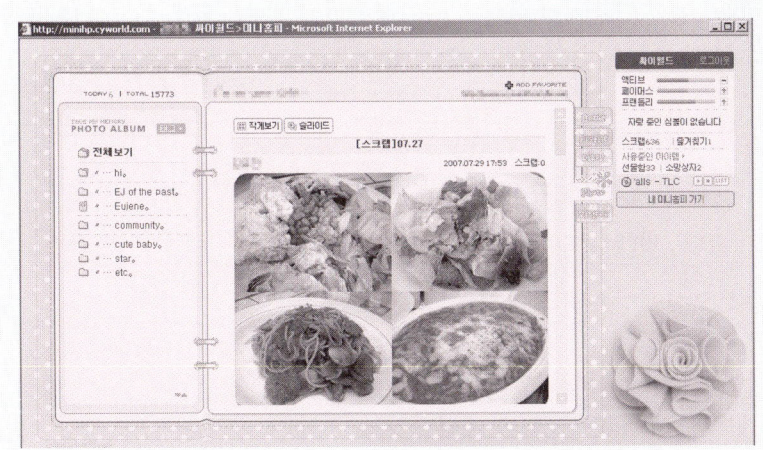

미니홈피나 블로그에 빠
지지 않고 등장하는 패밀
리 레스토랑에서 찍은 음
식 사진

패밀리 레스토랑 시장 상황

패밀리 레스토랑의 시장규모는 1조 원 이상이다. 이것은 10년 전 패밀
리 레스토랑 시장 규모에 비해 10배 수준으로 성장한 것이다. 국내 패
밀리 레스토랑의 선두주자는 아웃백이며, 2위는 빕스가 차지했다. 아
웃백, 빕스를 포함한 8개 주요 패밀리 레스토랑 매출 규모가 1997년
888억 원에서 2006년에는 7,885억 원으로 거의 10배 가까이 확대됐다.
게다가 최근 인기몰이중인 해산물 패밀리 레스토랑들까지 포함하면
2007년 전체 시장 규모는 1조 원을 훌쩍 웃돌 것으로 예상된다.

1992년 TGIF가 1호점을 열면서 사실상 우리나라에 처음 소개된
패밀리 레스토랑은 이후 베니건스, 씨즐러 등이 들어오고 1997년에
빕스와 아웃백이 가세하면서 우리나라 외식 문화에 자리를 잡기 시작

했다. 이런 상황에서 한국 토종브랜드인 썬앳푸드와 CJ푸드빌이 패밀리 레스토랑 시장에서 선전하고 있다. 썬앳푸드는 특화된 메뉴와 독특한 콘셉트로 브랜드를 포지셔닝하고 있고, CJ푸드빌이 한국인이 좋아하는 뷔페문화를 접목시켜 패밀리 레스토랑 시장에서 입지를 다지고 있다. 썬앳푸드의 토니로마스, 매드포 갈릭과 CJ푸드빌의 빕스, 씨푸드오션에 대해 살펴본다.

특화된 패밀리 레스토랑 기업, 썬앳푸드

1995년 5월, 국내에 설립된 썬앳푸드는 같은 해 9월 미국의 WDI Hawaii, Inc.와 프랜차이즈 계약을 통해 '토니로마스'라는 브랜드로 명동점 등 7개 패밀리 레스토랑을 운영하고 있다. 그리고 1996년 오픈 이후 스파게티 전문점의 대명사가 된 자체 브랜드인 '스파게띠아'는 현재 서울지역 23개, 경인지역 4개의 매장을 운영중이다. 그리고 기존에 없었던 콘셉트로, 마늘을 테마로 하여 2001년에 런칭한 '매드포갈릭(Mad for Garlic)'은 5개 매장을 운영중이며, 와인을 마시기 좋은 레스토랑으로 자리 잡아가고 있다.

　2003년 6월에는 일본의 Pepper Food Service Co. Ltd.와 프랜차이즈 계약을 체결하여 '페퍼런치' 브랜드로 명동에 레스토랑을 운영중이다. 또한 2004년 런칭한 한식 레스토랑인 '육반'을 2005년 새로운 스타일의 보리밥 전문점인 '봄날의 보리밥'으로 전환하였다. 이는 경

쟁 업체가 주로 외국음식에만 치중하여 브랜드를 선보이고 있는 추세
에 반하는 눈에 띄는 시도이다. 특화된 메뉴로 확고한 포지셔닝을 가
진 썬앳푸드의 대표적 패밀리 레스토랑인 토니로마스와 매드포갈릭
에 대해 알아보자.

바비큐 립의 1인자 - 토니로마스(Tony Roma's)

토니로마스를 대표하는 음식은 '바베큐 립'이다. 미국 바비큐 콘
테스트에서 1위를 차지한 적도 있을 만큼 토니로마스가 가장 강조하
는 것은 무엇보다 '맛'이다. 기존 수많은 메뉴 품목을 갖고 있는 다른
패밀리 레스토랑과는 달리, 40여 가지 이내의 메뉴로 전문성 있는 맛
의 차별화를 기본 모토로 하고 있다. 특히 주 메뉴인 바베큐 립은 세계
적으로 인기 있는 메뉴로, 한국인의 입맛에 맞는 립을 선보이기 위해
노력하고 있다. 아기돼지의 등갈비살로 만드는 립은 우리나라에서 즐
겨먹는 갈비와 그 형태가 비슷한데, 대신에 서양식의 각종 소스를 묻
힌 서양식 갈비라고도 할 수 있다. 이는 우리나라 젊은이들에게도 거
부감 없이 흡수될 수 있었다.

토니로마스는 메뉴의 집중으로 인한 차별점을 가지고 있음에도
불구하고 경쟁 패밀리 레스토랑인 TGIF, 아웃백, 베니건스 등에 비하
여 점포수도 적고 인지도 역시 낮은 편이다. 마르쉐, 씨즐러, 까르네스
테이션 등과 함께 상대적인 약체 브랜드에 속한다고 볼 수 있다. 그러
나 토니로마스의 립을 맛본 사람은 다른 곳에서는 립을 찾지 않을 정
도로 맛에서는 강점을 가지고 있다.

와인을 마시기 좋은 레스토랑 - 매드포갈릭

매드포갈릭(Mad for Garlic)은 2001년에 출범하여 현재 5개의 매장을 연 상태다. 마늘을 이용한 메뉴와 다양한 와인을 중심으로 한 독특한 콘셉트의 레스토랑이다. 아직 매장 수는 많지 않으나, 비슷비슷한 이미지와 메뉴의 기존 패밀리 레스토랑과 확실한 차별점을 두었기 때문에 향후 전망이 밝다. 평소 식사시간에는 입장을 위해 평균 30분~1시간을 기다려야 할 정도이고 크리스마스, 성년의 날 등에는 1~2시간 기다리는 것은 각오해야 할 정도이다. 매출도 매년 상승하고 있어 2004년 90억 원이던 매출이 2005년에는 약 150억 원으로 급상승하고 있다.

매드포갈릭은 그동안 국내 패밀리 레스토랑에 없던 '마늘'이라는 콘셉트로 와인을 마시기 좋은 레스토랑으로 자리를 잡아가고 있다. 그동안 국내에 들어와 있는 패밀리 레스토랑은 대부분 미국 브랜드로

마늘을 콘셉트로 와인을 마시기 좋은 패밀리 레스토랑으로 자리 잡아 가고 있는 매드포갈릭

메뉴와 서비스, 분위기 등에서 큰 차별화를 이루지 못하고 있었다. 이 때문에 패밀리 레스토랑간의 치열한 마케팅전은 시장을 확대하기보다는 경쟁사의 손님을 빼앗아오는 데 초점이 맞춰져 있었다. 그러면서 외국계 브랜드들의 시장 확대와 노하우 전수에도 일익을 담당하고, 외식업에 필수적인 표준화 작업도 진척시켜 놓았다. 이런 유리한 상황 위에서 썬앳푸드는 수익성 높은 자체 브랜드를 개발하여 로열티 부담이 적어 수익률이 높고, 고객 데이타베이스에 기초한 신메뉴 개발로 불경기 속에서도 선전이 가능했다.

외식업계의 새로운 강자, CJ 푸드빌

CJ의 빕스(VIPS)가 1997년 런칭한 이후 2006년 패밀리 레스토랑 업계에서 매출 2위를 기록하면서 외식업계의 새로운 강자로 군림하고 있다. 빕스는 해외에 로열티를 주지 않는 국내 독자 브랜드로 해외 브랜드가 주를 이루고 있는 패밀리 레스토랑 업계에서 국내 브랜드의 성공 가능성을 보여주고 있다.

빕스로 어느 정도 궤도에 오른 CJ는 젊은이들의 입맛을 겨냥하여 점차 그 영역을 넓히고 있다. 다양한 브랜드를 런칭하고 있는 CJ는 종합 외식기업으로 발돋움하려 하고 있다.

국내 기반의 패밀리 레스토랑 빕스

빕스(VIPS)는 Very Important Person's Society라는 뜻과 Very Impressive & Palatable Steak라는 2가지 뜻을 동시에 가지고 있는 말로, 매우 중요한 고객에게 최상의 스테이크를 제공하겠다는 콘셉트를 가지고 있다. 현재 매장 수는 전국 오픈 예정 매장을 포함하여 67개의 매장이 있다. 1997년 1호 등촌점부터 시작한 빕스는 '우리 문화에 맞는 맛있는 생활문화의 창조'를 목표로 해외에 로얄티를 주지 않는 국내 독자 브랜드로 탄생하여 초고속 성장을 했다. 브랜드 탄생 10년 만인 2006년에 외식업계에서 매출 2위(연매출 2,400억 원)로 아웃백스테이크하우스(연매출 2,500억 원)를 바짝 뒤쫓고 있다.

빕스는 다른 패밀리레스토랑과 달리 뷔페를 접목한 패밀리레스토랑이다. 원하는 대로 골라먹을 수 있고, 마음껏 먹을 수 있는 뷔페식

뷔페를 접목하여 젊은층에게 인기를 끌고 있는 패밀리 레스토랑 빕스의 샐러드바

을 좋아하는 것은 우리나라 사람들의 특성이다. 빕스에 방문하는 사람들은 1인 1메뉴를 시키거나 기본적으로 샐러드바를 이용해야 하므로 가격이 저렴한 편은 아니다. 그러나 젊은이들은 2~3시간 동안 빕스에 앉아 음식과 수다를 즐기곤 한다. 빕스 매장에 방문하면 샐러드바를 즐기는 방법이 설명되어 있기도 하다. 이곳을 방문한 젊은이들은 각자의 취향에 맞게 음식을 즐긴다. 이것이 자유스러움과 개성을 중시하는 젊은이들이 빕스를 좋아하는 이유일 것이다.

젊은 여성들이 좋아하는 씨푸드오션

최근 젊은 여성들이 저지방 저칼로리의 다이어트식으로 해산물 요리를 선호하는 트렌드에 맞물려 해산물 요리가 호텔이나 패밀리 레스토랑의 메뉴가 아니라 전문점으로 자리 잡고 있다. 씨푸드오션은 바닷가의 신선함과 이국적이고 내츄럴한 분위기의 인테리어로 총 90여 종류의 신선한 해물요리가 마련돼 있는 씨푸드바 코너와 호텔 수준의 고품격 해물 메인요리가 제공되는 씨푸드 패밀리 레스토랑이다.

씨푸드바 코너에는 연어, 새우, 문어, 조개 등의 신선하고 다양한 해물 요리를 비롯해 초밥과 롤, 녹차, 호박요리 등을 제공하며, 웰빙누 든, 생과일주스 등을 즉석에서 만들이 주고 고객이 직접 골라먹을 수 있게 되어 있다. 씨푸드오션은 보통 패밀리 레스토랑보다 3천 원에서 1만 원 정도 높은 가격대임에도 불구하고 웰빙 및 저지방 저칼로리의 미용식으로 젊은 여성들에게 인기가 높다. 뿐만 아니라 가족모임이나 지장인 회식 장소로도 인지도를 넓히고 있어 꾸준히 이용색이 승가하는 추세여서, 브랜드를 런칭한지 1년 만에 매장이 3개로 증가하는 등 선장세를 보이고 있다.

CJ는 엄청난 성장세로 우리나라 외식 산업의 선두주자로 자리매김했다. 빕스는 패밀리 레스토랑의 톱 10에서도 유일한 토종 브랜드로 연 40퍼센트의 성장세를 보이며 CJ 푸드빌의 성장의 원동력이 되고 있다. 단순하게 음식만을 판매하는 것이 아닌, 서비스까지 포함하여 다양한 이벤트와 볼거리를 제공하는 CJ 푸드빌의 브랜드들이 2006년 성장세를 보인 만큼 앞으로도 성장세를 보일 수 있을지 기대가 된다.

최근 패밀리 레스토랑 업계도 경기침체로 인한 소비심리 악화, 고객 연령층의 하향 조정에 따른 저가 메뉴 중심의 높은 판매율 등으로 대다수 업체들의 가격경쟁으로 이어지고 있다. 치열한 경쟁으로 생존 차원의 무리한 가격할인을 했으나 현재 쇠퇴기를 맞이하고 있는 패스트푸드 업계의 전례로 볼 때, 현재 과도한 가격경쟁을 펼치고 있는 패밀리 레스토랑이 펼치게 될 향후 전략에 관심이 쏠리고 있다. 저렴하게 책정돼 있는 메뉴의 가격으로 일시적인 이익을 볼 수 있으나, 향후 소형점포의 성장으로 경쟁력을 잃을 수도 있기 때문이다.

하지만 현재 패스트푸드 업계가 고전하는 것을 보면서 패밀리 레스토랑 업계에서는 저마다 고유한 콘셉트를 개발하는 움직임이 보이는 듯하다. 침체된 외식 시장상황에도 불구하고 이를 기회 삼아 확장을 통한 시장점유율 증대를 노리는 업체들도 있으며, TGIF의 푸드스

타, 아웃백스테이크하우스의 오지정, 베니건스의 롸이즈온 등 다른 업체에서도 중식을 콘셉트로 한 제2, 제3의 브랜드 런칭을 준비하는 등 패밀리 레스토랑 업계의 경쟁이 향후 몇 년 간 더욱 치열해지리라 예상된다.

4

골라먹는 재미,
프리미엄 아이스크림

온도가 25~30도로

오르면, 아이스크림 판매가 평소 매출 대비 50퍼센트 이상 증가한다고
한다. 하지만 요즘 젊은이들은 날이 더울 때만 아이스크림을 찾는 것
이 아니다. 아이스크림은 사시사철 젊은이들과 함께한다. 명동, 신촌,
압구정, 홍대 어딜 가도 아이스크림 전문점을 쉽게 찾아 볼 수 있다.

1962년 우리 나라에 바(Bar) 타입의 아이스크림이 처음 소개된 이
후 1995~1997년까지만 해도 아이스크림은 '바닐라, 초코, 딸기 맛의
빙과류', '여름에만 먹는 것', 혹은 '길거리에서 아이들이나 물고 다
니는 간식거리' 정도로만 여겨졌다. 이렇게 저관여 제품으로 인식되
던 아이스크림의 위상이 달라지기 시작한 것은 배스킨라빈스 등 고급

화를 내세운 외국 아이스크림이 상륙하면서부터이다. 젊은이들을 대상으로 한 브랜드화된 아이스크림의 등장으로 프리미엄 아이스크림 시장이 도래하게 되었다.

유지방 비율이 일반 아이스크림의 2~3배이며, 인공 색소나 향 대신 천연 원료를 쓴 아이스크림을 '프리미엄 아이스크림'이라고 하는데, 이는 비싸도 맛있고 좋은 것을 찾는 요즘 소비 경향과 부합하여 전성기를 맞고 있다. 생활수준의 향상으로 식품 소비 성향이 전반적으로 고급화되면서 좀 더 고급스럽고, 좀 더 색다른 아이스크림을 위해 젊은이들은 더 많은 돈을 기꺼이 지불할 의향이 있다.

국내 아이스크림 시장 규모는 롯데, 해태 등 일반 유통망을 통해 소비되는 아이스크림이 60~70퍼센트 정도이며, 나머지 30~40퍼센트 정도를 프리미엄 고급 아이스크림이 장악하고 있다. 또한 프리미엄 아이스크림 시장은 매년 30퍼센트 정도의 높은 성장률을 보이고 있다.

시장의 경쟁이 치열함에도 불구하고, 계속해서 성장하고 있는 프리미엄 아이스크림 시장에 대해 레드망고와 배스킨라빈스를 중심으로 살펴보자.

레드망고

제일 처음 레드망고란 이름을 들었을 때, 가장 먼저 떠오르는 생각은 이 '이름이 무슨 의미일까'일 것이다. 레드망고란 이름에는 수도니 사

색다른 맛의 요구르트 아
이스크림과 20대의 취향
에 맞춘 인테리어로 인기
를 끈 레드망고의 매장과
아이스크림

장의 사업 철학이 반영된 독특한 의미가 담겨져 있다. 레드라는 색감
을 통해 삶에 대한 열정을 보여주고, 완전히 익은 노란색 망고보다는
익기 직전의 레드색 망고를 통해 아직 미완성이라는 겸손함을 보여 주
려한다. 이는 레드망고의 슬로건 중 하나인 '나를 사랑하자'를 통해서
도 느낄 수 있다. 이 슬로건은 매장 곳곳에서 발견할 수 있는데, 이는
'나는 세상에서 가장 아름다운 사람입니다. 나는 나를 사랑합니다'라
는 대중을 향해 외치는 공익성을 띤 의미를 가지고 있기도 하다.

아이스크림 카페

레드망고는 테이크아웃(Take-out) 위주였던 아이스크림 매장을 넓
은 실내 공간의 2층 매장으로 끌어 올렸다는 데 있다. 기존의 아이스
크림 매장은 주로 좁은 공간에 입주되어 있었다. 따라서 앉을 공간이

부족하였으며, 주로 아이스크림을 사서 밖으로 나가는 형태의 판매 방식이었다. 그러나 레드망고는 고객들에게 매장 내에 앉아서 아이스크림을 먹으며 시간을 보낼 수 있는 새로운 공간을 제공해 주었다. 뿐만 아니라 매장 내부를 세련되게 꾸미고 충분한 테이블을 놓음으로써, 일반 아이스크림 가게가 아닌 까페에 와 있는 편안한 느낌을 주기 위해 노력했다.

이러한 레드망고의 새로운 시도는 레드망고를 잠시 들렀다 가는 아이스크림 가게가 아니라 카페와 같은 만남의 장소로 인식되도록 해 주었으며, 하나의 문화 공간으로 자리잡을 수 있게 하였다.

디지털카메라 열풍

UCC, 블로그가 화두가 되고 있는 요즘, 디지털 카메라는 젊은이들에게 생활의 일부가 되었다. 젊은이들은 밥을 먹거나 친구들을 만나는 사소한 일상들을 카메라에 담는다. 사진을 찍고 그것을 인터넷에 올리는 것 자체가 이들에게 하나의 놀이인 셈이다.

레드망고는 이러한 문화코드가 레드망고의 성공에 지대한 영향을 미쳤다고 분석하고 있다. 싸이월드에 레드망고의 홈페이지가 없음에도 불구하고, 싸이월드를 통해 레드망고의 인지도가 많이 높아졌기 때문이다. 레드망고 매장의 인테리어가 전체적으로 밝은 색감으로 이루어져 있고, 디카를 찍기에 좋은 조명이 설치되어 있어서 조가비 모양의 그릇에 담겨진 아이스크림이 예쁘고 먹음직스럽게 사진으로 표현된다. 이런 사진을 사람들이 자신의 미니홈피나 블로그에 올리기 시작하면서, 레드망고의 요구르트 아이스크림은 대중적인 디저트로 부상하게 되었고, 막대한 광고비 지출없이 젊은이들에게 다가서게 된 것이다.

샘플 시식 및 입소문

레드망고는 2003년 3월 프랜차이즈 본사를 설립하고, 이대 앞에 1호 직영점을 내면서 시작하였다. 대부분의 기업이 초기에 대규모 이벤트나 광범위한 광고로 브랜드 알리기에 힘쓰는 것과 달리, 레드망고는 시식과 입소문의 방법으로 고객들을 그들의 마케팅에 이용하였다. 레드망고는 당시만 해도 요구르트 아이스크림이란 개념조차 없었던 때라, 약 3개월 동안 아이스크림을 파는 것보다 샘플 시식에 몰두했을 만큼 상품 알리기에 열을 올렸다. 이러한 초기 길거리 시식마케팅은 큰 효과를 거두었는데, 당시 유입 고객의 60~70퍼센트가 길거리에서 시식했던 고객이었을 정도였다. 더불어, 매장을 방문했던 고객들의 재방문률이 높아지고, 이들의 입소문을 타고 레드망고의 이름이 다른 사람에게 퍼지는 이른바 버즈 마케팅을 통해 요구르트 아이스크림 열풍이 일어났다.

1부에서 언급했던 바와 같이 젊은이들은 또래에 민감하고 구전파워가 큰 집단이다. 레드망고는 이화여자대학교 앞에 1호점을 냈고, 여대생을 여대생을 중심으로 소비자층을 확대해 갔다. 그러던 것이 입과 입을 통해 레드망고의 소문이 전해져 오늘날의 성공을 이룰 수 있게 된 것이다. 레드망고는 시식 샘플링과 구전효과를 통한 마케팅으

로 큰 마케팅 비용 없이 레드망고를 알리는 데 성공하였으며, 뿐만 아니라 요구르트 아이스크림이라는 유행을 만들어 냈다.

다양한 맛의 승부, 배스킨라빈스 31

배스킨라빈스 31은 1985년 미국 배스킨라빈스 사와 우리나라의 ㈜SPC와의 합작 투자로 고급 아이스크림을 내세워 한국에 들어왔다. 1986년 명동에 제 1호점을 개설하였고, 1993년 다시 미국 던킨도너츠 사와 합작 투자하여 새로운 모습으로 국내에 점포를 확산해 나갔다. 현재는 전국적으로 680여 개의 직영 및 가맹점을 개설, 운영함으로써 국내 프리미엄 아이스크림 시장 점유율 1위를 차지하고 있다. 국내 시잠 점유율 1위를 고수하는 배스킨라빈스는 어떤 마케팅 전략을 활용하고 있을까?

해피포인트 카드

현재 배스킨라빈스가 속해 있는 SPC의 가맹점은 2,400개에 달한다. SPC의 희영인 회상은 전국의 2천 개가 넘는 점포를 하나의 유기체처럼 관리한다. 그 관리 전략 중의 하나가 바로 '해피포인트 카드' 이다. 소비자는 1천 원 이상 구매했을 때 구매금액의 5퍼센트를 적립할 수 있으며, SPC그룹이 운영하는 타 브랜드의 이벤트, 포인트 등을 통힙해서 혜덱을 빋을 수 있다.

끊임없는 새로움 추구

배스킨라빈스를 언급하면, '골라먹는 재미가 있다' 는 캐치프레이즈를 누구나 떠올릴 것이다. 배스킨라빈스가 지금까지 국내에 선보인 아이스크림 종류는 31가지가 훌쩍 넘는, 400여 가지이다. 배스킨라빈스는 단순히 떠 먹는 아이스크림일 뿐 아니라, 아이스크림 케익을 비롯해, 빙수, 파르페, 썬데이 등 다양한 아이스크림 메뉴를 선보이고 있다. 최근에는 비벼먹는 유산균 요거트 '하드락 요거트' 를 선보이며 골라먹는 아이스크림 스타일을 요거트 메뉴까지 확장시켰다.

또한 최근 카페형 매장으로 변신을 시도하고 있는 배스킨라빈스 카페31에서는 '아이스크림 퐁듀' , '아이스크림 쌈' , '와플&아이스크림' 등 다양한 영역의 외식 문화를 접목시킨 독창적인 아이스크림 요리를 선보여, 새로운 아이스크림 문화를 선도해 나가고 있다.

배스킨라빈스는 앞서 언급한 다양하고 신선한 아이스크림과 수준 높은 서비스를 제공할 뿐 아니라, 신선한 광고 캠페인 전개, 다양한 프로모션 활동, 끊임없는 제품 개발로 국내 프리미엄 아이스크림 시장에서의 1위 브랜드로서 입지를 굳히고 있다.

천연 생과일 아이스크림, 떼르드글라스

떼르드글라스(Terre de Glace)는 과일과 야채를 주된 재료로 사용하는 천연 생과일 아이스크림이다. 이것은 배스킨라빈스 등 색소와 향료로 맛을 내는 아이스크림과는 분명히 차별화되는 점이며, 원료를 외국에서 들여오는 일부 수입 생과일 아이스크림 브랜드와도 구분되는 점이다. 떼르드글라스는 순 우리원료를 이용하여 매장에서 직접 갈아 만드는 천연 생과일 아이스크림이다. 세균 파동으로 아이스크림 업계가 고전을 면치 못할 때도 떼르드글라스가 선전을 한 이유가 바로 여기에 있기도 하다.

구미 선진국에서는 오래 전부터 천연 생과일 아이스크림이 많은 계층을 통해 각광받고 있는 상태이다. 국내의 수입 프리미엄 아이스크림 브랜드에 비해 떼르드글라스의 브랜드 파워가 약한 것은 사실이지만, 베르드 글라스의 저지방, 저칼로리 아이스크림은 웰빙 열풍 덕분에 브랜드 파워의 성장에 있어 타 브랜드에 비해 유리한 위치에 있다고 할 수 있다.

재미와 맛을 함께 즐기는 콜드스톤 크리머리

88년 미국 애리조나에 설립된 콜드스톤 크리머리(Cold Stone Creamery)는 미국 아이스크림 전문점 2위 업체로 2006년 프리미엄 아이스크림 시장에서 최고 성장률을 기록하며 급성장하고 있는 회사다. 국내에서는 CJ가 계열사인 CJ푸드빌을 통해 미국에서 급성장하고 있는 아이스크림 프랜차이즈인 콜드스톤 크리머리와 계약을 맺고 국내에서 본격 판매하기로 했다. CJ푸드빌은 2006년 오픈한 중로 1호점을 시작으로, 5

년 안에 국내에 150여 개 점포를 개설할 계획이다. 국내 아이스크림 시장을 선점하고 있는 배스킨라빈스보다는 가격 및 분위기에 있어 다소 높은 수준을 형성하고 있으며, 20대의 젊은층을 타깃으로 젊고 발랄한 분위기를 연출하고 있다.

펀 마케팅

콜드스톤 크리머리는 아이스크림 사이즈의 이름부터가 흥미를 끈다. 콜드스톤 크리머리 사이즈는 3가지 사이즈로 이루어져 있는데 'Like it, Love it, Gotta have it' 이 사이즈의 이름이다. 소비자는 컵, 와플볼, 초코 와플 콘 등을 선택하여 아이스크림을 담아먹을 수 있다. 콜드스톤의 펀 마케팅은 기존 국내 프리미엄 아이스크림 시장에서는 찾아볼 수 없는 새로운 시도이다.

종업원들은 항상 즐거운 목소리로 고객을 환영하고, 비오는 날은 우산을 받아주면서 환영멘트를 한다. 또한 콜드스톤은 인기가 많은 만큼 대기시간 관리에 주의를 기울이고 있는데, 손님이 들어오자마자 메뉴를 주어 고를 수 있도록 도와준다. 대기시간이 길어질 때에는 종업원들이 흥겹게 노래를 부르면서 각종 이벤트와 쇼를 보여주기도 한다. 하루종일 우울했던 사람도 콜드스톤의 달콤한 아이스크림을 먹으며 종업원들의 생기발랄한 노래를 들으면 금세 우울함을 잊어버릴 것이다.

비벼먹는 아이스크림

콜드스톤 아이스크림의 또 한 가지 특징은 비며먹는 아이스크림이라는 것이다. 소비자가 아이스크림과 토핑을 선택하면 주문이 들어간 즉시 종업원이 아이스크림을 비벼 섞어 만들어준다. 이것은 앞서 언급한 펀 마케팅과도 연계되어 시너지를 일으키는데, 생산과정을 고객에게 직접 보여 줌으로써 재미와 동시에 신뢰감을 줄 수 있다. 재미있는 것은 콜드스톤 크리머리에서 이렇게 아이스크림과 토핑을 마음대로 선택해 만들어 낼 수 있는 아이스크림 종류가 총 1,150만 가지라는 것이다. 하버드 박사과정에 있는 한 학생이 이와 같은 통계 수치를 발표했는네, 이는 사람이 태어나서부터 하루에 한 종류씩 아이스크림을 먹는다고 가정했을 경우 약 421번을 다시 태어나야만 다 맛볼 수 있는 수치라고 한다.

수퍼 프리미엄 아이스크림, 하겐다즈

1921년 하겐다즈의 창립자인 루빈 매터스가 처음 마차에서 과일 맛얼음과 아이스크림을 팔던 것을 시작으로 하겐다즈는 개발과 성상을 기듭하여 현새의 프리미엄 아이스크림으로 자리 잡는다. 하겐다즈 브랜드는 고급스럽고 세련됨이 느껴지는 유럽풍의 어감을 갖도록 창조해 낸 이름이다. 하겐다즈 아이스크림은 세계 각지의 최고급 원료만을 사용하서 만들이 이떤 핑고도 없이 사람들의 구선 효과만으로 그 수요가 계속 증가했고 널리 알려지게 되었다. 현재는 세계 700여 개의 하겐다즈 샵이 운영되고 있다. 1980년대 초반에 처음 아시아에 진출하여 현재는 아시아 대부분 지역에서 판매되고 있으며, 한국 하겐다즈(주)는 1991년 처음 한국에 진출했다. 국내에는 29개의 하겐다즈 샵이 운영중이다.

아이스크림 퐁듀와 VIP 프로그램

하겐다즈 역시 수퍼 프리미엄을 내세운 아이스크림 브랜드였다. 마치 독일에서 건너온 듯한 고풍스러운 이름과 세련되고 정제된 인테리어 그리고 배스킨라빈스보다 약간 비싼 가격은 하겐다즈에게 수퍼 프리미엄 아이스크림 자격을 허락하는 듯했다. 적어도 젤라토가 밀려오기 전까지는 말이다.

하겐다즈는 수퍼 프리미엄 아이스크림의 위치를 유지하기 위해

하겐다즈 아이스크림 카페에서 판매하는 인기 아이템 아이스크림 퐁듀

몇 가지 노력을 하게 되는데, 하겐다즈의 고풍스러운 이름에 어울리는 좀 더 고급스러운 메뉴를 내놓는 것과, VIP 프로그램을 진행하는 것이다. 하겐다즈는 아이스크림 퐁듀라는 메뉴를 제공하는데, 이것은 아이스크림 및 과일들을 녹은 초코렛에 적셔먹는 것이다. 아이스크림 퐁듀의 가격은 1만9천 원으로 비싼 편이지만, 젊은 여성들 사이에서 큰 인기를 누렸다.

하겐다즈의 VIP 프로그램은 하겐다즈의 적립 카드를 만들어 구입금액 중 일정액을 적립해 주는 서비스인데, 이 카드의 앞면에는 'Super Premium Club'이라는 글자가 새겨져 있다. 누적된 포인트는 매장에서 현금처럼 사용할 수 있고, 전체 누적 구입가격이 60만 원 이상일 경우 하겐다즈의 아이스크림 케익을 50퍼센트 할인된 가격에 구입할 수 있는 혜택이 주어진다. 어떻게 보면 단순한 포인트 제도를 VIP 프로그램 혹은 'Super Premium Club'이라고 명명함으로써 좀 더 고급스러운 이미지를 추구하려는 하겐다즈의 전략이 엿보이는 부분이다.

젤라토 열풍의 주역 구스띠모

일반 아이스크림보다 2배가량 비싼 배스킨라빈스나 하겐다즈가 고급 아이스크림 시대를 이끌었다면, 이젠 그보다 한층 더 비싸고 화려한 구스띠모(Gusttimo)의 젤라토가 젊은이들을 사로잡고 있다.

3~5천 원대로 한 끼 식사 값에 가까운 젤라토는 이탈리아식 아이스크림이다. 젤라토는 배스킨라빈스, 하겐다즈 등 기존의 프리미엄 아이스크림에 비해 유지방, 당도, 칼로리가 낮다는 특징을 갖고 있다. 또 오버런(Overrun · 공기함유량)이 낮아 부드러우면서 쫀득하고 차지다. 인공향료나 색소, 방부제도 없다. 공장에서 찍어내는 방식이 아니라 매장에서 원료를 배합해 직접 손으로 만들기에 '정성'을 느낄 수 있으며, 천연 재료를 사용해 단맛은 강하지 않지만 깊은 맛이 있다.

압구정동에서 젤라토의 인기를 이끌어 낸, 국내 젤라토 열풍의 '원조'와도 같은 곳이 바로 구스띠모이다. 구스띠모의 풍부한 맛과 밀도 높은 쫀득한 질감이 미국식 아이스크림에 익숙해 있던 국내 소비자들의 입맛에 신선한 충격을 가져왔다. 이탈리아에서 유학하고 돌아온 사장이 압구정에서 오픈해 큰 인기를 얻은 후 강남역과 명동, 신촌, 여의도에 새 점포를 열었다. 36가지의 젤라토를 당일 만들어 당일 소진하므로 언제나 신선한 맛을 즐길 수 있다. 젊은이들은 구스띠모의 맛도 일품이지만, 독특한 실내 인테리어와 서비스 때문에 이곳을 더 찾는다. 특히 아이스크림만 달랑 내놓지 않고 미니콘이나 롤 과자 등으로 멋을 부린 것도 젊은이들의 마음을 사로잡은 요인이라고 할 수 있다.

1997년을 전후로 하여 가격이 500~700원이던 보통 아이스크림보다 두세 배 가량 비싼 프리미엄 아이스크림이 등장하더니, 이제는 그보다 더 비싼 수퍼 프리미엄 아이스크림까지 우리나라 아이스크림 시

장의 경쟁에 가세하였다. 젊은이들은 커피도 자판기에서 뽑아 마시는 사람부터 자기만의 향을 찾아 전문점에 다니는 사람까지 다양한 것처럼, 이제 아이스크림도 자기를 표현하는 수단이라고 생각한다. 경쟁이 식을 줄 모르는 아이스크림 시장에서 또 어떤 새로운 브랜드가 등장할지 그리고 그들은 젊은이들의 마음을 훔치기 위해 어떤 전략을 취할지 기대해 본다.

5

즐기는 **음주문화**의 등장,
신세대 주점

젊은이들은 답답하다.

꿈이 많기에 오히려 답답한 마음은 크기만 하다. 그리고 나이가 들어가면서 그 답답함에 익숙해지곤 한다. 이런 불타오르는 젊음을 잠재우기 위해 젊은이들은 많은 것을 시도한다. 그 중에서도 20살이 되면할 수 있는 것, 내가 어른이 되었음을 증명할 수 있는 것, 그 대표주자는 바로 '술'이다. 그리고 지금의 20대는 마케팅이란 술잔 속에서 넘실대고 있다.

술이 아니라 문화를 판다

최근 20대의 음주문화는 기존 성인들의 음주 문화와 큰 차이를 보이고 있다. '취하는' 것이 목적이었던 음주 문화가 사회 전반적으로 '즐기자'로 방향을 전환하면서 젊은이들에게 있어 음주는 당연히 '죽자'는 것이 아니라 '즐기자'는 것이 되었다. 이런 사회 전반적인 흐름은 '처음처럼'으로 시작된 저도수 소주에 대한 사회적 유행과 더불어 와인시장의 팽창으로 드러나고 있다.

이렇게 즐기려는 음주문화가 형성되어 가면서 주점들도 변화를 해야만 살아남을 수 있었다. 이전 세대의 주류문화였던 선술집 혹은 호프집처럼 단순한 안주와 술만을 제공하는 것으로는 젊은 고객들의 발길을 끌 수 없는 것이다.

20대의 '즐기는' 음주 문화를 잡기 위해서는 그들의 음주패턴을 이해할 필요가 있다. 20대는 취업 이전과 이후로 음주패턴이 구분되는데 이는 주머니 사정의 영향력이 크다. 때문에 같은 맛있는 술을 찾을 때도 취업 이전의 경우에는 저렴한 주점을 찾아가 이른바 '칵테일 소주'를 마시는데 이는 이미 일반 호프, 소주 주점에서는 일반적인 메뉴로 등장해 있다.

'칵테일 소주'란 이른바 소주에 과실음료 및 과즙을 섞어 칵테일처럼 혼합한 형태의 소주를 뜻하는데 소주의 쓴 맛은 최소한으로 줄이고 과일맛을 첨가함으로써 저렴하게 이용할 수 있는 맛있는 술이다. 그리고 한 잔에 약 5천~1만5천 원가량에 이르는 다소 고가의 '칵테일'의 경우에는 주점들이 다양한 칵테일을 개발하여 판매함으로써 젊은이들의 입맛을 얻고 있다.

최근에는 '칵테일소주'를 매장에서 직접 혼합하는 방법이 아닌 '칵테일소주' 생산, 유통을 전문적으로 담당하는 업체들이 생겨나 하나의 시장을 창출해내고 있다. 더 다양한 종류의 칵테일소주를 만들고 규모의 경제로 저렴한 가격을 이끌어냄으로써 주점과 소주공급업체 모두 이득을 볼 수 있는 상품을 개발해 판매하는 형태인 것이다.

주점의 자체개발 상품

술맛을 차별화시키는 주점들은 대부분이 프렌차이즈 업체의 형태를 띄고 있는 주점들이다. 이 주점들은 프렌차이즈 형태로 규모의 경제를 일으킬 수 있다는 이점을 가지고 있다. 그렇기 때문에 중앙 집중적으로 술을 개발해서 공급하는 체제가 갖추어져 있다. 이 주점들이 위와 같은 젊은 소비자들의 요구를 파악하고 맛있는 술을 만들어 판매하기 시작했다.

'짚동가리 쌩주' 주점의 경우, '복분자 막걸리'를 개발하였고, 충청남도 아산의 전통술로 전통주를 이용한 맛있는 술을 통해 고객들의 입맛을 사로잡았다. 또한 '와바'의 경우에는 세계 병맥주를 집대성해서 판매하는 병맥주 주점이지만 '와바'라는 PB(Private Brand)상품을 만들어 맛을 개발하고 상대적으로 저렴한 가격으로 고객들의 입맛도 사로잡고 있다.

외국 주점문화 도입

일반 호프집 프렌차이즈 업체들이었던 '요모조모', '해리피아' 등이 증가하면서 주점들의 형태가 유사해지자 국외의 독특한 주점 문화를 도입하는 형태의 주점들이 급속히 퍼져 나가기 시작했다. 소주에 어울리는 분위기로 일본식 선술집인 '이자카야(IZAKAYA)'가 가장 먼저 등장했다. 이런 일본식 선술집의 형태를 그대로 가져온 것은 이국적인 분위기를 통해 고객들에게 차별화된 매장 콘셉트로 다가설 수 있기 때문이었다. '이자카야'도 역시 프렌차이즈화의 단계를 밟아 짧은 시간 동안 전국적으로 매장 수를 확장시켰다.

소주에 어울리는 것이 일본 선술집 '이자카야'였다면 맥주는 어느 국가의 분위기가 먼저 생각날까? 바로 독일이다. 독일식 맥주, 독일식 주점, 독일식 소세지 등 많은 주점에서 독일식을 표방하며 등장하기 시작했다. 이국의 분위기를 연출하기 위해 인테리어에서부터 독일

일본식 주점 분위기로 인기를 얻은 '이자카야'와 '와라와라'의 인테리어

식으로 이루어지고 심지어 주방장을 독일인으로 직접 영업하기도 한다. 독일의 하우스맥주(소규모로 매장 내에서 자체 맥주제조 설비를 갖추고 맥아, 호프, 효모 등의 원료와 고유의 제조방법으로 맥주를 생산, 판매하는 것) 형태의 독일식 맥주 주점을 들여오는데 '베를린'이 그 예 중 하나이다.

최근에는 주점을 고급화하는 데 있어서 술과 그렇게 연관짓지는 않았던 국가들의 주점형태를 본따 오기도 하는데 일례로 체코식 주점인 '캐슬 프라하'가 있다. 건물의 외관과 내부 인테리어 모두를 체코의 성처럼 만들어 놓았고, 체코의 맥주를 하우스맥주로 판매하고 있으며, 홈페이지를 통해 체코의 문화를 알림으로써 완벽하게 체코의 이미지를 제공하고 있다.

주점들은 이러한 외국의 주점 형태 혹은 이미지를 차용함으로써, 차별화되고 고급화된 이미지를 만들 수 있게 된다. 또한 지금까지 사례로 든 신세대 주점들 외에도 알바트로스(Albatross), 라스팅(Rasting) 등 많은 업체들이 타국의 주점 문화를 프렌차이즈화하여 사업을 펼쳐나가고 있다.

퓨전 콘셉트의 주점 등장

최근 몇 년 사이 주점들은 유행의 변화에 따라 많은 변화를 겪어왔다. 2004년에는 포장마차의 개념을 이용한 '퓨전 실내포차'가 유행하였고, 2005년에는 분식집에서나 볼 수 있던 오뎅을 안주로 만든 '퓨전 오뎅바(bar)'가 선풍적인 인기를 끌었으며 2006년의 경우에는 '신개념 퓨전 막걸리' 주점들이 유행하였다. 물론 이 유행 속에서도 자기 자신만의 유행을 창조한 주점들도 있었다. 무한리필(기본으로 나오는 안주를 계속 채워줌)로 유명해진 이벤트 주점 '준코' 등이 있다.

그리고 이 주점의 유행들의 공통점은 기존 주점들의 틀에서 벗어나 퓨전의 형태를 시도했다는 데 있었다. 또한 과거에는 비교적 서민적이었던 주류 아이템들을 이용해 과거보다는 상대적으로 고급스러운 이미지로 재포지셔닝시키려는 노력이 가미되었다.

'퓨전 실내포차'의 예로 '피쉬앤그릴'의 경우, '포장마차'를 현대적으로 재해석한 실내형 '포차'로 마케팅 콘셉트를 잡고 포장마차의 분위기를 현대적으로 살리면서 안주와 주류를 일반 호프주점 이상의 맛과 가격으로 포지셔닝함으로써 영제너레이션에게는 색다른 공간으로, 기존 포장마차 세대에게는 추억의 한 공간으로 자리잡았다. 이런 '퓨전포차'의 경우, '지짐이', '와라와라', '춘산', '으!리!', '삼거리포차' 등 다양한 포차가 생겨났다.

두 번째로 유행했던 '오뎅바'의 경우, 분식집이나 길거리에서 즐겨먹었던 오뎅을 하나의 안주로, 하나의 문화로 퓨전화한 것이다. '오뎅바'는 오뎅에 일본식 문화를 가미한 주점들이 많이 있는데 깔끔하고 고급스러운 이미지를 위한 퓨전이었다. 또한 오뎅의 가격이 고객에게는 시럽하지만 주점의 입장에서는 남지 않는 장사가 될 수 있는 위험이 있었다. 때문에 '오뎅바' 주점들은 오뎅 이외의 다양한 안주를 개발하여 판매하고 있다. 오뎅은 이른바 주점의 '낚시 안주', '미끼 상품'으로의 역할을 하고 있다. 마지막으로 '오뎅바'는 일본풍의 느낌을 주기 위해 징꼬 등의 주류를 판매하기도 한다.

세 번째로 '막걸리' 주점들의 유행은 기존 주점들의 일본 선술집화, 호프프렌차이즈 주점의 난립이라는 레드오션(Red Ocean)에서 새로운 시장을 만들기 위해 생겨난 이른바 틈새시장(Niche Market)이었다. 한국의 술인 '막걸리'를 조금 더 영제너레이션에게 맞는 맛으로 개발하고 효모주의 특징인 숙취를 최소화할 수 있도록 막걸리를 개발함으로써 많은 소비자들의 호응을 얻었다.

개성 강한 주점

모든 주점들이 프렌차이즈 형태로만 이루어진다면 소비자들의 즐거움은 많이 감소될 것이다. 유행과 트렌드에 의해 어느 지역을 가도 똑같은 형태의 주점들이 있다면 선택의 어려움은 없어지겠지만 모두가 같은 모습을 하고 있다면 고르는 재미의 감소로 지역적 재방문율은 떨어질 것이다. 그러한 면을 이용해서 거대 프렌차이즈 주점들 사이에서도 자기만의 고유영역을 창출하는 개성만점의 주점들이 등장하고 있다. 단순한 개인 창업형의 선술집이나 펍(Pub)이라기보다 디자인적인 풍미와 자신만의 뚜렷한 색채를 가지는 이 주점들은 까페같은 느낌을 주는 개성이 넘치는 공간을 제공한다.

자신만의 개성을 가진 주점들은 사실 딱히 주점이라기보다 여러 형태를 겹쳐 놓은 경우가 많다. 커피를 같이 판다거나 꽃을 같이 판다거나 휴식의 공간으로서의 개념이 더 크다거나 하는 꼭 주점만의 공식을 고집하지 않는다. 그렇지 않으면 주점의 형태라 할지라도 다른 곳에서 흉내 내기 힘든 자신만의 차별화 요소를 분명히 가지고 있다.

펀(Fun)한 주점 만들기

사람들이 술을 마시러 가는 데는 여러 가지 이유가 있다. 슬퍼서 혹은 기뻐서, 친목을 다지러, 공적인 관계 등등 다양한 이유로 사람들은 술을 마신다. 그리고 그 중에서도 가장 종합적이고 큰 목적은 즐기기 위함이다. 주점이 고객을 위해 그 즐김을 극대화할 수 있는 것, 바로 이벤트와 프로모션을 통해 이루어질 수 있다. 그리고 그런 이벤트나 프로모션은 단순한 전단지의 형태에서 이벤트를 테마로 하는 주점까지 다양한 모습으로 나타나고 있다.

'더 플레어' 바(bar)의 경우, '칵테일쇼'를 통해 고객들에게 비주얼로서의 슬거움을 안겨주고 있는데 지점별로 바텐더의 브랜드화를 통해 고객들의 즐거움을 두 배로 키워주고 있다. 또한 기존 호프 프렌차이즈 업체들이 자발적으로 영업 매출을 높이기 위해 독특한 영업 전략으로 이벤트들을 수행하였다.

예를 들어 매출이 집중되는 밤10시부터 그 이후에 전문 MC를 고용하여 댄스경연대회, 맥주 빨리 마시기, 빙고게임, 끝말잇기 등 요일별로 다른 게임을 통해 고객들의 즐거움을 이끌어낸다. 또한 대부분의 업체들이 빔프로젝터를 활용해 스포츠 경기나 유명 가수의 콘서트 장면 등을 보여주는 비주얼 이벤트를 활용하여 고객의 호응도를 높이고 있다.

기업들의 색다른 주류 이벤트 마케팅

술을 직접 생산하여 판매하는 기업들은 젊은 세대들의 입맛에 맞는 낮은 도수의 술을 개발하여 새로운 트렌드에 적응해 나가고 있다. 또한 타깃층인 젊은 세대를 공략하기 위해 그들이 모여드는 장소에서 그에 걸맞는 마케팅을 벌이고 있다. 그렇다면 기업들은 신세대 주점들을 활용해 어떠한 마케팅 전략을 펼치고 있을까.

2005년부터 소주 시장의 과도한 마케팅 전쟁은 시작되었다. 우리 나라 주류업체 중 상위를 차지하는 소주제조업체 두산주류BG와 진로의 주점 마케팅이 그 태표적인 예이다. 신세대 주점을 직접 공략하는 새로운 마케팅 전략은 먼저 두산주류BG의 '처음처럼'이 적극적으로 도입하기 시작했다. 두산주류 BG는 '처음처럼' 캐릭터 인형을 제작

술집을 직접 찾아가는 공격적인 마케팅을 벌인 '처음처럼' 소주의 캐릭터 인형

하여 인형을 뒤집어쓴 이벤트사 직원들과 도우미들이 주점을 직접 방문하여 주점 안의 고객에게 즉석 이벤트를 하는 방식을 취했다. 즉석 이벤트는 다트를 돌려 고객에게 '처음처럼' 소주를 매장에서 손님들이 마신 만큼 대신 계산해 주거나 이벤트로 준비된 상품을 건네주는 방법이었다.

이외에도 손님을 직접 상대하는 것이 아니라 푸쉬마케팅의 일종으로 업주와의 관계에서 더 저렴하게 공급을 해 주거나 소주잔을 제공, 고기집의 경우에는 앞치마 제공, 상표가 표시된 재떨이를 제공하는 등의 방법을 통해 자사 소주 포스터를 붙이게 한다거나 고객들에게 자사 제품 구매를 유도하도록 하는 방법을 사용한다.

진로도 이에 질세라 '참이슬 fresh' 라는 젊은 세대의 입맛에 맞춘 낮은 도수의 소주를 출시하면서 같은 방법으로 주점들을 활용해 마케팅하였으며, 두 업체를 포함해 주류업체 대부분이 홍보용 샘플러로 미니 술병을 제작하여 소비자들에게 배포하였다. 수입 맥주의 경우에는 패키지나 온라인을 이용한 경품 등의 마케팅을 주점에서 실시하였다. 버드와이저, 기네스 등의 수입맥주들은 자사 제품이 공급되는 주점들에게 이벤트용 팜플렛을 배포하여 테이블마다 배치하도록 하였는데, 패키지 형태의 이벤트는 앞서 말한 주점들이 이벤트의 미끼거리로 자사의 제품을 여섯병을 한꺼번에 구매할 경우, 한병 더 서비스 혹은 가격할인, 특별 이벤트 상품을 선물하는 등의 이벤트이다.

또한 이들 주류업체는 오프라인뿐만 아니라 온라인을 통한 경품 이벤트도 벌였다. 자사 제품을 구매할 경우, 병뚜껑 속에 숨어 있는 숫자를 인터넷의 자사 홈페이지에 등록하여 경품 추천을 통해 상품을 주는 등의 이벤트를 펼치기도 했다.

브랜드 홍보의 장, 자체 브랜드 주점

최근 기업들은 새로운 방법으로 젊은 세대의 까다로운 입맛을 공략하고 있다. 아예 스스로 주점을 열어 자사 제품의 안테나 매장으로써의 역할과 전략적 브랜드 홍보의 장으로 키워나가고 있는 것이다.

하이트광장 등 맥주업계의 프랜차이즈에 이어 백세주마을, 배상면주가 주점 등 전통주를 테마로 한 주점이 꾸준한 사랑을 얻고 있으며 진로에서도 '참이슬 본가'를 선보였다. 이 흐름의 시작은 1990년대 중반 하이트광장이라는 맥주프랜차이즈를 선보인 하이트맥주로, 하이트클래스 등 11개의 프랜차이즈를 운영하고 있다. OB맥주는 OB파크, OBERO 등 다양한 프랜차이즈를 갖고 있으며, 카스맥주도 카스톡스 등을 보유하고 있다.

2000년대에 들어서는 전통주 업체를 내세운 주점이 속속 등장했다. 대표적인 곳으로 국순당과 배상면주가를 꼽을 수 있다. 2002년 국순당은 대표브랜드 백세주에서 이름을 딴 전통주 전문주점 '백세주마을'을 선보여 직영으로 운영하고 있다. 2005년 재래방식으로 제조한 전통소주 '화요'를 선보여 좋은 반응을 얻었던 광주요그룹에서도 '낙낙(樂樂)'이라는 전통주점을 열고 있다. 현재 서울 청담점, 분당 서현점 2곳의 매장을 오픈하고 있는 낙낙은 이색메뉴와 고급스러운 분위기를 가장 큰 장점으로 꼽을 수 있다.

이렇게 맥주에 이어 전통주 및 소주업체에서 회사 이름이나 브랜드를 내걸고 직영주점이나 프랜차이즈 사업을 하는 것은 매장 자체의 매출보다는 해당 브랜드의 인지도를 높이는 데 많은 도움이 된다.

FASHION & BEAUTY

1

여심을 훔치는 중저가 주얼리

젊을 때는 굳이 화장을

하지 않아도, 아무 옷이나 입어도 예쁠 시기라고 어른들은 말한다. 꾸미지 않아도 그 자체만으로 빛이 나는 시기라는 것이다. 하지만 20대는 좀 더 아름다워지고 싶은 욕심에 자신을 꾸미는 일에는 아낌없이 돈을 쓴다. 빛나는 주얼리도 그 중의 하나이다.

주얼리 시장은 가격에 따라 저가 시장, 중가 시장, 고가 시장으로 구분할 수 있다. 일반적으로 주얼리 시장의 저가 시장은 20만 원 대 이하이며, 중가 시장은 30~50만 원 대, 고가 시장은 100만 원 이상의 시장을 말한다. 비니클느, 슐리엣, 주얼리아와 같은 대부분의 프렌차이스는 저가 시장에 속하며, 이들 대부분은 14K 주얼리를 중심으로 하고 있다. 그리고 최근에는 커스튬 주얼리 시장이 확장되면서 클루, O.S.T 와 같은 프렌차이즈도 저가 시장으로 분류되고 있다. 그리고 중가 시장은 금은방과 같은 재래시장을 포함하여, 제이에스티나(J.ESTINA), 골든듀가 속하며 18K 주얼리를 중심으로 하고 있다. 마지막으로 고가 시장은 해외 명품 브랜드이며, 리얼 보석을 이용한 고가의 파인 주얼리를 중심으로 하고 있다.

20대를 겨냥한 주얼리 브랜드로 성공한 제이에스티나(J.ESTINA) 의 마케팅 전략을 중심으로, 20대의 주얼리 시장의 마케팅 사례를 소개한다.

동화 속 공주 이야기, 제이에스티나(J.ESTINA)

로만손이 2003년에 첫 출시한 브릿지 주얼리 제이에스티나는 고급스러운 이미지를 추구하는 동시에 비교적 저렴한 가격의 주얼리를 생산함으로써 20~30대 여성의 취향을 제대로 간파했다.

제이에스티나는 효과적인 IMC(integrated marketing communication: 통합적 마케팅 커뮤니케이션)를 전개하며 합리적인 가격으로 주얼리를 제공해 성공적인 주얼리 브랜드로 자리매김한다. 신 왕족주의를 콘셉트로, 모든 여성들이 갈망하는 공주 이야기를 담은 스토리텔링과 북 마케팅 전략을 사용한 제이에스티나의 영 마케팅 전략을 살펴보자.

신 왕족주의 콘셉트

몇 년 전부터 신귀족녀라는 말이 등장하고 있다. 신귀족녀는 단순히 고가의 명품을 바라는 것이 아니라 자신의 개성을 표현해 줄 수 있고 합리적인 가격의 상품을 구매하는 젊은 여성을 일컫는 말이다. 그들은 또한 명품 브랜드의 핸드백, 시계, 액세서리 등의 소품으로 작은 사치를 누리기도 한다. 혹은 명품과 같은 품질을 가진 세컨드 명품 브랜드를 구매한다.

제이에스티나의 브랜드 콘셉트는 'Neo-Royalty' 이다. 신왕족주의는 진취적이며 개방적이고 미래 지향적인 모습을 추구한다. 이러한 콘셉트는 제이에스티나가 신귀족녀를 공략하여 런칭한 브랜드임을 알 수 있게 하는 대목이다.

신왕족주의를 브랜드 콘셉트로 잡은 제이에스티나(J.ESTINA)

제이에스티나가 선보인 첫 주얼리는 바로 '티아라 컬렉션' 이었다. 티아라(tiara)는 작은 사이즈의 왕관을 말한다. 티아라는 유럽에서는 예로부터 공주의 머리 장식으로 사용되어 왔다. '티아라' 를 브랜드 심볼로, 브랜드 콘셉트를 신왕족주의로 정하고, 제품을 티아라 콜렉션으로 출시한 것은 유럽의 황실을 꿈꾸는 여성들의 마음을 그대로 읽은 것이었다. 티아라뿐 아니라 제이에스티나의 모든 제품들은 'Princess J.ESTINA' 라는 인물을 중심으로 하여, 공주가 되고 싶은 여성들의 욕구를 해소해 주고 있다.

브릿지 주얼리

제이에스티나는 주얼리 시장에 신귀족녀의 구매를 유도할 만한 주얼리 시장이 브릿지 주얼리라는 것을 예측했다. 브릿지 주얼리란, 금(14K · 18K), 은, 상아, 담수진주와 같은 다소 낮은 가격대의 재료를 사용한 감각 있는 디자인을 갖춘 주얼리를 뜻한다. 신귀족녀들은 가판에서 구매하는 커스튬 주얼리나 고급스럽지만 부담스러운 가격의 파인 주얼리보다는, 합리적인 가격의 주얼리인 브릿지 주얼리를 택한다. 제이에스티나의 성공은, 이후 국내에 브릿지 주얼리 시장이 확대되는 시발점이 되었다.

스토리텔링 마케팅

스토리텔링 마케팅이란 말 그대로 브랜드에 스토리를 부여하여 브랜드에 대한 이미지를 형성하는 것이다. 스토리텔링 마케팅은 브랜드에 대한 이야기를 단순히 인식(awareness)하거나 기억(remember)하게 하는 것이 아니라 브랜드를 사랑하게 만들기 위한 것이다. 하나의 스토리를 통해 소비자가 그 브랜드를 사랑하도록 만드는 것이다.

제이에스티나는 스토리텔링을 통해 많은 20~30대 여성들이 브랜드의 뮤즈(여신)인 제이에스티나 공주를 사랑하게 만들었다. 제이에스티나는 어떤 이야기를 가지고 있는지 알아보자.

제이에스티나라는 브랜드 네임은 이탈리아 공주인 조반나(Jovanna)의 이름을 따온 것이다. 제이에스티나는 조반나 공주를 뮤즈로 하여 모든 제품 라인에 공주와 관련된 스토리를 만들고 있다. 모든 제품에는 공주의 라이프스타일과 관련된 요소들이 스며들어 있다.

먼저 제이에스티나의 뮤즈인 조반나 공주에 대한 스토리부터 알아보자. 조반나 공주는 이탈리아의 공주로 태어나 후에 불가리아 보리스 왕의 아내가 된 인물이다. 그녀는 실존 인물이며, 1907년에 태어나 불과 얼마 전인 2000년에 사망했다. 그녀는 미모로 유명했던 사보이(Savoi) 왕가의 셋째 공주였다. 이탈리아의 공주이자 불가리아의 왕비인 조반나 공주는 제이에스티나의 신왕족주의라는 브랜드 콘셉트와 일치한다. 그리고 그녀의 사진에서 알 수 있는 공주의 아름다움 역시 많은 여성들이 브랜드의 뮤즈에 대한 환상을 가지게 만든다.

그녀는 세상에 널리 알려지지 않은 공주이다. 그래서 조반나 공주에 대한 신비로운 이미지까지 만들 수 있었다. 만일 이미 잘 알려진 유럽 황실의 공주를 뮤즈로 했다면 오히려 조반나 공주가 줄 수 있는 신비로움과 매력은 절반으로 줄어들었을지도 모른다. 잘 알려지지 않은 조반나 공주에 대한 궁금증은 브랜드에 대한 궁금증으로 이어져 오히려 더 큰 효과를 가져왔다.

제이에스티나의 모든 제품들은 공주와 연계된 이야기들을 가지고 있다. 먼저 티아라는 공주가 쓰는 작은 왕관이다. 티아라 컬렉션은 제이에스티나를 대표하며, 가장 기본이 되는 제품이다. 또 다른 제품 라인인 제나 티아라(Jena Tiara) 컬렉션은 조반나 공주의 고양이인 제나를 상징한다. 이 고양이는 왕족의 고양이임을 나타내기 위해 티아라를 지니고 있다. 세 번째 컬렉션인 Princess J.ESTINA는 그녀가 실존했던 공주였음을 알리는 제품 라인으로 2006년에 런칭되었다. 그리고 Princess J.ESTINA 컬렉션의 주얼리는 그녀의 모습을 형상화하고 있다.

이처럼 제이에스티나의 모든 제품들은 조반나 공주를 중심으로 이야기를 만들고 있다. 이러한 브랜드 스토리는 신데렐라, 혹은 공주에 대한 환상을 품고 있는 젊은 여성들의 관심을 끌게 되었고, 스토리텔링을 이용한 성공적인 사례로 꼽히고 있다.

북 마케팅

북 마케팅(Book Marketing)은 무료로 배포하는 브로셔나 화보집이 아니라 실용적인 정보와 함께 제품의 이미지를 함께 담아 책으로 내는 것을 말한다. 북 마케팅에 담겨 있는 실용적인 정보는 여행, 등산, 의상 코디 등 다양한 분야에 걸쳐 있다. 제이에스티나는 앞서 언급한 스토리텔링 기법과 북 마케팅을 함께 전개하여 더욱 효과적인 마케팅 전략을 구사하였다.

제이에스티나는 2006년, Princess J.ESTINA를 콘셉트로 하여 『Buon Viaggio! J.ESTINA』라는 두 권의 여행서적을 발간하였다. 이 여행서적의 1권은 조반나 공주의 나라인 이탈리아 로마와 모나코의 여행이야기이다. 그리고 2006년 12월에 발간된 2권은 파리와 뉴욕 여행이야기를 담고 있다. 이 두 권의 책에는 각 국가의 여행 명소를 소개하면서 자사의 주얼리를 착용한 모델 사진을 싣고 있다.

그리고 앞서 언급한 스토리텔링 방법을 북 마케팅과 접목하여 시행하기 위해, 여행지에 대한 소개와 제품 사진 외에도 제이에스티나 공주의 여행이야기를 하고 있다. 어행이야기에는 공주의 고양이인 제나뿐 아니라 그녀가 여행지에서 만나 사랑에 빠진 안젤로에 대한 이야기도 소개되고 있다. 이처럼 실용적인 정보와 함께 제공되는 자사의 제품 소개 그리고 재미있는 브랜드 스토리는 브랜드에 대한 관심을 증대시킬 수 있다.

PPL

이 책의 1부에서 언급하였듯이, 젊은이들은 스타와 대중매체에 민감하게 반응한다. 따라서 이 소비자들은 PPL 전략을 효과적으로 시행할 수 있는 고객층이기도 하다. PPL(Products in Placement)은 영화나 드라마 등에서 특정 회사의 제품을 노출시켜 광고효과를 노리는 간접광고 형태를 말하는데, 제이에스티나는 성공적인 PPL 사례로 꼽힌다. 제이에스티나의 PPL은 제이에스티나가 런칭한 시기인 2003년에 시작한다. 드라마 〈요조숙녀〉의 김희선이 제이에스티나의 티아라 귀걸이를 한 것이 주목을 끌었고, 그 효과로 출시 6개월 만에 20억 원의 매출을 기록했다.

그리고 2006년 1월에 MBC가 방영한 '궁'에서도 제이에스티나는 또 한번 PPL 효과를 톡톡히 거둘 수 있었다. 서양의 상류층에서는 자녀가 성년이 되는 날 티아라를 씌워주는 전통이 있는데, 우리나라가 입헌군주제라는 배경을 설정한 이 드라마에서 주인공이 티아라를 착용함으로써, 성년의 날 선물로 제이에스티나의 티아라 판매량이 증가한 것이다. TV드라마를 통한 PPL 효과와 자녀의 성년의 날을 특별하게 만들어 주고 싶어 하는 부모들의 바램이 한데 어우러져, 200만 원대의 티아라 판매량이 증가하였다. 티아라의 가격이 부담스러운 고객은 티아라를 축소한 헤어핀, 헤어 밴드 등을 여자친구에게 선물하는 등 드라마를 통한 PPL 효과는 대단했다.

제이에스티나는 이후에도 PPL 마케팅을 지속적으로 실시했다. TV 드라마, 광고, 영화 등에서 제이에스티나를 노출할 뿐 아니라, 자사 제품을 착용한 스타들의 사진을 홈페이지에 게재함으로써 홍보를 극대화하고 있다.

합리적 가격의 커스튬 주얼리, 클루(CLUE) & OST

최근 액세서리가 패션의 완성을 위한 필수 요소로 주목받게 되자 젊은 이들은 몇 개의 고가 주얼리를 구매하는 것보다는 저렴한 주얼리를 여러 개 구매하여 다양하게 연출하는 것을 선호하고 있다. 이를 증명하기라도 하듯 비교적 저렴한 가격의 주얼리를 제공하는 클루(CLUE)는 2005년 런칭 후 2006년 11월, 전국에 55개의 매장을 오픈했다. 클루의 2006년 매출은 250억 원 대로 추산된다.

클루는 이랜드가 2005년에 런칭한 코스튬 주얼리(costume jewelry) 브랜드이다. 커스튬 주얼리는 패션 주얼리(fashion jewelry)라고도 일컫는데, 다이아몬드나 금과 같은 값비싼 재료와 섬세한 세공으로 만드는 파인 주얼리(fine jewelry)와 달리, 철저하게 패션성에만 초점을 두고 합금이나 실버와 같은 저렴하고 실용적인 재료로 만드는 주얼리를 말한다. 준보석이나 크리스날로 만는 수얼리를 저렴하게 공급하는 클루는 저렴한 가격이지만 패셔너블한 디자인의 제품으로 20대 젊은 여성들에게 환영받고 있다.

실용적인 재료를 사용하여 저렴한 주얼리 브랜드로 입지를 굳히고 있는 코스튬 주얼리 브랜드 '클루'의 로고와 제품을 착용한 모델

클루의 성공에 힘입은 이랜드는 2006년 또 하나의 코스튬 주얼리 브랜드를 출시했다. O.S.T는 Original Silver & Timepiece의 약자로 커스튬 주얼리와 시계를 판매하는 브랜드이다. O.S.T 역시 저가의 제품으로 10~20대를 겨냥하고 있다. 이랜드의 적극적인 커스튬 주얼리 시장 확장과 힘입어 줄리엣, 미니골드 등 여러 14K 주얼리 브랜드의 코스튬 주얼리가 런칭되기도 하였다.

다이아몬드를 대중적으로, 골든듀(Golden dew)

골든듀는 앞서 언급한 브랜드와는 달리 다이아몬드를 대중적인 주얼리로 확장하기 위하여 제품 라인을 다양하게 구축하고 있는 브랜드이다. 골든듀는 'contemporary classic' 이라는 콘셉트로 1989년 런칭되었다. 'contemporary classic' 은 고전적인 디자인을 동시대에 맞는 디자인으로 발전시킨 것을 말한다.

골든듀 역시 PPL 전략을 성공적으로 사용하였는데, 2001년 TV 드라마 〈겨울연가〉에 등장한 골든듀의 폴라리스 목걸이는 골든듀를 대중에게 널리 알릴 수 있는 기회가 되었다. 현대적 감각의 단순함(Simple & Modern)을 디자인 콘셉트로 하고 있는 골든듀는 쉽게 질리지 않는 디자인으로 승부를 걸고 있다.

또한 골든듀는 프로포즈 혹은 예물을 준비하는 고객들을 겨냥하여 웨딩프로그램을 운영중이다. 그리고 홈페이지 내에 '데이트 코치'

라는 코너를 이용해 매달 프로포즈나 데이트 하기에 좋은 장소 혹은 이벤트를 소개하며 프로포즈를 위한 연인들에게 필요한 많은 정보를 제공하고 있다. 영원한 사랑의 상징인 다이아몬드를 결혼을 앞둔 20대를 대상으로 런칭한 골든듀는 다이아몬드를 대중적으로 만들려는 시도를 하며 20대에게도 호응을 얻고 있다.

우리나라의 젊은이들은 마리 앙뚜와네트처럼 2,800캐럿의 다이아몬드 목걸이를 살 수는 없다. 대신에 그들은 조반나 공주의 이야기가 담긴 제이에스티나의 티아라를 사면서 대리만족을 하거나, 저렴하지만 패셔너블한 클루의 코스튬 주얼리를 구입하며 그들 자신이 공주가 된 듯한 느낌을 갖기도 한다. 이처럼 보석에 관한 욕망과 공주 이야기에 대한 환상이 계속되는 한, 주얼리 시장은 앞으로도 계속해서 성장할 것으로 보인다. 그러나 소득 격차가 커짐에 따라 소비 양극화가 뚜렷해지면서 주얼리 시장에서 중가 시장에 속하는 브릿지 주얼리의 자리가 점점 줄어들 수도 있다. 브릿지 주얼리에 기반을 둔 로만손의 제이에스티나가 2006년에 E.S.donna라는 고가 브랜드를 런칭한 것도 이에 대한 대비책일지도 모른다. 합리적인 가격으로 계속해서 20대의 여심을 잡기 위한 영 주얼리 브랜드의 참신한 마케팅 전략을 기대해 본다.

2

아름다움을 얻는 **마술** 지팡이, 성형 **신드롬**

2006 년 하반기 8백만

명의 관객을 동원하며 최고의 화제작이 된 영화 〈미녀는 괴로워〉는 뚱뚱한 주인공 한나가 전신성형을 통해 미녀로 거듭나고, 미녀가 된 후에 사랑과 일 모두에서 성공을 거두는 이야기를 그리고 있다. 이 이야기의 원형은 아마도 재투성이 아가씨가 왕자의 사랑을 받는 '신데렐라' 일 것이다. 신데렐라가 무도회에 참석하기 위해 마녀의 마법이 필요했듯, 현대 여성들은 신데렐라가 되기 위해 아름다움을 얻는 마술 지팡이인 성형수술을 사용하고 있다.

"얼굴이 바뀌면 인생이 바뀐다", "여자의 변신은 무죄다", "미모가 곧 돈이며 능력이다" 같은 말들이 공공연히 쓰이고 있는 우리 사회, 외모에 대한 관심이 극도로 높아진 대한민국의 성형수술 시장의 실태에 대해서 살펴보자.

성형수술의 역사와 유래

인류 최초로 행해진 성형수술은 기원전 800년경에 고대 인도에서 시행되었다고 한다. 힌두교 문화권에서는 코는 권위의 상징으로서 코를 자르는 행위는 범죄자를 벌하는 데 가장 많이 쓰어졌다고 한다. 간통죄를 지은 한 범죄사의 코 재건 수술 시도가 성형수술의 시초라고 전해진다.

국내 젊은 여성들의 성형수술 붐은 영화 〈미녀는 괴로워〉, 케이블 TV 리얼리티 쇼 〈미녀는 괴로워〉의 흥행성공을 이끈 주역이다

미용 목적의 성형수술은 16세기 말 유럽에서부터 시작되었는데, 당시 창궐하던 유행성 매독 때문에 코가 뭉그러지는 사람들이 많아져 성형수술이 활성화되기 시작하였다. 이어 성형수술의 발전은 전쟁사와 그 궤를 같이하는데, 19세기 초 나폴레옹 전쟁 때문에 속출한 부상자를 치료하기 위해 발전한 외과수술 기술에 영향을 받아 성형수술 기술 또한 급속히 발전하게 되었다.

또한 20세기 초 미국의 남북전쟁과 두 차례의 세계대전을 통해 부상당한 병사들의 상처를 치료하면서 성형외과적인 치료방법과 기술이 더욱 발전하게 되었는데, 이 시기부터를 근대적인 성형외과학이 시작되는 기점으로 보고 있다고 한다.

우리나라에서는 한국전쟁을 계기로 우리나라에 주둔한 미군 군의관들이 군에서 기능복원 차원의 재건수술을 시행한 것이 우리나라 성형외과의 시작이라고 볼 수 있다. 우리나라의 미용성형은 1990년대에 들어서면서 활성화되기 시작하여 미용성형학회가 발족되었고 현재는 엄청난 규모의 시장으로 성장하였다.

성형수술 시장의 규모와 성장세

미용성형 시장은 전세계적으로도 매우 큰 규모를 형성하고 있다. 미용성형 시장 규모를 시술 종류별로 구분하면 대략 다음과 같다. 레이저 제모 및 문신제거 등 라이트 베이스 치료 시장은 2005년 현재 시술 기준 85억 달러 규모에 달하고 있으며, 2010년까지 각각 152억 달러로 성장할 것으로 예상된다. 보톡스 주사는 2005년 24억 달러 규모에 달했으며, 2010년까지 46억 달러까지 성장할 것으로 예상된다

이 중 국내의 미용성형 시장은 약 3조 원에 이른다. 1990년에 276명에 불과했던 성형외과 의사는 2005년 1,102명으로 400퍼센트 증가하였다. 같은 기간 전체 의사의 수가 9천 명에서 2만4,362명으로 271퍼센트 늘어난 것에 비해 매우 큰 폭으로 증가되었음을 알 수 있다. 그만큼 성형외과 전문병원의 수도, 그곳을 찾는 이들의 발걸음도 많아졌다는 뜻이다

국세청 과세자료에 따르면 미용성형 시장은 연간 6천억 원 규모로 집계된다. 하지만 무면허 시술 및 성형외과에서 과세 대상에 포함되지 않은 수술 건 등 음성적인 면까지 합치면 연간 3조 원이 넘을 것이라고 전망되고 있다.

시장 성장의 원동력

한국의 성형수술 시장이 이렇게 급속하게 성장하게 된 원동력은 무엇인가? 크게 두 가지 요인을 들 수 있는데 첫째는 사회생활에서 외모의 중요성이 높아진 것이며, 둘째는 예전에 비해 성형수술을 하는 것과 성형수술을 한 사람에 대한 거부감이 줄어든 점을 들 수 있다.

제일기획은 2004년 MCR(Market Consumer Research) 보고서인 「우리 시대 남녀의 조용한 혁명」이라는 보고서를 통해 여성 소비자의 의식 변화에 대해 다루었다. 조사는 19세부터 52세까지의 여성 300명을 표

본으로 하여 이들을 연령별로 4개의 집단으로 나누어 진행하였다.

먼저 '현재의 나 자신에 만족한다'라는 질문을 던진 후, 그 전반적 만족감이 '외모 만족, 경제적 만족, 배우자에 대한 만족' 등의 요소와 얼마나 관련이 있는지를 분석하였다. 결혼 전이거나 신혼인 25~34세 집단이 경제적 만족이 가장 상관관계가 높게 나온 것을 제외하면 다른 세 집단에서는 외모 만족이 높은 비중을 차지하고 있다. 이들에게 외모는 자신 그 자체를 의미하며, 자의식이 강해진 현대 여성들은 '여성으로서의' 삶의 성공을 나타내는 지표로 자신의 외모를 중요시하기 때문에 이런 결과가 나온 것으로 보인다.

이런 결과는 성형수술에 대한 호의적인 태도를 낳는다. '성형할 수 있으면 하겠다'는 질문에 대해서는 전 연령층에서 고르게 긍정적인 답변을 내놓은 것을 볼 수 있다. 이는 여성의 만족에 큰 영향을 주는 외모 만족을 위해 패션, 화장 등 비교적 '소극적'인 수단들을 넘어 보다 '적극적'인 수단인 성형수술 또한 할 수 있다는 의지를 보여주는 것이다.

소비자 행동 분석 도구, AISAS

미용성형 시장을 팽창시키는 데 기여한 여러 가지 마케팅적 기술을 살펴보기 전에, 소비자 분석을 위한 도구로 사용할 AISAS 모델에 대해 살펴보자.

기존에 소비자 행동 분석을 할 때 기본이 되는 프레임은 AIDMA 라 불리는 모델이었다. 이는 소비자가 상품을 구입하기까지 주의 (Attention) ➡ 관심(Interest) ➡ 욕구(Desire) ➡ 기억(Memory) ➡ 행동(Action) 의 단계를 거친다는 것이다. 예를 들어 시청자들은 TV광고에 등장한 이효리의 '애니모션' 광고에 주의를 기울이게 되고, 그 상품에 대해서 관심이 높아지면 구매를 하고 싶은 욕구가 생긴다. 애니콜이라는 브 랜드명은 기억속에 저장돼 있다가 구매 시점이 오면 상기되어 실제 매 장을 방문하여 구매하는 행동에 영향을 주어 완결된다.

최근 들어 인터넷 등의 발달로 정보의 수용과 탐색을 좀 더 빠르 고 능동적으로 하는 현대의 소비자들을 설명하기 위해 AIDMA 모델은 AISAS 모델로 대체되어야 한다는 의견이 등장하고 있다. 이는 주의(At-tention) ➡ 관심(Interest) ➡ 검색(Search) ➡ 행동(Action) ➡ 공유(Share)의 약 자로서, AIDMA와 비교하면 '검색' 과 '공유' 라는 능동적인 행위가 구 매 결정에 매우 중요한 역할을 한다.

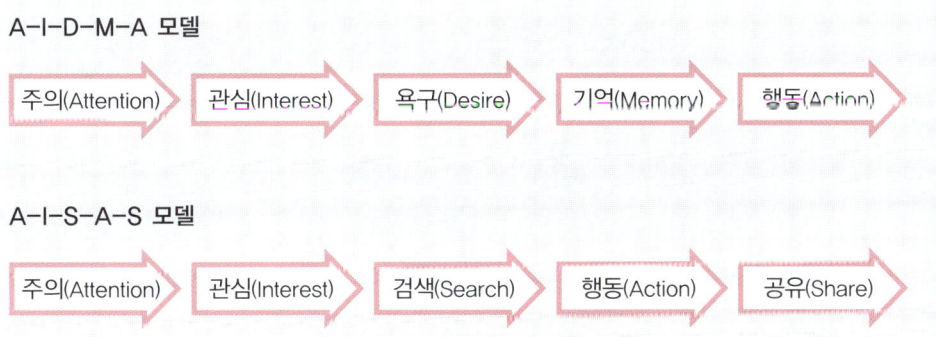

A-I-D-M-A 모델

주의(Attention) ➡ 관심(Interest) ➡ 욕구(Desire) ➡ 기억(Memory) ➡ 행동(Action)

A-I-S-A-S 모델

주의(Attention) ➡ 관심(Interest) ➡ 검색(Search) ➡ 행동(Action) ➡ 공유(Share)

검색(Search)의 경우, 소비자들은 더 이상 광고 등에만 의지하지 않고 인터넷을 이용한 검색을 통해 보다 상세한 정보를 찾고, 비교하고, 평가하려는 경향이 증대하고 있다. 가령 애니콜 광고가 TV에서 방영되고 있다면 이에 관심 있는 소비자들은 포털 사이트 검색창을 통해 애니콜에 대한 보다 상세한 제품정보 및 기존 구매자들의 사용후기 등을 검토한 후 가격 비교사이트에서 가장 싼 가격으로 구매할 것이다.

구매는 구매 그 자체로만 끝나지 않는다. 소비자들은 자신의 사용경험을 카페나 블로그 등에 게재하여 이를 타인과 공유함으로써 입소문이 점차 확산되어 간다. 쇼핑몰 사이트 등에 올린 사용후기는 타인의 구매의사 결정에 강력한 영향을 미치게 된다.

성형수술 결정을 위한 소비자 행동을 AISAS 모델을 기반으로 살펴보고, 각각의 단계에 어떤 마케팅적 원리와 도구들이 사용되는지 살펴보도록 하자.

AISAS 모델로 살펴본 성형수술 소비자 행동

주의(Attention)

소비자들은 어떤 경로로 성형수술에 대해 주의를 기울이게 되는가? 성형수술에 대한 미디어의 강력한 노출은 소비자들이 성형수술에 대해 주의를 기울이게 만든다. 인쇄형 매체의 경우, 성형수술과 관련해 2006년 한 해 동안만 약 1,500개의 기사가 생산되었다. 기사들은 주로 연예인 성형 논란 이슈, 성형 신드롬에 대한 특집기사, 성형외과의 스폰서 성 PR 기사 등으로 분류될 수 있다.

인쇄형 매체 외에 케이블TV 등에서는 성형수술을 소재로 한 리얼리티 프로그램이 제작되어 성형수술 전(全) 과정을 여과 없이 보여주는 등의 콘텐츠도 소개되었다. 영국에서는 'Make me beautiful'이라는 프로그램이 지원자를 받아 이들이 미국의 성형외과에서 수술받는 과정을 여과 없이 보여주기도 했으며, 최근 한국에서도 '미녀는 괴로워'를 패러디한 '미려는 괴로워'에 개그우먼 김미려가 출연, 영화 속 김아중처럼 전신 개조 프로젝트를 통해 가수로 거듭난다는 리얼리티 쇼가 M.net에서 기획되기도 하였다.

관심(Interest)

성형수술에 대해 주의를 환기하게 된 후, 어떠한 특정 시점에 성형수술에 대한 욕구를 느끼고 관심을 가지게 되는가? 리서치 기업인 엠브레인이 성인남녀 1,021명을 상대로 조사한 결과에 따르면 31.5퍼센트가 취업과 결혼을 앞두고 있을 때 성형 욕구를 느낀다는 조사 결과를 보였다.

이는 자신의 외모가 직접적으로 평가를 받거나, 자신의 다른 부분을 평가받을 때 외모가 최소한 걸림돌이 되서는 안 된다는 생각을 가지고 있기 때문으로 보인다.

검색(Search)

성형수술에 대한 정보 수집 루트를 크게 온라인과 오프라인으로 나눠볼 수 있다. 보통의 소비자들은 온라인에서 '어떤 병원이 특정 부위의 수술을 잘하는지', '가격은 어느 정도인지'를 온라인으로 검색하고 리스트를 4~5개로 압축한 후, 실제로 이 병원들을 방문해 최종 결정을 하는 경우가 많다.

온라인에서의 검색 우위를 차지하기 위한 병원들의 경쟁은 날로 치열해져, 대부분의 병원들이 검색어 광고와 병행하여 지식검색, 성형 커뮤니티 등을 통한 온라인 상담을 병행하고 있다. 네이버 같은 경우 검색 결과 상단에 노출되는 프리미엄 링크 등의 상품들이 여지 없이 전부 판매된 결과를 볼 수 있으며, 병원이 직접 카페 등을 운영, 온라인 상담을 하는 경우도 많이 볼 수 있다.

오프라인 정보 수집의 경우, 2006년 11월 성형외과들이 연합하여 성형 박람회를 개최하려는 시도도 있었다. 성형에 대한 올바른 정보를 원스톱으로 제공하겠다는 취지로 기획되었던 이 박람회는 수능이 끝난 후 1주일 뒤 개최가 예정되었던 것이 성형을 조장한다는 여론을 불러일으켜 결국 무산되기도 하였다.

행동(Action)

얼굴에 칼을 대는 것에 대한 두려움 때문에 많은 사람들이 검색 단계에서 정보를 수집한 후에도 실행에 옮기지 못하는 경우가 많다. 이러한 소비자들이 좀 더 많이 행동에 옮길 수 있게 성형외과들은 최근 쁘티 성형을 집중적으로 홍보하고 있다.

'쁘띠(petit)'는 프랑스어로 '작은' 또는 '귀여운'이란 뜻이다. 쁘띠 성형은 말 그대로 '가볍게' 할 수 있고 회복 기간이 짧아 수술 후티가 나지 않는 성형 수술을 뜻한다. 칼을 대지 않고 주사나 실을 사용하여 짧은 시간에 만족할 만한 효과가 나타나며, 수술 자체가 간단하므로 비용 부담도 적을 뿐 아니라 비수술적인 방법이라 칼자국도 없다는 점이 장점이다.

쁘띠 성형은 보통 보충재 투입을 통해 콧날을 오똑하게 한다거나 얼굴의 단점을 가리는 형태로 시술된다. 단, 시술의 효과가 영구적이지 않으며 시간이 지나면 효과가 점점 줄어든다. 이러한 단점에도 불구하고 간편하며 표가 나지 않는다는 장점 때문에 성형에 대한 부담감을 줄여주어 점차 시술 빈도가 늘어나는 추세이다.

공유(Share)

수술을 받은 후, 그에 대한 경험담을 인터넷 커뮤니티 등에 공유한다. 다음 카페에는 '성형으로 예뻐진 사람들' 등 회원수가 10만 명 이상인 성형 수술 관련 카페가 여러 개 있다. 여기서 소비자들은 성형에 대한 여러 가지 정보를 교환하고 있는데, 수술 후기부터 가격 정보 비교, 어떤 병원이 어떤 부위에 강점을 가지고 있는지 등의 정보 교환을 비롯해 수술 후 메이크업 방법, 수술 후 사진 공개를 통한 평가 등 전방위에 걸친 다양한 정보들을 교환하고 있다.

성형 수술의 부작용

이처럼 아름다워지기 위한 가장 효과적인 방법으로 사용되는 성형수술은 여러 가지 사회적 부작용도 양산하고 있다. 얼마 전 '진실게임'이라는 TV프로그램에 24번 성형 수술을 한 박효정씨의 사연이 소개된 적이 있었다. '외모 때문에 겪었던 콤플렉스를 해소하기 위해 성형에 몰두했다'는 그는 최근 턱 수술을 받아 자신의 나이와 같은 24번의 성형수술을 시행하였다. 프로그램에 출연한 이후 그는 수많은 악플과 비난 전화에 시달려야 했다.

이외에도 불법 성형 시술과 성형중독으로 얼굴크기가 비정상적으로 커지고 흉해져 '선풍기 아줌마'라는 별명을 얻었던 한미옥씨의 사례가 보도된 이후, 성형 중독을 사회적 병리 현상으로 생각해야 한다는 여론이 형성되기도 하였다.

브로커 등 과열 마케팅

최근 들어 연예인들의 성형 고백이 이어지면서 성형수술에 대한 관심이 새롭게 환기되고 있다. 동시에 이를 이용하여 자신의 병원을 PR하려는 마케팅 노력도 거세지고 있다. 이러한 PR은 보통 연예인과 성형외과를 잇는 브로커들을 통해 이어진다. 이들은 리베이트 등의 할인을 통해 연예인에게 혜택을 주고 이들을 병원 마케팅에 이용하는 형태를 취하고 있다. 신인급 연예인들이 Before & After 사진 등을 이용한 병원 홍보에 동의할 경우, 적정선에서 할인이 이루어진다는 것이다.

심화되는 경쟁 때문에 일부 병원들은 당사자가 원하지 않는 수술까지 무리하게 진행하여 문제가 생기는 경우도 있다. 또한 이들 브로커들은 해외에서 한국으로 원정온 수술환자들을 연결하며 수수료 명목으로 돈을 챙기거나, 온라인 관리를 전담하며 특정 병원으로 소비자를 몰아주는 역할을 하기도 한다. 이 경우 신뢰와 규모 면에서 문제가 있는 병원을 알선하고 허위정보를 유포하는 등의 문제점들이 발견되고 있다. 성형수술계 브로커는 과열 경쟁의 부산물인 것이다.

성형수술 시장 내 소비자에 대한 분석을 인터넷 시대 소비자 행동에 맞춰 분석해 보았다. 소비자들이 중요하게 생각하는 것의 변화와 정보를 얻고 구매 의사 결정을 내리는 프로세스의 변화는 성형수술 시장에도 적용되는 것을 볼 수 있었다. 겉으로 보이는 모습을 중시하는 젊은 세대들의 필요와 대중매체의 필요가 맞아떨어져 성장하게 된 성형수술 시장은 이제 우리 사회에 튼튼하게 자리 잡았다. 사회적 트렌드로 인해 앞으로도 계속 성장할 것으로 보이는 성형수술 시장이 건강하게 성장하기 위해서는 당면한 부작용을 해결하려는 노력이 뒷받침되어야 할 것이다.

3

완소 몸매의 꿈을 먹고 사는
피트니스 & 바디 슬리밍

완소 몸매에 열광하는 것은 자신의 힘으로 변화를 일으킬 수 있다는 가능성 때문이다. 완소 몸매를 향한 꿈을 먹으며 성장하는 피트니스와 바디 슬리밍에 대해서 알아보자.

근사한 S라인을 가진 그녀가 살고 있는 집, S라인인 그녀가 마시는 음료, 몸매관리 방법 등 소위 몸의 라인이 세상을 지배하고 있다. 'Slim Body Line' 또는 'Sexy Body Line'의 약자인 S라인은 여성의 옆바디라인이 알파벳 S처럼 굴곡이 진 데서 나온 말이다. S라인은 과거 얼짱과 몸짱을 거쳐서 현재여성들이 꿈꾸는 몸매의 상징으로 대표되고 있으며, 최근에는 남성의 쇄골, 어깨와 가슴이 만들어 내는 라인을

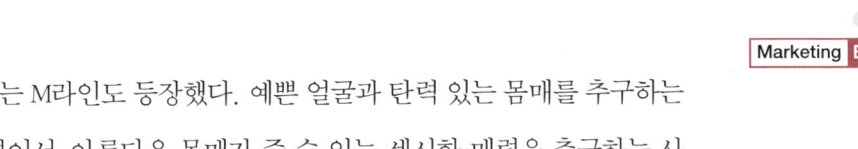

의미하는 M라인도 등장했다. 예쁜 얼굴과 탄력 있는 몸매를 추구하는 것을 넘어서, 아름다운 몸매가 줄 수 있는 섹시한 매력을 추구하는 사람들이 늘어나고 있다. 이에 따라 현재의 젊은이들은 저마다 자신의 개성을 보여줄 수 있는 라인을 만드는 데 여념이 없어 보인다.

아름다움과 건강함의 비례관계

얼짱과 몸짱이 일반적인 用어로 자리를 잡을 만큼 외모지상주의를 일컫는 루키즘(Lookism)은 현재 한국을 지배하고 있는 코드로 정착했다. 루키즘이 추구하는 아름다운 외모와 매력적인 몸매에 대한 관심은 물론, 몸에 대한 건강을 함께 생각하기 시작하면서 도래한 것이 신(新)루키즘이다. 신루키즘은 한국인의 몸에 대한 생각 속에 깊이 자리 잡게 되었다. 신루키즘의 영향을 받은 젊은이들은 저마다 라인 만들기 프로젝트에 돌입하는 것에 익숙해져 있으며, 성별과 관계없이 자신을 가꾸는 일에 많은 정성과 노력을 기울이고 있는 것이다. 이들은 보여지는 외적인 아름다움을 가꾸는 것은 물론 그 아름다움을 가꾸면서 신체적인 건강도 함께 가꾸고 있다. 외적인 몸의 라인은 물론 내적인 건강의 밸런스를 아름답게 가꾸어서 궁극적으로는 외적인 아름다움까지 연결시키고 싶어 하는 것이다. 따라서 아름답고 매력 있는 몸에 관심을 갖는 이들은 아름다운 라인도 건강하게, 건강을 증진시키는 방법으로 만들어지기를 원하게 되었다.

체형관리 업체인 마리프랑스 바디라인이 서울 경기 지역에 거주하고 있는 만 15~60세의 여성 483명을 대상으로 한 다이어트 의식 및 실태 조사에서는 다이어트를 하는 이유가 '날씬하게 몸매를 관리하고 싶어서'(46%), '건강유지와 향상'(23%), '출산 후 몸매관리'(13%), '남편이나 남자친구 때문'(3%)이라고 응답하였다. 이는 결국 다른 사람들이 바라보는 자신의 모습에 신경이 쓰인다기보다는 스스로 느끼는 아름다움과 만족감, 건강에 우선적인 가치를 부여하고 있음을 알 수 있다.

자신에 대한 투자가 늘어나면서 건강하고 아름다운 몸을 추구하는 사람들의 욕구에 발맞추어 에스테틱이라고 명명되는 각종 피부관리센터, 네일케어, 체형관리 등의 시장이 급속도로 성장하고 있다. 에스테틱이란 영어의 aesthetic(미(美)의, 미술의 미학의 심미적인)을 뜻하는 단어로서 두발을 제외한 전신을 손질해 주는 것을 말하는데, 얼굴에 하는 팩부터 마사지, 가슴 관리, 발 관리, 아로마 관리 등 모든 피부에 행하는 것을 포함하고 있는 것이다. 체형과 몸매를 관리하고 다이어트를 하는 뷰티족들은 건강함을 동반한 아름다운 몸이 자신들에게 보다 긍정적으로 작용할 것을 간파하고 있는 영리한 소비자들이다. 자기 자신의 만족감과 아름다움, 건강함을 추구하는 과정에서 얻게 된 몸은 궁극적으로는 주위의 부러움 어린 시선이라는 옵션을 제공하기 때문이다. 따라서 아름다움에 신경을 쓰는 뷰티족을 타깃으로 하는 뷰티산업은 급속도로 성장하고 있는 추세이며, 그러한 뷰티산업 중에서도 건강하고 아름다운 라인을 만들기 위한 체형관리 업체가 호황을 이루는 것은 주목해 볼 필요가 있다.

헬스클럽의 변신은 무죄, 피트니스 센터

과거 헬스클럽이라고 불리던 장소를 생각하면 근육을 자랑하는 남자들과 런닝머신을 차지하고 있는 아줌마가 떠오를지도 모른다. 그러나 아름다움에 대한 욕망이 강렬하게 고개를 들면서 헬스장 역시 아름다움을 챙기고 건강도 돌보려는 젊은층을 위해서 변화하고 있다.

헬스클럽 역시 내적인 건강함과 외형적인 스타일을 함께 추구하기 시작하면서 체력 향상의 공간뿐 아니라 에어로빅이나 댄스, 요가 등과 같이 다양한 프로그램으로 질적인 건강함을 증진하고 있다. 이에 첨단 시설과 쾌적하고 감각적인 인테리어를 통해서 성별과 관계없이 젊은층이 즐겨 찾도록 하는 피트니스 센터로 변모한 것이다. 이들 피트니스 센터들은 건강뿐 아니라 운동 자체를 즐기거나 혹은 라인 만들기에 관심을 보이는 사람들이 늘어감에 따라 영 마켓에 관심을 가지게 되었다.

피트니스 센터의 변신

최근 들어 대형화된 헬스클럽들이 속속 등장했고, 이들은 기존의 헬스클럽과는 달리 커다란 간문을 통째로 쓰면서 고객들에게 훌륭한 시설과 프로그램을 제공한다. 이 새로운 헬스클럽들은 젊은 세대들의 취향에 딱 들어맞는 신세대 피트니스 센터인 것이다. 몸에 대한 관심과 자신에 대한 투자로 피트니스 센터에 출입하는 사람들은 많아졌고 전국 체육시설업으로 등록되어 있는 클럽은 급속히게 성장하고 있다.

회사원과 학생 등을 위해서 아침은 물론 새벽까지 운영하는 피트니스 센터는 물론 24시간 이용이 가능하다는 광고가 나올 정도로 피트니스 센터의 경쟁은 치열한 편이다. 캘리포니아 와우와 같은 피트니스 센터는 대부분이 직영점의 형태나 본점 한 곳의 형태로 운영이 되고 있는 추세이다. 웨이트 트레이닝은 물론 각종 댄스와 요가 등의 프로그램이 확충되면서 피트니스 센터를 출입하는 연령은 낮아지고 있으며, 이들 젊은층은 새로운 주요 타깃이 되고 있다.

지루한 것을 싫어하고, 재미있으면서도 효과적인 운동과 쾌적한 공간, 알찬 프로그램 등의 요구사항이 복잡한 젊은 세대들이 주요한 고객층으로 성장하기 시작하면서 피트니스 센터의 변화는 불가피했다. 재미있게 운동을 한다는 피트니스의 새로운 트렌드는 대형 외국계 피트니스 센터가 적극적으로 한국에 진출하기 시작하면서 본격화 되었다.

운동(Exercise)과 엔터테인먼트(Entertainment)가 합쳐지면서 형성된 엑서테인먼트(Exertainment)라는 용어로 표현될 수 있는 이러한 움직임은 피트니스 센터에도 나이트클럽과 같은 감각적인 인테리어와 화려한 조명, 빠른 템포의 음악을 요구하게 되었다. 이러한 트렌드는 캘리포니아 와우 엑스피어리언스(Xperience), 발리토탈피트니스, 월드짐피트니스클럽 등이 내세우고 있는 고급스러운 시설과 서비스라는 공통점에서 찾아볼 수 있다.

캘리포니아 와우

본격적인 피트니스 클럽의 시작을 알리면서 국내에 진출한 외국계 피트니스 클럽은 '캘리포니아 와우' 이다. 캘리포니아의 경우는 그 시설이 화려하고 고급스러운 이미지를 지니고 있다. 청담동 디자이너 클럽 건물 내 캘리포니아 와우 압구정 지점의 경우는 VIP 라운지를 비롯해 월풀과 자쿠지(소용돌이와 기포를 이용한 목욕 시설), 사우나실 등을 갖추고 있을 정도이다. 이국적이면서도 고급스러운 외국계 피트니스 클럽의 모습은 2003년 강남역 인근에 직영 클럽을 오픈한 발리 토탈피트니스 코리아 역시도 비슷한 양상을 보이고 있다.

2000년 서울 명동에 사람들의 시선을 사로잡기 충분한 곳이 등장했다. 바로 '캘리포니아 피트니스 센터(CFC)'였는데 사람들은 그 커다란 위용에 놀라지 않을 수 없었다. 미국계 피트니스 체인 브랜드인

화려하고 고급스러운 이미지의 대형 피트니스 센터 캘리포니아 와우

CFC는 1천여 평에 이르는 대형규모에 고급 피트니스 기구와 설비를 갖추고 있었다. 또한 수십 명의 전문 강사들이 피트니스 클럽을 찾은 사람들에게 1:1 트레이닝을 지도하는 시스템을 보였다. 2000년 오픈 후 1년 만에 회원은 1만여 명으로 늘어났고 2001년 2호점인 압구정점을 열었다. 또한 2002년 세계 최대 피트니스 체인 브랜드인 '발리토탈 피트니스 센터'가 분당에 오픈하면서 피트니스 센터가 본격적으로 기업화되고 브랜드화, 대형화의 추세에 불이 붙었다. 한국 역시 선진 국가들과 같이 국민소득이 증가하고 건강에 대한 관심이 증가하면서 피트니스 센터를 찾는 이들이 증가할 것임을 간파한 것이다. 캘리포니아 와우는 기존의 지루했던 헬스클럽의 분위기를 바꾸어 신나는 음악과 쾌적한 시설이 어우러진 즐거운 공간으로 탈바꿈하였다.

락시 웰니스 센터= 헬스+뷰티+한방클리닉+아로마테라피

토종 피트니스 브랜드인 '락시 웰니스 센터(ROXY Wellness Center)'는 피트니스 센터의 개념에서 정신적인 건강함까지 관심 영역을 확장한 모습이다. 웰니스(Wellness)에는 육체적(Physical) 건강뿐 아니라 정신적(Mental) 건강을 위해 노력한다는 의미가 함께 들어 있는 것으로 운동, 체질, 음식이 함께 어우러지는 것이다. 운동만을 제공하는 것에서 한 발 더 나아가 정신적인 면에 대한 케어가 추가된 것이다. 즉, 뷰티 센터, 클리닉센터(한방클리닉, 아로마테라피룸, 요가클리닉 등)도 함께 제공함으로써 몸부터 정신까지 원스톱 서비스가 가능하도록 또 한 번의 탈바꿈의 시작을 알렸다.

락시 웰니스 센터는 피트니스 센터뿐 아니라 골프 연습장, 스파, 뷰티클리닉, 한방클리닉, 비만클리닉 등을 모두 갖추고 있는 1천여 평의 복합공간이다. 회원으로 가입하면 한방클리닉에서 양의 1명과 한의 2명이 개인의 체형과 체질, 영양상태를 분석해서 그에 걸맞는 운동 프로그램을 처방해 준다. 가장 즐겁게 운동을 할 수 있도록 매달 '30일 다이어트 챌린저(30일 동안 가장 살을 많이 뺀 사람)'를 뽑거나 골프대회, 볼룸댄스 대회를 여는 등의 노력을 함께 하고 있다. 단순히 운동을 하는 것 이상의 흥미를 느낄 수 있도록 배려를 하고 있는 것이다. 고객은 언제든지 원하는 프로그램에 참여할 수 있는데, 이는 다양한 종류의 프로그램이 동시에 신행되고 있기 때문이다. 전문 트레이너들과 종업원들이 고객의 상태를 점검하는 것은 기본이다.

20대를 유혹하는 체형관리

다이어트와 성형수술 등이 관심을 끌면서 국내에서는 신체건강에 대한 관심과 더불어 외모에 대한 만족감이 강화된 웰빙의 개념이 급속도로 확산되었다. 이는 시간적인 이유와 함께 경제적인 이유기 뒷받침되는 20대와 30대를 중심으로 소비 성향에 웰빙의 개념이 융합되면서 확대되고 있다. 건강하고 매력있는 라인을 향한 도전이 계속되고 있는 현실에서 요즘 젊은 여성의 중심 화두는 바로 다이어트일 것이다.

이기적인 몸매에 대한 꿈

스키니 진이 선풍적인 유행을 할 정도로 마른 몸매, 특히 건강하게 마른 몸매에 대한 여성들의 열망은 그 어느 때보다도 강렬하다. 또한 비키니가 강조되는 여름이라는 계절적인 요인 역시 많은 젊은이들의 관심을 다이어트에 맞추게 하고 있다. 자신감 있는 노출 패션과 비키니 차림을 선보이기를 원하는 여성들에 의해 다이어트 약품과 보조식품 등의 시장이 성장을 하는 것도 몸에 대한 지극한 관심이 그대로 드러나고 있는 것이다. 단순히 살을 빼는 것을 넘어 건강을 해치지 않으면서도, 힘들이지 않고 빠른 시간 안에 효율적으로 아름답게 균형 잡힌 몸매를 만드는 것이 중요하다. 복잡하게 많은 요구사항들이 포함되어 있는 이 욕구는 몸매의 라인이 화두가 되면서 한결 까다로워지고 있다. 학창시절에는 통통했던 연예인이 늘씬한 몸매의 미녀로 탈바꿈하기까지의 다이어트 비법이 관심을 끌고 있는 것도 같은 맥락이다.

영화 〈미녀는 괴로워〉에서 주인공은 전신성형과 다이어트를 통해서 변화된 인생을 살아가게 된다. 사회에 전반적으로 퍼진 다이어트에 대한 열망과 그 기대심리가 성형과 더불어 적절하게 녹아들었던 영화였던 것이다. 이와 같은 늘씬한 몸매에 대한 열망을 반영하듯이 예쁘게 마른 여성에 대한 부러움은 부러움에서만 끝나는 것이 아니라 동경의 대상과 같은 몸매를 얻고자 하는 노력을 유도하게 되었다. 때문에 다이어트의 기본이라고 하는 운동요법과 식이요법 외에도 지방분해 주사와 약물 복용, 에스테틱, 몸매성형이라는 강제력을 빌리는 여성들도 늘어나고 있을 정도이다.

　　한국의 여성들의 경우 자신의 외모에 대한 만족도가 낮다고 한다. 영국의 체형관리업체인 '마리프랑스'에 따르면 한국의 여성들은 홍콩, 중국, 싱가포르, 말레이시아, 태국 등 동아시아 6개국 여성 7,235명을 대상으로 한 외모에 대한 만족도 조사 결과에서 최하위를 기록했다. 한국 여성의 29퍼센트만이 자신의 외모에 만족감을 표시하고 있었던 반면에 태국 여성은 74퍼센트가 자신의 외모에 만족해하고 있었고, 말레이시아(62%), 싱가포르(58%), 중국(56%), 홍콩(42%) 순의 만족도를 표현했다. 또한 현재 가장 원하는 것이 어떤 것이냐는 질문에도 한국의 여성들의 38퍼센트가 미모를 꼽았으며, 그 뒤를 이어서 충분한 재정(19%), 사회적 성공(16%), 사랑(10%)의 순으로 답했다.

• 외모에 대한 만족도 조사

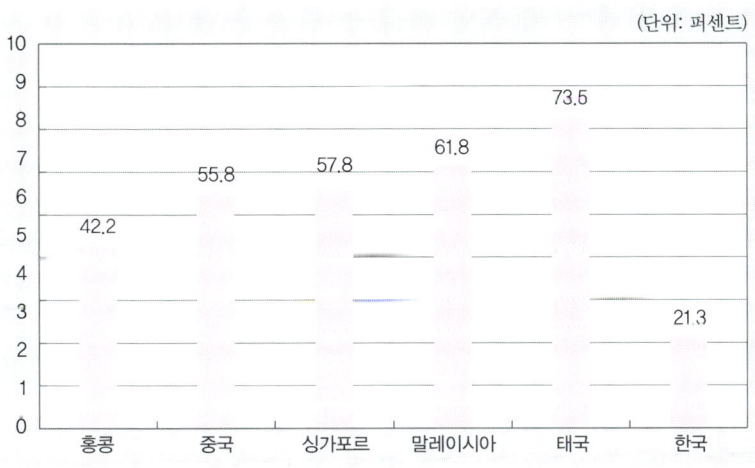

(단위: 퍼센트)

출처: 마리프랑스

완소몸매의 해결책, 마리프랑스

소녀장사 윤은혜가 가녀린 여성으로 변신에 성공하기까지 가장 큰 도움을 주었다는 곳, 많은 여성 스타들의 S라인 만들기에 도움을 주는 곳으로 널리 알려진 체형관리업체가 바로 마리프랑스이다. 마리프랑스는 국제적인 바디케어 서비스그룹인 '글로벌 뷰티 인터내셔널 리미티드(Global Beauty International Limited)'의 산하 브랜드로 국내 체형관리 업체로서는 최고의 인지도를 가지고 있는 곳이다. 마리프랑스 바디라인은 1986년 스위스 취리히에서 시작하여 런던, 스위스, 싱가포르, 홍콩 등 유럽과 아시아에서 사업을 펼치고 있는 바디슬리밍 전문 브랜드이다. 각 지역의 전문센터가 본사 직영의 체제로 운영이 되고 있어, 전세계적으로 동일한 프로그램을 선보이고 있다.

마리프랑스라는 이름은 이제 우리에게는 더 이상 낯설지 않다. 소위 다이어트에 빠른 효과가 있지만 비싸다는 식의 입소문이 주위에 끊이지 않고 들릴 정도로 마리프랑스의 다이어트 프로그램에 대한 여성들의 관심은 뜨겁다. 특히 마리프랑스의 경우는 자사가 만들어주는 성공적인 다이어트와 균형잡히고 아름다운 체형을 고스란히 보여주는 홍보 방식으로 사람들의 눈을 사로잡는 데 성공한 경우이다. 체형관리 전문기업인 마리프랑스 바디라인이 인구에 회자되면서 사람들에게 알려지게 된 것은 2003년 방송인 최화정 씨가 모델로 등장하면서부터이다. 당시 마리프랑스의 광고에 등장한 최화정씨의 모습은 많은 여성들의 마음을 사로잡기에 충분했다. 음식을 좋아하기로 유명해서 상당히 통통한 몸매를 지녔던 그녀가 12kg 감량에 성공해서 광고에 등장했기 때문이다.

처음 런칭부터 지금까지 마리프랑스는 철저하게 다이어트에 성공한 사람들의 실제 모습들을 광고의 전면에 내세우고 있다. 증언식 광고(testimonial)를 통해서 마리프랑스의 체형관리 프로그램을 직접 경험한 사람들을 모델로 등장시켜 자사 프로그램의 우수함을 전달하는 것이다. 최화정 씨 이후 배우 이재은 씨의 광고 역시 센세이션을 일으키며 마리프랑스는 다이어트 결심을 입에 달고 사는 젊은 여성들을 유혹하기 시작했다.

체형관리라는 업송의 특성상 직원의 대부분이 여성으로 이루어져 있으며 바디 디자이너라고 불리는 전문인력이 개인의 체형과 개인 데이터에 따라 '1:1 맞춤 체형 관리 서비스'를 제공하고 있다. "바디

스타를 이용해 여성들의 뜨거운 관심을 모은 마리프랑스 바디라인 프로그램

라인도 예술이다"라고 외치는 마리프랑스는 라인이 중요한 화두로 떠오른 현실을 적절히 반영하고 있다. 효과적인 바디슬리밍 프로그램으로 몸의 라인을 만들고, 몸의 탄력을 가지게 하는 것은 물론, 식사 조절과 바디 슬리밍 프로그램 진행으로 푸석해질 수 있는 피부관리에 이르기까지 마리프랑스는 토탈뷰티케어로 그 영역을 확대했다. 국내에는 강남, 명동, 삼성, 신촌, 분당, 부산, 압구정점 등 7개의 센터에서 개별 맞춤 솔루션을 제공하고 있다. 다이어트에 포커스가 맞추어진 만큼 다이어트에 관심이 많은 여성들의 문의가 많다. 각자 온라인을 통해서 1:1 개별 맞춤 컨설팅을 무료로 받을 수도 있기 때문에 온라인에는 자신에 대해서 컨설팅을 요청한 글들이 많다. 남성들의 관심도 높기는 하지만 전화를 통한 문의는 많이 와도 실질적으로 남성들이 직접 센터를 찾는 경우가 흔하지 않은 것은 마리프랑스가 여성을 위한 공간으로 인식되어 있는 경향이 강하기 때문이다.

시즌별 '맞춤' 이벤트

무엇보다도 마리프랑스는 여성들의 고민을 정확히 간파하는 프로그램을 선보인다는 점이 눈길을 끈다. 남녀 노소를 가리지 않고 가장 고민거리인 복부관리는 물론 여성들의 고민이 팔뚝까지 부분 관리 프로그램으로 원하는 부위를 선택할 수 있게 하고 있다. 또한 아이디어가 반짝이는 프로그램을 시행하고 있기도 하다. 설연휴에 쌓인 피로와 과식으로 인한 체지방을 날려버리자는 '명절 후유증 탈출' 패키지가 바로 그것이다. 설연휴가 끝나고 늘어난 체중으로 고민하는 고객들을 위해서 전신마사지, 전신마스트, 얼굴 관리를 포함해서 머리부터 발끝까지의 관리를 할인된 가격으로 제공했던 것이다. 즐겁지만 연휴가 지난 후에 조절하지 못했던 체중과 몸매로 이중 삼중의 스트레스를 받는 젊은 여성들의 심리를 적절히 파악한 것이다.

또 하나는 2007년 여름에 새롭게 내놓은 '초단기 비키니 프로그램'이다. 바캉스 시즌이 다가오면서 여행을 떠나는 젊은이들의 고민 중 하나는 비키니를 입을 때 드러나는 몸매일 것이다. 과거와 다르게 비키니가 수영복의 일반적인 형태가 되면서 젊은층의 수영복 선택이 비키니에 집중되고 있다. 그러나 비키니의 경우 몸매에 대한 부담이 있는 것이 사실이었다. 이를 간파한 마리프랑스는 6월 25일부터 30일까지 일주일 동안에 등록하는 사람들에 한해서 슬리밍랩 4주, 팔뚝 관리 2주 무료 프로그램을 함께 제공하면서 젊은 여성들을 유혹했다. 멋진 비키니를 입기 위해서 몸매관리의 필요성을 느끼게 된 젊은층을 겨냥해 휴가전 4주간 집중 몸매관리 프로그램을 선보인 것이다.

완소 몸매를 향한 계속되는 노력

웰빙과 뷰티에 신경을 쓰는 사람들이 증가하면서 운동 시설과 관련된 용어도 다양해지고 있으며, 전문적인 바디라인 관리 업체들 역시 관심의 대상이 되고 있다. 또한 생활 체육의 개념이 확대되면서 보다 발달된 시설이라는 이미지를 상소하기 위해서 업체늘이 내세우는 이미지와 이름들도 변화하게 된다. 기존의 헬스클럽이나 피트니스 센터 역시 부가적인 프로그램을 도입해서 웰니스센터의 형태로 가고 있는 것은 시대에 맞추어 고객들이 원하는 서비스를 제공하고자 하는 노력의 일환이다.

80년대에 등장한 헬스클럽은 근육을 키우고 체력을 향상시킨다는 이미지와 목적이 강해서 주로 남성들이 몸을 만드는 바디빌딩의 장소로서의 이미지가 강했다. 그러나 남성 중심의 체력, 근력의 강화에 집중되어 있던 이미지는 전 연령과 성별을 포괄하려는 시도를 보이면서 남녀노소의 건강과 체력을 위한 개념이 더해지게 된다. 즉 헬스클럽이 피트니스 센터로 전환한 이후 또 다시 변화의 조짐이 등장했다. 웰빙을 강조하는 웰니스 센터의 경우 운동뿐 아니라 보건과 심리, 영양에 이르기까지 전체적인 건강을 지향하면서 정신건강에도 관심을 쏟기 시작한 것이다. 록시 웰니스센터는 물론 캘리포니아 와우의 경우도 다양한 프로그램과 스파, 피부관리 등을 한 건물 안에서 제공하며 정신적, 육체적인 건강함과 아름다움을 추구하고자 하는 사람들의 요구에 부응하고 있다.

또 다른 하나의 축은 건강과 아름다운 몸매의 라인을 추구하되, 조금 더 다이어트에 포커스가 맞추어진 경우이다. 피트니스 센터를 다니는 사람들에 비해서 그 목적이 다이어트에 확고히 맞추어진 이들은 다이어트를 하되 보다 편하고 빠르면서도 그 효과가 확실히 나타나기를 원한다. 마리프랑스의 경우는 젊은층의 다이어트에 대한 욕구를 이해하고 실제 자사의 프로그램을 이용한 사람들을 모델로 해서 그 효과가 입소문을 통해 퍼지게 했다. 영마켓의 경우 자신의 경험을 온라인을 통해 공유하는 것이 일반적이기 때문에 마리프랑스의 경우는 구전효과의 긍정적인 효과를 기대할 수 있었다. 자신들과 같은 모습을 하고 있던 모델들이 날씬하면서도 매력적인 몸매로 변해는 것을 보고 그 도움을 받고 싶지 않을 사람은 없을 것이기 때문이다.

우리가 바라는 완소 몸매는 사람마다 조금씩 다르지만, 노력이 필요한 것은 사실이다. 다만 완소몸매를 향한 목표와 노력을 통해서 자신이 완전 소중한 몸매가 되는 과정에서 도움을 받을 수 있는 업체들이 성장하고 있을 뿐이다. 여성이든 남성이든, 나이가 많든 적든 간에 건강함과 아름다움에 대한 열망은 다를 것이 없지만, 보다 민감하게 외모에 신경을 쓰는 젊은층의 경우 완소 몸매에 대한 열망은 당분간 계속될 것으로 보인다. 자신감을 가지고 자신을 표현하는 방법으로서 만족감을 얻고자 하는 소비자들이 완소 몸매를 꿈꾸는 한 완소 몸매의 라인 만들기를 돕는 이들의 노력도 계속될 것이다.

4

20대의 **아름다움**을 완성하는 **화장품**

영화 〈스캔들 − 조선남녀상열지사〉에는

겉으론 사대부 현모양처의 삶을 살면서, 남몰래 남자들을 정복해 가는 사랑게임을 즐기는 조씨부인이라는 인물이 등장한다. 이 역할을 배우 이미숙이 연기하였는데, 지성과 미모를 두루 갖춘 그녀가 각종 꽃잎 등으로 만든 천연 색색의 화장품으로 치장받는 영화 속 장면이 화제가 되었다. 조선시대가 배경인 이 영화에서도 알 수 있듯이 아름다움에 대한 인간의 욕구에 힘입어 인간이 화장품을 사용한 것은 꽤 오래전부터의 일이다.

미를 추구하는 화장품은 동시대의 트렌드에 민감한 제품 중 하나이기도 하다. 몇 년 전부터 유행하기 시작한 웰빙 트렌드는 건강에 대한 일반인들의 인식을 완전히 뒤바꿔놓았다. 웰빙 바람과 함께 자연은 피부 속으로까지 진출하기 시작한다. 바로 화장품 시장에도 '자연주의' 열풍이 불기 시작한 것이다. 화학 약품을 거의 배제하고 순수 자연원료만을 사용한 천연 화장품들은 여성들의 마음과 피부를 유혹하고 있다.

천연 화장품 콘셉트의 스킨푸드

'맛있는 푸드로 만든 피부가 먹는 화장품'이라는 독특한 콘셉트를 가진 스킨푸드는 2004년 12월 런칭한 이후 전국에 200여 개의 매장을 갖고 있다. 2005년 12월 전국 76개(로드숍 70, 기타 6)이던 가맹점 수는 2006년 12월 184개(로드숍 131, 기타 53)로 매장 수가 1년 사이에 142퍼센트 증가했다. 또한 2007년 4월, 전국 216개(로드숍 140, 기타 76)로 3개월만에 17퍼센트가 성장했다. 특히 가맹점 수의 증가에 따른 전체 외형 확대뿐만 아니라 각 매장의 단위별 평균 실적도 전반적으로 안정적으로 상승하며 성장을 이어가고 있다.

런칭 초기만 하더라도 소비자들에 대한 인지도가 매우 낮았지만 포털 사이트 '다음'의 화장품 후기 까페인 '회장방'에서 유명세를 타면서 소비자들의 입소문으로 브랜드가 알려지기 시작했다. 이후 꾸준한 광고와 마케팅 효과로 고객 인지도가 높아지면서 매장을 찾는 고객이 증가하였고, 샘플을 써본 고객들의 재구매가 이어지면서 매출이 승대되고 있다. 2007년, 명동 1호점의 경우, 하루 평균 500여 명의 고객이 매장에 들르고 있고, 2005년 오픈한 건대 매장은 연평균 30퍼센트의 매출증가를 보이고 있다.

한정 가맹전략 정책

스킨푸드의 인기가 높아지자 가맹점을 내고 싶어 하는 업주들이 증가하였지만, 본사는 초기의 한정 가맹 전략을 고수하며, 최근에는 가맹점 오픈을 자제하고 있다. 오늘날의 화장품 시장은 저가 브랜드 샵이 우후죽순 들어서면서 레드오션으로 가고 있는 것이 사실이다. 이에 스킨푸드는 '같은 매장끼리는 경쟁할 필요가 없다' 는 판단 하에, 규모를 확대시키기보다 자사 브랜드만의 차별성 확보에 주력을 다하는 전략을 펼치고자 한다.

제품 특징

스킨푸드는 2007년, 480여 개 품목을 내놓았으며 가격대는 초저가 화장품들보다 평균 3천 원 가량 비싼 중저가에 위치하고 있다. 고객들에게 '먹는 화장품' 이라는 이미지를 강하게 연상시키며 차별화된 '품질' 을 인정받고 있는 스킨푸드는 전 제품에 천연물을 함유하고 있다. 그 예로는 수박 성분이 들어간 수분크림, 아보카도 립밤 그리고 흑설탕 스크럽이 있다. 특히 베스트셀러 제품인 흑설탕 스크럽의 경우, 전체 매출의 8퍼센트가량을 차지하는데, 2005년 SBS 드라마의 PPL 상품으로 등장하며 소비자들에게 알려지기 시작했다. 흑설탕 스

먹는 화장품이라는 이미
지로 인지도를 높인 스킨
푸드의 베스트셀러 흑설
탕 스크럽

크럽 제품을 사용한 이후 소비자들은 저렴한 가격 대비 넉넉한 양과
개운한 사용감에 만족한다는 평가를 내렸다.

스킨푸드는 다른 중저가 브랜드에 비해 제품수가 적기 때문에 앞
으로 고객들에게 지속적인 브랜드 로열티를 확보하기 위해 신상품 개
발이 요구될 것이다. 또한 가맹점 경영자 및 소비자들 모두 기초, 팩
류의 제품에 비해 메이크업 제품이 종류도 적을뿐더러 품질 향상 또한
필요하다는 지적이 많은 데 착안하여, 메이크업, 화장품 소품 등의 개
발에도 노력을 기울인 때 앞으로도 천연 화장품의 콘셉트를 유지하며
중저가 시장에서 안정석으로 성장할 수 있을 것이다.

3,300원의 기적, 더페이스샵(The Face Shop)

국내 화장품 시장의 규모는 2002년도 최고치를 기록하지만, 2003년 민간소비의 감소로 화장품 시장이 전반적으로 성장이 감소한다. 3대 화장품 회사(태평양, LG생활건강, 코리아나)의 경우, 매출은 2003년 9퍼센트, 2004년과 2005년에도 0.4퍼센트씩 감소했다.

하지만 전체 시장의 경우, 2003년 7퍼센트, 2004년 2.5퍼센트 감소한 반면에, 2005년에는 오히려 4퍼센트상승까지 한 것을 발견할 수 있는데 이는 2004, 2005년도에 미샤, 더페이스샵 등 저가화장품 브랜드가 성장하였기 때문으로 분석된다.

더페이스샵은 2003년, 미샤에 이어 저가 화장품 시장에 뛰어들어 상반기에만 350억 원의 매출을 올리며 순조로운 출발을 보였다. 더페이스샵의 역사는 1962년으로 거슬러 올라간다. 1962년 화장품 제조업 허가를 받고, 1984년 미주산업 주식회사라는 회사가 설립되었는데 이것이 더페이스샵의 전신이다. 1989년에는 일본 메나도 화장품사와 기술 제휴 및 수출, 내수 판매를 시작하였고, 1999년에는 한국마리코스 화장품으로 상호를 변경하였다.

그러나 이때까지는 화장품 시장에서 두각을 나타내지 못했다. 이 기업이 세상에 알려지기 시작한 것은 2003년 (주)더페이스샵코리아로 상호를 변경하면서부터였다. 그해 12월부터 가맹사업을 시작하였으며, 2004년에는 백화점에도 입점하게 된다. 더페이스샵은 2006년 매출액 1,820억 원, 영업이익 315억 원 등의 화려한 경영실적을 기록하면서 2005년에 이어 2년 연속 화장품업계 3위 자리를 지켰다. 반면에 더페이스샵보다 일년 먼저 런칭한 미샤는 더페이스샵과의 경쟁에 밀리면서 2007년 최근에는 M&A 등 합병설에 휩싸이고 있다. 선발주자인 미샤를 물리치고 승승장구하고 있는 더 페이스샵의 성공 전략은 무엇일까?

'자연주의 화장품' 표방

더페이스샵은 스킨, 바디, 핸드와 풋, 남성, 색조라인으로 제품을 나누고 있다. '내츄럴 스토리'를 슬로건으로 내세우며 꽃, 곡물, 식물, 과일, 천연수, 한방 등 천연원료를 바탕으로 제품을 만들고 있다. 이곳에서 판매되고 있는 대부분의 제품이 3,300원이고, 1만 원을 넘지 않는다. 대표적인 제품으로는 토너 9,500원, 에멀전 5,300원, 메이크업베이스 3,300원, 샴푸 4,400원, 헤어트리트먼트 3,300원, 바디로션 4,400원, 메니큐어 1,000원 등이다.

더페이스샵의 성공에는 가격파괴 전략뿐 아니라 '자연주의 화장품'이라는 브랜드 콘셉트가 큰 몫을 했다. 저가화장품인 미샤는 단순히 가격이 싸다는 것만을 내세웠지만, 더페이스샵은 한 단계 더 나아가 '내츄럴 스토리'라는 슬로건을 내세우며 웰빙 트렌드에 맞는 콘셉트를 지향한 것이다. 스킨케어 라인 내에는 쌀 추출물을 함유하고 있는 라이스와 빙하수를 이용한 스킨 스프레이 등이 있다. 그 외에도 각종 과일 재료로 만들어진 일반 팩 제품이 있고, 게르마늄, 셀레늄 등으로 만들어진 마스크팩도 판매하고 있다.

예전에 웰빙이라고 하면 고소득층만이 누릴 수 있는 사치처럼 느껴졌다. 그러나 더페이스샵은 이러한 웰빙 제품을 저가격에 제공하면서, 중·저소득층에게도 웰빙을 하고 있다는 느낌을 심어주었다. 소득과 관련 없이 누구나 건강한 몸과 여유로운 정신을 바탕으로 행복한 삶을 누리고 싶어 하는 욕구를 겨냥한 것이다.

하지만 이는 비단 더페이스샵만의 움직임은 아니었다. 저가 화장품들의 원료를 살펴보면 대부분 천연재료를 사용하였다는 것을 알 수 있다. 미샤도 허브를 이용한 화장품을 판매하고 있다. 그러나 더페이스샵만이 자연주의 화장품으로 비교적 고급 이미지를 구축하는 데 성공할 수 있었던 이유는 처음 시장에 진출하면서부터 일관되게 지속해 온 이미지 메이킹의 노력 덕분이다. 더페이스샵은 매장 안을 나무와 꽃 사진으로 장식하고, 광고 또한 이런 점을 강조하는 데 포커스를 두었다. 이러한 노력으로 저가 화장품 시장을 선점할 수 있었고 웰빙 트렌드와 함께 더욱 각광을 받으며 저가화장품 시장 1위 자리를 차지할 수 있었다.

이러한 더페이스샵의 사례는 이미지와 스토리가 화장품 구입에 큰 영향을 미치고 있음을 시사한다. 품질과 가격에 차이가 없다면 소비자는 이미지와 스토리에 중점을 두고 물건을 구입하게 된다는 것이다. 이러한 관점에서 볼 때 더페이스샵은 소비자가 사고 싶은 이미지를 만들어 내는 데 성공함으로써 치열한 저가 화장품 시장에서 차별화를 성공할 수 있었다고 할 수 있다.

세련된 디자인

더페이스샵의 가장 큰 경쟁력 중 하나는 유럽풍의 세련된 디자인 이라고 할 수 있다. 더페이스샵은 상큼하고 신선한 꽃과 나무 사진의 매장 인테리어를 갖추었으며 화장품 디자인 용기 또한 산뜻한 디자인 을 갖추었다. 초기 저가화장품이 등장했을 때는 용기에서 발생하는 비용을 줄이기 위해 용기 디자인에 신경을 쓰지 않았다. 하지만 더페 이스샵의 경우는 저비용으로 심플하면서도 세련된 분위기의 디자인 을 만들어 내기 위해 처음 시장에 진입할 때부터 용기 디자인과 라벨 제작에 신경을 써 제품을 출시했다고 한다. 지금도 더페이스샵은 좋 은 디자인의 용기를 갖추기 위해 직원들을 이탈리아나 프랑스, 홍콩 등으로 많이 내보내고 있다. 이렇듯 디자인을 소홀히 하지 않는 더페 이스샵의 전략은 저가제품일지라도 고급스로운 이미지를 구축하는 데 많은 도움을 주었다.

유통의 확장

더페이스샵은 저가 화장품 브랜드 최초로 백화점과 할인점, 지하 철역은 물론 면세점 내에 매장을 열었다. 2007년 더페이스샵의 지하 철역 내 매장은 36개 곳, 백화점과 할인점에서 문을 연 매장은 200여 개이다. 이것은 저가화장품을 표방하는 2위 업체 미샤의 3배를 훨씬 웃도는 규모다. 더페이스샵은 백화점까지 유통을 확대함과 동시에 화 장품 내에서 다양한 라인을 구비하며, 중저가 가격대의 화장품도 선보 이며 소비자 영역을 20대에서 30~40대로 확장힐 수 있었다.

더페이스샵은 3년 만에 영업이익 300억 원을 넘는 성과를 올리면서, 향후 글로벌 브랜드로 도약할 계획을 세우고 있다. 더페이스샵 송기룡 대표는 동아일보와의 인터뷰에서 차별화된 마케팅 전략과 해외 현지화 전략을 통해 매출을 2천억 원대 이상으로 끌어올리겠다는 포부를 밝힌 바 있다. 향후 국내 저가화장품 시장의 선두업체에서 더 나아가 글로벌 브랜드로 나아가는 더페이스샵을 기대해본다.

남성화장품으로의 확장, 라네즈 옴므

커플 화장품 시대

현재 국내 화장품 시장의 1인자는 누가 뭐래도 아모레퍼시픽이다. 1994년에 런칭한 아모레퍼시픽은 글로벌 명품 브랜드로 새롭게 도약하고 있는데, 2007년 1월, 남성용 라인인 라네즈 옴므를 런칭했다. 이는 제품의 실 사용자는 남성이나, 화장품을 구입하는 데 영향력을 미치는 것은 여성이라는 것에 착안하여 런칭된 라인이다. 따라서 라네즈 옴므 모델들도 20대 여성들이 좋아하는 조인성을 기용했다.

라네즈 옴므는 애초부터 커플 화장품 개념을 도입한 것이다. 수입 화장품 브랜드들은 '옴므'나 '포맨'을 붙여서 여성 브랜드에서 남성용 브랜드를 런칭하는 일이 일반화된 지 오래다. 그러나 국내 남성 화장품 브랜드들은 달랐다. 1960년대 출시된 국내 첫 남성용 화장품인 ABC포마드부터 시작해서 최근의 꽃을 든 남자에 이르기까지 남성을 위한 전용 브랜드들이 꽤 있다. 그러나 이번에 라네즈 옴므에서 '연인과 내가 함께 즐기는' 브랜드로 새로운 도약을 하겠다는 취지로 라네즈 옴므를 런칭하게 됐다.

남성의 필요를 간파한 슬리핑 팩

라네즈 옴므의 제품은 라네즈의 기술력을 바탕으로 만들어진 환경오염으로부터 피부 유해성분을 효과적으로 제거해 주는 기능을 갖춘 제품이다. 또한 기존의 라네즈가 수분공급을 주력 콘셉트로 잡은 것처럼, 라네즈 옴므 역시 지치고 푸석한 남성피부에 수분에너지를 공급해 촉촉하고 활력 있게 만들어 주는 제품을 큰 콘셉트로 잡고 있다. 라네즈 옴므의 제품 구성은 스킨을 비롯해 로션, 에센스, 슬리핑 팩, 클렌징 폼 등 5종으로 구성되어 있는데, 이 중에 주목할 만한 점은 국

조인성을 모델로 고용해 남성화장품의 주된 구매자인 여성을 사로잡은 라네즈 옴므

내 남성 화장품 중 최초로 슬리핑 팩을 런칭했다는 것이다. 컬러로션으로 힛트를 친 미래파가 2004년 출시했던 남성용 에센스 팩이 당시 큰 호응을 불러일으켰으나 그 성공 여부는 명확하지 않다. 그러나 잠자기 전에 팩을 바르고 아침에 따로 떼어낼 필요가 없는 슬리핑 팩의 경우 거추장스럽거나 복잡한 것을 싫어하는 남성의 성향을 잘 파악한 제품으로 보여진다.

아모레퍼시픽이 2006년 국내 남성 630명을 대상으로 실시한 남성미용실태조사에 따르면 남성 화장품의 70퍼센트 이상은 여성이 구매할 정도로 대리구매 비중이 높은 것으로 나타났다. 따라서 여성 화장품 판매 공간에 일부로 남성 화장품을 구비해 놓기도 한다. 요즈음 남성 화장품 시장이 성장하고 있지만 여전히 여성의 파워가 미치는 영향력이 큰 것이다. 이러한 시장 상황에서 커플 화장품 전략으로 시장에 진입한 라네즈 옴므의 행보가 기대된다.

화장하는 남자, 꽃을 든 남자

컬러로션

2002년 말, 국내 남성 화장품 시장에 눈에 띄는 광고와 함께 파격적인 신제품이 등장했다. 김재원과 안정환이라는 두 꽃미남 스타의 광고로 유명한 '꽃을 든 남자 컬러로션' 이 바로 그것이다. 그 전까지만 해도 남성 화장품은 스킨, 로션 정도가 전부였고, '남자가 화장을 한다' 라는 개념은 낯설었던 것이 사실이다. 피부의 잡티를 가리고 피부톤을 고르게 보정하기 위한 용도로 사용되는 파운데이션, 메이크업 베이스는 여성들만을 위한 '진한 화장' 이라는 인식이 훨씬 강했다.

그러나 사회적으로 꽃미남 열풍이 불고 아름다운 남자에 대한 욕구가 형성되기 시작하면서 면접 등의 자리에서 좋은 인상을 주기 위해, 혹은 자기 관리를 위해 피부에 관심을 갖는 남자들이 점차 늘었다. 이러한 사회적 취향과 더불어 살인미소로 각광받았던 김재원, 꽃미남 축구스타로 유명한 안정환이 광고에 등장해 소비자들의 이목을 끌었다. 눈부시게 흰 피부에 흰 옷을 입은 두 스타가 서로 가까이에서 스쳐 지나가며 "피부가 장난이 아닌데……", "로션 하나만 비꿨을 뿐인데……"라는 은근한 멘트를 날린다. 그리고 마지막에는 '남자의 잡티를 감추는 컬러로션' 이라는 문구로 이 새로운 제품을 확실하게 제시했다. 약간의 동성애적 모티프와 함께 눈부시게 흰 피부를 가진 모델들을 등장시킨 것은 남자들에게 컬러로션의 필요성을 새로이 일깨우는 데 매우 효과적으로 작용했다.

특히 촉촉한 로션 기능으로 유수분 및 영양을 공급해 주고, 여기에 더해 음주와 흡연으로 칙칙해진 피부를 화사하게 보정해 주고 잡티를 감춰준다는 설명은 이것이 여성들의 전유물인 진한 '화장' 이 아니라 보정용 로션 정도라는 이미지를 주면서 남성 소비자들의 거부감을 줄였다. 제품명도 파운데이션, 메이크업 베이스 등 여성용 화장품에 쓰이던 것을 그대로 가져오는 대신 '컬러로션' 이라는 이름을 만들어 훨씬 새롭고 부담 없이 남성 소비자들에게 다가갈 수 있었다.

꽃을 든 남자 컬러로션의 인기는 단순히 단일제품의 성과를 가져오는 데만 국한된 것이 아니었다. 이는 남성용 화장품 시장에 새로운 카테고리의 제품군이 형성되는 기폭제 역할을 했다. 컬러로션 이후로 많은 국내 기업들이 이를 모방해 '커버로션', '굿매너로션' 등의 이름으로 비슷한 기능의 제품들을 출시해 하나의 시장을 형성했다.

이는 남성 화장품이 스킨과 로션에 국한되었던 시기를 넘어 각종 기능성 화장품으로 그 시장을 크게 확장할 수 있는 기회를 열기도 하였다. 더불어 이 컬러로션의 인기 때문에 소망화장품은 꽃을 든 남자라는 브랜드에 대한 인지도를 크게 높일 수 있었다. 이 덕분에 지금까지도 소망화장품이 태평양, LG와 같은 거대 기업에 비해서도 크게 뒤지지 않고 남성 화장품 시장에서 당당히 한 자리를 차지할 수 있었다.

소망화장품은 '꽃을 든 남자'를 통해 남성용 화장품 기업으로서의 이미지를 높였고, 이를 '에소르', '트루 이모션' 등의 하위 브랜드에서도 활용하고 있다. 김재원을 통한 깔끔한 이미지의 광고들에 이어, 안정환과 전속모델 계약을 연장한 후에 본격적으로 에소르와 트루 이모션의 광고에 노력을 기울였다. 남성을 위한 기능성 화이트닝 라인을 선보이고 있는 에소르 화이트, 지친 피부를 위한 '순한' 남성 스킨케어를 콘셉트로 하는 트루 이모션 등, 복수 브랜드를 이용한 포트폴리오 전략을 통해 남성 화장품에 강한 기업으로서의 위치를 굳히고 있다. 앞으로도 남성들의 숨은 필요를 간파한 톡톡 튀는 제품과 광고들로 국내 국지의 대기업과 어깨를 나란히 할 정도로 성장하기를 기대해 본다.

이제 남성들도 성형 수술을 하는 시대가 왔다. 남성들의 미에 대한 욕구가 증가하는 사회적 추세는 성형과 패션 시장은 물론이고 화장품 시장에 있어서도 매우 중요한 의의를 지닌다. 이를 십분 활용하여 남성 화장품 시장을 안정적인 거대 시장으로 키우기 위해서는 현재 경쟁하고 있는 브랜드들에 대한 적극적인 투자와 노력이 절실히 필요할 것이다.

5

속옷도 패션이다

속옷도 이제 패션이다.

저가 속옷의 등장, 연예인들의 속옷 시장 진출, 화려한 외국 속옷의 수입까지 가세한 탓에 속옷 시장이 후끈 달아오르고 있다. 연간 국내 속옷 시장의 매출 규모는 이미 1조 원을 넘어섰다.

1조 원이 넘는 규모의 속옷 시장에서 20대와 30대가 차지하는 비율은 전체 시장의 약 50퍼센트 정도이다. 따라서 속옷 업체들은 이들을 공략할 수밖에 없을 것이다. 후끈 달아오른 속옷 시장에서 각 업체들은 어떤 전략으로 젊은이들의 마음을 잡기 위해 노력하고 있는지 살펴보자.

• 연령대별 속옷 시장 규모

(단위: 억 원)

매출	2001년	2002년	2003년	2004년	2005년 구성	2006년 구성
토털	9,678	10,339	7,609	9,066	100%	100%
10세 미만	532	586	418	508	5.60%	5.50%
10대	967	934	872	983	10.80%	10.00%
20대	2,087	1,772	1,457	1,368	15.10%	21.60%
30대	2,869	3,071	2,480	2,142	23.60%	29.60%
40대	1.832	2,282	1,652	3,285	36.20%	18.90%
50대	1,123	1,420	598	618	6.80%	11.60%
60대 이상	269	273	132	162	1.80%	2.80%

출처: 한국섬유산업연합회

저가 속옷 시장

현재 국내의 저가 속옷 시장은 엠코르셋의 키스리퍼블릭, 이랜드월드의 바디팝, 좋은사람들의 슈가프리가 주도하는 삼강체제이다. 저가 속옷의 가격은 브래지어 1만 원대, 팬티 5천 원대, 브래지어와 팬티 세트가 1만 5천원 내외이다. 이 정도 가격이면 젊은이들도 부담 갖지 않고, 길거리를 지나가다 매장에 들러 속옷 한두 개 정도를 구입할 수 있다. 속옷 시장에서 저가 속옷 시장이 붐을 이룬 것은 약 1년 전부디이다. 이러한 저가 속옷 시장의 유행은 20대 사이에서 성공한 저가 화장품시상의 영향을 받았나고노 할 수 있겠다. 이들 저가 속옷시장 업체들의 생존전략은 무엇인가?

참신한 이벤트 - 키스리퍼블릭

키스리퍼블릭은 16~23세를 주 타깃으로 하고 있으며, 유니섹스, 귀여움과 섹시함, 믹스앤매치(mix&match)를 추구한다. 또한 이미지에 민감한 10대 후반에서 20대 초반을 위해 핑크를 강조한 생동감 있는 원색을 주로 사용한다. 키스리퍼블릭은 2006년 1월 런칭했지만 끊임없는 이벤트를 통하여 젊은이들 사이에서 브랜드 인지도를 높여왔다.

프리키스 이벤트

키스리퍼블릭은 서울시내에서 젊은이들의 유동인구가 가장 많은 명동시내 한복판에서 2007년 6월 14일, 키스데이를 맞이하여 '프리키스(Free Kiss)' 이벤트를 펼쳤다. 프리키스는 레이싱걸 황시내와 남자 모델 도상우에 의해 이벤트가 진행되었는데, free kiss라고 쓰여 있는 피켓을 들고 있는 이들이 원하는 행인에게 무료로 키스를 해 주며 기쁨을 선사하는 이벤트이다. 프리키스는 호주의 한 청년이 가볍고 따뜻한 포옹으로 현대인들의 건조하고 외로운 마음을 달래주고자 시작한 운동인 프리허그 운동을 벤치마킹한 것이다.

단순한 포옹에 비해서 키스는 좀 더 파격적이기도 하다. 키스리퍼블릭의 소비 타깃인 16~23세 젊은층을 겨냥한

젊은층을 겨냥한 키스리퍼블릭의 프리키스 이벤트

획기적이고 참신한 이벤트를 기획하던 중 키스 데이에 키스를 해 줄 연인이 없는 청춘 남녀를 위로하자는 의미에서 마련했다. 프리키스 이벤트는 프리키스를 한 번 할 때마다 그 횟수만큼 불우한 가정의 어린이들을 위해 적립금을 쌓는 좋은 취지에서 시작했다. 그러나 생각보다 많은 사람들이 쑥스러워해 금액이 적게 모였고, 이에 회사 차원에서 일정 금액을 지원하는 것으로 결정하였다. 어쨌든 프리키스는 키스리퍼블릭이 시도한 참신한 이벤트로서 많은 사람들에게 브랜드 인지도를 높이는 면에서는 성공적이었다.

몰디브 미남미녀 선발대회

키스리퍼블릭은 2007년 2~3월 몰디브 관광청과 함께 '제2회 몰디브 미남 미녀 홍보대사 선발대회'를 개최하였다. 키스리퍼블릭이 추구하는 톡톡 튀는 감성과 그들의 타깃이 몰디브의 무한한 관광자원을 널리 알리는 데 이바지할 수 있는 몰디브 홍보대사의 성격과 일치한다는 점에 의미를 두어 몰디브 관광청과 함께 행사를 진행한 것이다. 이 이벤트의 진행 과정 중 특이한 것은 바로 '속옷 심사'였다. 1, 2차 심사를 거쳐 합격된 남자 5명, 여자 10명은 5월 몰디브에서 본선심사를 거치게 되는데, 2차 심사에서는 1차 합격자 전원이 '키스리퍼블릭'의 제품을 착용하게 하였다. 기존에 흔히 볼 수 있었던 수영복 심사와는 차별화된 색다르고 파격적인 방법이기도 하였다.

키스리퍼블릭은 이렇듯 색다르고 파격적인 이벤트를 통해 그들의 브랜드를 알려왔고 그 성과는 그들이 추구하는 브랜드 아이덴티티와 맞물려 꽤 성공적이었다. 키스 리퍼블릭은 유통 면에서는 별도의 브랜드샵을 내지 않고, 모회사인 M코르셋 대리점과 온라인 마켓을 통해 판매망을 개척하기도 하였다.

Do it yourself – 바디팝

바디팝은 패션에 관심이 많고, 쇼핑을 즐기는 감각적인 2030 여성을 타깃으로 하여, 2006년 2월 이랜드에서 런칭한 저가속옷 브랜드이다. 바디팝이 추구하고 있는 콘셉트는 발랄하고 상큼한 '치어풀', 사랑스럽고 달콤한 '로맨틱', 편안함을 추구하는 '리플래시'이다. 바디팝이 다른 브랜드와 특별히 구별되는 점은 DIY 속옷을 판매하고 있다는 것이다. 개성을 중시하는 20~30대 여성들은 비록 속옷일지라도 남들과 같은 옷을 입는 것을 싫어한다. 이러한 점에 착안해 바디팝은 구매자가 직접 브래지어 끈과 컵 등을 선택하게 해 나만의 속옷을 구매할 수 있게 해 준다. 바디샵은 소비자가 디자인을 직접 고를 수 있도록 할 뿐만 아니라, 구매품 패키지의 조합도 선택할 수 있는 '셀프 컴비네이션 시스템'을 도입하기도 했다.

2007년 2월에 런칭한 바디팝의 DIY 속옷은 한달에 7천 개 이상 팔리는 히트를 기록하며 엄청난 매출을 올렸다. 바디팝의 유통 채널은 대리점이 주 판매망이지만 기존의 속옷 매장과 달리 에뛰드하우스나 바닐라코와 같은 화장품 매장처럼 체험형 샵을 표방하면서 차별화를 시도하고 있다. 고객이 직접 브래지어를 만들어 보고 코디해 볼 수 있다는 점에서 바디팝은 2030 여성을 위한 놀이터의 역할을 하고 있다고 볼 수도 있다. 또한 바디팝은 톡톡 튀는 디자인을 중시해서 상품의 회전률도 빠른데, 소비자는 바디팝의 전국 어느 매장에서든지 1주일에 2~3회 정도 바디팝 디자이너가 직접 디자인한 신상품을 접할 수 있다.

패션 속옷 시장

트렌디한 란제리룩 – 섹시쿠키

'슈가프리'라는 브랜드로 저가 속옷시장에 진출한 속옷브랜드 '좋은사람들'은 좀더 젊은 세대에게 어필하기 위한 패션 속옷인 '섹시쿠키'를 런칭하였다. 섹시쿠키는 정교한 레이스, 편안한 착용감, 여성다운 실루엣 등 란제리만의 강점과 아우터(겉옷)가 갖는 우수한 디자인의 강점을 함께 수용해 감각적인 란제리룩을 제시하고 있다.

란제리룩(lingerie look)은 1990년대 중반부터 유행한 스타일로, 여성 속옷에서 아이디어를 얻어 겉옷으로 디자인한 패션 스타일을 말한다. 기존의 란제리룩이 살갗을 비치게 하거나 밖으로 드러내기 위하여 얇고 하늘거리는 소재가 쓰였다면, 최근에는 몸의 실루엣을 그대로 드러내는 스판, 니트, 레이스 등을 사용하는 등 소재도 다양해졌다. 섹시한 옷차림이 급속도로 유행되면서 노출패션 코디법이 인터넷 검색어순위에 오르는 등 속옷 열풍은 계속되고 있다. 이러한 트렌드에 맞춰 런칭된 브랜드가 바로 섹시쿠키이다. 최근 젊은 여성 고객들에게 인기를 끌고 있는 란제리룩은 속옷인지 겉옷인지 구분이 안 될 정도로 화려하다. 섹시쿠키는 웨딩 란제리 패션쇼를 개최하기도 했다. 일생에 단 한 번 있는 결혼식과 첫날밤을 위한 패션 속옷을 어필하기 위한 패션쇼였다. 이 쇼에서 볼 수 있던 란제리들은 레이스와 흰색을 강조해 속옷이 마치 웨딩드레스와 같은 착각을 일으킬 정도의 섹시쿠키만의 란제리룩을 선보였다.

패션속옷의 선두 – 수입 속옷, 캘빈클라인 언더웨어

국내 전체 속옷시장은 연간 1조 원, 그 중에서 여성을 중심으로 한 란제리 시장은 약 5천억 원 정도이다. 여성 란제리 중에서 수입 속옷 시장은 5분의 1인 1천억 원대 규모이다. 소비자의 취향이 점점 고급화되면서, 수입 속옷 시장의 성장 속도는 매년 10퍼센트 이상으로 빠르게 증가하고 있다. 'DKNY 언더웨어', '푸마 언더웨어', '모르간 이너웨어' 등 3개 브랜드가 2007년 들어 국내에 도입된 데 이어, '리바이스 언더웨어'와 '빅토리아 시크릿'도 국내 진출을 준비하는 등 수입 브랜드들의 국내시장 공략이 가속화하고 있다. 이러한 수입 속옷의 최대 강점은 바로 '패션성'에 있다고 할 수 있다.

캘빈클라인 언더웨어가 수입 속옷 시장의 선두주자라고 할 수 있는데, 캘빈클라인 언더웨어의 트렌디하고 패셔너블한 이미지와 맞게 젊은이들을 대상으로 클럽문화와 제품 소개를 접목시킨 파티를 주최하기도 하였다. 패션쇼에서는 행사장 입구에서부터 속옷을 입힌 모델들의 섹시하면서 도발적인 콘셉트로 눈길을 끌었으며, 여느 패션쇼와 달리 워킹 라인 대신 흰 부스를 행사장에 세웠다.

'무슨 일이 일어나는 걸까' 하는 궁금증을 유발시킨 각 부스에는 'Silk Touch', 'Pro mesh', 'XT', 'Flutter' 란 주제로 모델들이 '사랑하는 남녀', '샤워하는 여자', '수다 떠는 소녀들' 등 일상의 자연스런 모습을 보여주도록 하였다. 또한 패션쇼에서는 과감하게 모델들의 워킹을 생략한 대신, 모델들을 쇼윈도에 진열하듯 박스 안에 세워 색다른 패션쇼를 선사했다. 행사장에는 상반기 신제품인 화려하고도 세련된 선글라스와 시계, 바디로션과 향수가 전시됐으며, 축구선수 김영광, 백지훈 등이 함께한 럭키드로와 마술사류의 마술쇼, 가수 휘성의 축하공연이 있었다. 그 외에도 가수 바다와 탤런트 공효진, 이기우, 김지우, 축구선수 김영광, 백지훈, 배구선수 문성민 등 많은 스타가 함께 참석했는데, 이러한 파티는 서구 문화를 지향하는 젊은이들로 하여금 파티문화에서 느낀 패셔너블함과 고급스러움과 캘빈클라인 언더웨어를 연계시켜 기억할 수 있게 하는 좋은 전략이었다고 할 수 있다.

연예인의 속옷 시장 진출

연예인 속옷브랜드의 대표적인 성공사례는 앞서 언급한 슈가프리와 섹시쿠키의 모 브랜드인 '좋은사람들'의 주병진이다. 주병진의 '좋은사람들'을 필두로 황신혜의 '엘리프리', 박정수의 '수안애' 등이 큰 성공을 거두면서 현영의 '미바젤라', 탁재훈의 'DKNY 언너웨어', 노니아의 '샤이에니스' 등 스타들의 속옷 시장 진출이 이어지고 있다.

연예인이 속옷을 파는 것은 일반인이 파는 것보다 엄청난 광고효과를 누린다. 연예인들은 항상 패션에 있어서 유행을 앞서가는 사람들이었고, 최근 속옷도 패션이라는 인식이 퍼지면서, 속옷 시장의 연예인 파워가 세지고 있는 것이다. 속옷에 대한 대중들의 관심이 높아지고 있는 시대적 배경 속에서 연예인 속옷은 '워너비족(좋아하는 스타의 패션이나 이미지를 따르는 사람들)'을 효과적으로 공략하고 있다.

황신혜가 런칭한 속옷브랜드 엘리프리는 2007년 상반기 홈쇼핑 매출 1위를 차지하였다. 엘리프리는 홈쇼핑 채널만을 이용하여 속옷을 판매하였는데 홈쇼핑의 주 고객이 20~40대 여성들이라는 점을 볼 때, 탁월한 선택이었다고 할 수 있겠다. 스타가 착용, 혹은 디자인한 속옷은 여성들에게 순간적으로 '나도 저렇게 예쁘게 섹시해졌으면' 하는 욕구를 불러일으켜 전화를 걸게 만드는 스타 마케팅 전략이 효과적으로 발휘될 수 있었다. 초기에는 상품을 받아본 여성들의 반품 요구가 높았으나, 꾸준한 품질 보완과 트렌디한 디자인, 다채로운 세트 구성으로 반품률을 줄이며 홈쇼핑의 일등공신으로 자리 잡고 있다.

현영은 롯데 홈쇼핑에서 비바첼라를 론칭해 당일 7억 원의 매출수익을 올려 화제가 되기도 했다. 또한 이들 외에도 엄정화, 옥주현 등 여자 연예인들이 관련 사업을 구상, 홈쇼핑 속옷 사업에 가세할 것으로 알려졌는데, 이미 미싱도로시라는 여성 의류 브랜드로 좋은 성과를 거둔 이혜영 역시 속옷 시장에서도 성공적으로 브랜드를 런칭하였다.

그러나 일각에서는 이러한 스타 속옷 사업이 스타의 인지도를 이용해 판매율을 높이려는 기업의 마케팅 전략일 뿐이라는 비판의 시각을 보내고 있다. 따라서 고급스러운 디자인뿐 아니라 제품의 질과 합리적인 가격이 잘 어우러지지 않으면 아무리 톱스타의 제품이어도 성공하기 힘들 것이다. 하지만 새로운 브랜드 런칭을 준비하고 있거나 리뉴얼 브랜드를 기획중인 스타들이 대기하고 있어 스타 CEO의 '속옷 바람 열풍'은 앞으로도 계속될 전망이다.

서울 시내의 노른자위인 명동시내의 중심부는 이미 속옷 상점으로 변신 중이다. 속옷 시장이 떠오르고 있고, 속옷시장을 이끄는 그룹인 젊은이들을 티깃으로 하는 여러 마케팅이 성행하고 있다. 저가마케팅, 패션마케팅, 스타마케팅 모두가 현재로서는 성공적인 반응을 얻고 있다. 그들의 다양한 요구가 이렇게 다양한 마케팅 전략을 탄생하게 하였으나, 오늘날의 소비자는 똑똑하다. 착용감이나 품질이 뒷받침되지 않은 저가속옷이나, 실용성이 없는 일회적 패션 속옷 혹은 단순히 스타만 앞세운 속옷들은 오래 살아남지 못할 것이다. 후끈 달아오른 속옷 시장에서 치열한 경쟁을 뚫고 고객의 필요에 부합하는 똑똑한 장수 속옷브랜드가 탄생하길 기대한다.

LIFESTYLE

1

새로운 **소비계층**의 등장, **군인 대상** 마케팅

우리나라 군인의 숫자는

68만 명이라고 알려져 있다. 계급별로 보면 병, 부사관, 장교로 계급이 나뉘어 있는데 이 중 '병'이 제일 많고 병의 대부분은 20대이다. 여기서 '병'은 이병, 일병, 상병, 병장을 말한다. 물론 부사관과 장교 일부분은 20대이다. 또 성별로 보면 여성도 최근 늘어나고 있지만 대부분은 남성이다. 따라서 여기서는 남성 병을 중심으로 이야기하기로 한다. 군인들은 군에서 제공하는 상품과 서비스를 소비하고 있지만 최근에는 민간인처럼 소비의 주체로 등장하고 있다. 군인 월급이 예전에 비해 늘어났고 민간과 접촉하는 시간이나 기회 그리고 자유롭게 활동할 수 있는 시간이 크게 늘어났기 때문이다

군대는 커다란 소비 시장

군 조직에서 병의 구매력은 얼마나 될까. 2007년 1월 현재 병들의 월급 실 수령액은 이병 5만4천 원, 일병 5만8천 원, 상병 6만5천 원, 병장 7만2천 원 수준이다. 육군과 달리, 해군이 함정근무를 하게 되면, 함정 근무 수당으로 병들도 24만 원 정도를 추가로 받는다. 정부는 2008년 까지 10만 원 이상으로 증액하겠다고 발표를 했으니 앞으로 병들의 구매력은 더욱 커질 전망이다. 이처럼 군에서 얻는 수입 외에도 부모로부터 받는 용돈이나 소포까지 감안한다면 병들의 소비규모는 무시할 수 없는 수준임을 알 수 있다.

또한 장교 및 부사관의 월급도 일반 공무원 수준으로 상향 조정되었고, 기존의 수당 및 보너스 중심(비정기적 수입과 지출로 충동적 소비 성향 강화)의 급여 시스템이 본월급(본봉) 중심으로 매월 일정한 수입원을 확보하도록 지불 체계가 개편되었다. 여기에 신세대 장교들이 재테크에 관심을 둠에 따라 보다 정기적이고 계획적인 소비주체로 변화하고 있다. 그러면 군인들은 일반인에 비해 어떤 상품들을 많이 소비할까? 주요 계급별로 그들의 관심사를 한번 보자.

먼저 군대의 대부분을 차지하고 있는 병계급의 최대 관심사는 운동을 통한 건강한 몸, 흔히 말하는 몸짱 만들기, 사회의 유행, 트렌드 따라가기 그리고 전역 후 사회 복귀에 대비한 시험이나 자격증 준비 등이다. 병들과는 달리 직업 군인의 길을 선택한 부사관들은 잦은 지역 이동과 안정적인 수입 때문에 지역별 여행이나 음식, 술 등 여흥에

계급	관심분야
병	운동, 사회의 유행, 전역준비
부사관	여행, 음식, 술
40~50대 장교	자동차, 골프, 음식
공통 특징: 지역성 있는 소비 특성 강함(토속적)	

대한 관심이 매우 높다. 장교는 진급과 유사 취미를 통한 교류활동을 위해 골프, 테니스 같은 운동에 대한 관심과 자동차, 고급음식점에 많은 관심을 가지고 있다. 군인들은 군대의 특성상 주요 도시와 거리를 두고 지역특성이 강한 곳에서 근무할 기회가 많기 때문에, 지역성, 토속성 있는 여행, 음식도 빠지지 않는 소비대상으로 거론되고 있다.

군 소비시장의 특성

군대 시장의 특성은 앞서 이야기한 조직 환경적 특성을 기반으로 하고 있다. 강한 집단적 성향으로 일반 소비자의 구분과는 전혀 다른 카테고리를 구성하며 독립적이고 차별적인 성격의 소비 집단이다.

계급간 차별과 계급 내 동질화, 소비의 집중

군대는 병, 부사관, 장교라는 이질적인 집단의 결합체이기도 하지만, 각 집단 내부에서는 과도할 정도로 집중화, 동질화되어 있다. 이들은 하나의 부대 내에서 서로 강한 상호작용과 피드백을 받으며 생활하고 있고, 소비를 위한 시간적, 공간적 제약도 동일하다. 또한 환경적 제약뿐 아니라 서로간의 피드백과 강화, 재강화 작용을 통하여 군대 내에서 받아들여지는 물건과 그렇지 못한 물건이 정해진다. 예를 들어 삐삐나 핸드폰의 경우 과거 군대에서는 비인가 통신매체로 반입이 철저히 금기시되던 물건들이었다. 그러나 현재에는 휴대폰이 없으면 영외거주를 시키지 않는다는 방침이 있을 정도로 비상 시 인원소집의 용도로 매우 중요하게 사용되고 있다. 과거 불과 6~7년 전의 군대는 휴대폰 시장에서 배제 대상이었지만 지금은 군전화 전용 휴대폰도 판매되고 있는 실정이다.

군대처럼 밀집되고 집약된 공간에서 상호작용이 강하게 일어나는 조직에서 받아들여지는 소비와 그렇지 못한 소비는 계급간 격차(상위 계급자보다 우월한 소비 형태는 긍정적으로 받아들여지지 못한다)나 동료간의 강화 작용을 통하여 일어난다. 동질화는 유사한 목적이나 가족집단에서 일어나는 경향이 있으나 가족적인 유대나 이익관계를 떠나 강제적 조정에 의해 함께 있고 협조와 협력이 일어나는 집단인 군대에서도 강하게 나타날 수 있음을 증명하고 있다.

그리고 이러한 동질화는 소비 패턴의 단순화와 계층화 그리고 타깃 설정의 명료성을 제공하고 있으므로, 군조직의 상품 특화전략에서 집단의 성향과 기존 소비패턴을 분석하는 것은 일반 소비자들을 대상으로 하였을 때보다 더욱 시사하는 바가 많다.

정보와 상품 접근에 대한 한계성, 브랜드 집중

군대 내의 소비선택에 있어서 정보의 유입은 사회와의 상호작용이 적기 때문에, 군 내부매체를 통한 광고나 접촉기회를 갖는 경우를 제외하고는 신상품이나 소비시장의 정보가 매우 제한적이다. 그러므로 이미 군 내부에서 인정받은 상품이나(동료간의 강화작용), 브랜드 인지도가 높은 상품에 소비가 집중되는 것은 정보의 부족을 보완하려는 소비선택의 행위이다. 특히 고전적인 브랜드의 의존도가 높은 것은 새로운 브랜드의 진입 장벽이 높고, 동료들간의 재강화 작용은 상대적으로 긴 기간을 통해 일어나기 때문이다. 따라서 기존의 특정 상품이 장기간 베스트셀러가 되는 경우가 많다.

군 특수 상품의 마케팅 전략

콜렉트콜 서비스

등록 휴대폰 4천만 시대를 열었다고 하는 한국에서도 여전히 휴대폰 불모지역으로 다른 형태의 통신수단을 가져야 하는 곳이 군대이다. 그 대체수단으로 각광받고 있는 것이 콜렉트콜 서비스이다. 현재 국방일보를 통해 마케팅하고 있는 콜렉트콜은 1541, 1677, 1633, 1682 등이다. 주요 마케팅 수단은 가장 단순한 형태인 연예인을 통한 홍보 방식인데, 군인들에게 인기가 있는 여자연예인과 함께하는 이벤트를 중심으로 진행되고 있다.

일반적 이벤트와 다른 점은 당첨 상품의 수취인이 군인 본인이 아니라 여자친구나 부모님에게 선물을 증정하는 형태라는 점이다. 군 특성상 접할 수 있는 매체가 한정적이기 때문에, 캘린더나 국방일보의 광고지면을 활용하며, 일반적인 광고보다 섹시함을 강조한 광고가 주를 이루고 있다.

뷰티 관련 상품

군대에서 또 하나 주목받고 있는 것은 화장품이다. 예전에는 군대에서 화장품을 사용하는 것은 상상하기도 힘들었고 추운 겨울과 더운 여름철에는 군인들이 피부가 상하는 경우가 많아 고민이 많았다. 그러나 지금은 군인이 DHC 화장품을 주문하고 택배를 받아 사용하고,

군인들에게 인기가 많은 남규리를 캐스팅해 홍보하는 1682콜렉트콜 광고

정기적으로 피부 비타민제와 스크럽을 사용하고 있다.

몇몇 화장품 대표 브랜드들은 이러한 추세에 맞추어 군인들에게 발 빠르게 접근하고 있다. 먼저 더페이스샵은 군대 P/X에 소형 매장을 개설하여 군인들에게 저렴한 가격의 남성용 화장품을 제공하고 있다. 외부 매장에 접근하기 어려운 군인의 경우 군 내부에서 구매할 수 있는 화장품이 한정되다 보니 약간의 브랜드 인지도가 있으면 곧장 소비로 연결된다.

이렇게 직접 군대라는 테두리 안으로 들어온 경우 외에도, 앞서 예를 든 DHC 같은 경우는 상품의 판매루트 자체가 매장에서 구입할 수 없고 카탈로그를 통한 전화주문이나 인터넷을 통해 직접 주문하는 형태를 띠고 있다. 이러한 판매방식의 일부로 군대내부에 들어온 카탈로그는 계속 고객을 늘리는 중요한 매체가 됨과 동시에 하나의 화장품에서 효용을 본 경우 결과가 신속히 퍼져나가므로 군대 내에서 브랜드 장악력은 상당히 뛰어나다. 특히 전화주문과 배달, 카탈로그라는 형식은 군대에서 접할 수 있는 가장 효과적인 마케팅 방식이다.

각종 잡지

군대에서 가장 인기 있는 읽을거리는 국방일보도, 국방저널도 이니다. 바로 잡지이다. 잡지는 외부세계와의 단절을 이어주는 하나의 채널이다. 단순한 사회정보를 얻기 위해서라면 신문이나 뉴스를 통하겠지만, 잡지가 주는 정보는 선별적이고 자극적일 수 있으며, 휴대하기가 좋다.

혈기왕성한 20대 청년들에게 가장 인기 있는 잡지는 「맥심(MAXI-M)」이다. 이 잡지는 전 세계적으로 발행되는 남성 잡지로, 「에스콰이어(esquire)」, 「지큐(GQ)」보다 섹슈얼리티 자극이 강하고 선정적인 화보가 많다. 맥심은 플레이보이 급의 포르노그라피가 아닌 일반 잡지물이지만 소프트 화보와 다양한 섹스에 대한 기사들로 남자 본능에 충실한 내용을 담고 있다.

잡지라는 매체가 정보와 자극 그리고 엔터테인먼트적 요소를 가진 것이라면, 이를 보는 소비자와 매치될 수 있는 어떤 정보와 자극을 가지고 있는지가 상당히 중요할 것이다. 잡지는 이처럼 실제 홍보 방식보다는 그것들이 다루고 있는 정보 자체가 마케팅의 주요한 부분이되기 때문에 군인들이 필요로 하는 정보가 많은 잡지가 더욱 많이 팔리게 되는 것은 당연하다.

그러면 또 어떤 잡지들이 군인에게 인기를 끌고 있을까. 헬스, 운동 관련 잡지도 그 뒤를 잇고 있다. 그리고 PC 관련 잡지도 인기를 끌고 있다. 이것은 정보에 대한 욕구와 더불어 뒤에 나올 PC 관련 자격증 교육과 연결된다. 불황에 빠져 있는 PC 잡지 업계의 매출에 군인들이 상당 부분 기여하고 있는 것이 사실이고, 대부분의 경우 정기구독을 하고 있다.

기존에는 잡지의 행사가 특정 계층이나 대상을 지정하는 경우가 드물었지만, 앞으로 이러한 잡지들 중에서 군인들을 대상으로 하는 정기구독 행사나 이벤트를 주최한다면 상당한 효과 구매가 발생할 수 있을 것이다.

근육을 만들기 위한 헬스 보충제

군대에서 큰 인기를 끌고 있는 또다른 품목으로 헬스 보충제가 있다. 군대에 가서 영어 실력을 키워오겠다는 꿈을 가지는 청년들보다 몸이라도 건강하게 만들어 오자는 희망을 갖고 군에 입대하는 사람들이 훨씬 많을 것이다. 이를 실현시키는 데 헬스 보충제가 보조역할을 해 주고 있다.

국방일보에는 매우 세분화한 헬스 상품들을 소개하는 광고가 빠지지 않는다. 순수 근육 활성화, 근육+체력 증강, 순수 체력 증강 등으로 나뉘어져 있으며, 여기에 손목 강화 근력기, 악력기, 손목·발목 보호대 등을 사은품으로 증정하며 운동과 근육 만들기를 통하여 군대에서 몸짱이 되어나가라는 선전을 하고 있다.

이러한 선전 광고는 상당히 고전적인 마케팅 방법인데, 디자인은 그다지 중요하게 생각하지 않는다. 간혹 신문에서 볼 수 있는 건강보충제 광고처럼 광고의 통일성이나 주제 전달, 브랜드이미지 구성이라는 요소보다는 어떤 상품들을 당신이 얼마에 구입하여 어떤 효과를 보구체적이고 적나라한 정보전달에 힘을 쏟고 있다. '군대에서 얻을 수 있는 최상의 선택'이라는 문구처럼 강인한 군인을 모토로 하는 군대의 성향과 일치하는 부분이라 군인들의 관심을 끌고 있다. 상품 구매 및 부대 반입에도 큰 무리가 없어 병들 사이에서 유행이 되어 공동구매를 하기도 한다.

교육과 자격증 시장

군대 내에서 병사들을 중심으로 한 상품들이 대다수를 이루고 있다면 교육, 자격증 시장은 직업 군인들을 대상으로 매우 활발하게 마케팅을 하고 있고 맞춤형 교육시장을 확장하고 있다. 군대에서도 시간만 지나면 진급되는 철밥통 시대가 가고, 내부 경쟁과 진급을 위한 다양한 조건들이 부과되면서 자격증 및 석사, 박사 학위에 대한 관심이 여느 때보다 높아지고 있다.

군직의 특성은 잦은 보직 이동 및 지역 이동을 수반하고 있어, 충분한 기간 동안 대학이 있는 대도시 및 대학도시에 거주하지 못하는 군인들의 경우 교육기회를 잡기가 매우 어렵다. 이에 맞는 맞춤형 사이버 대학, 오프라인 온라인을 혼합하여 일정 수준의 학점만 실제 출석하여 받도록 하는 프로그램 등, 학위에 대한 관심을 현실화할 수 있는 다양한 기회가 제공되고 있다.

경희대학교는 해군을 중심으로 각 해군 함대사령부마다 경희대 경영대학 분교를 설립, 지부를 두고 부대 내에서 강의를 진행함으로써 접근도를 높였다. 아주대, 세종대, 한국외대는 다양하고 전문화된 군대 내 실용성이 높은 경영학, 국제관계학 등의 학과를 중심으로 사이버대학을 개설하였으며, 군인공제회와 함께 학비 지원 및 학자금 대출 같은 이벤트를 진행하고 있다.

이러한 재교육기관의 열기와는 별도로 군 내부에서는 진급을 위한 가산점으로 자격증 시장이 매우 활성화되어 있다. 조리사 자격증부터 산업기사, 컴퓨터 활용능력, 문서관리기사 등 다양한 자격증 시장이 군대에서 펼쳐지고 있다. 그리고 토익이나 한문검정시험과 같은 자격증에 버금가는 파워를 가지고 있는 시험에 경우에도 군대 내에서 사병과 장교를 가리지 않고 많은 인기를 누리고 있다. 특히 토익의 경우 군인들에게는 절반의 가격으로 시험을 볼 수 있는 기회가 제공되기 때문에 많은 군인들이 시험기간에 맞추어 휴가를 나오기도 한다.

나라사랑카드

신한은행과 신한카드는 2007년 초부터 군인을 대상으로 한 나라사랑카드라는 체크카드를 발급하여 새로운 고객을 공략하기 시작했다. 이 체크카드는 군 입장에서는 여비지급 등 군행정을 간편하게 하고 장병들이 군내 외에서 편리하게 이용할 수 있다는 장점이 있다. 결제 금액의 0.3퍼센트가 포인트로 적립되고 있으며 2007년 9월부터는 통화료의 25퍼센트가 할인된다. 이 카드는 전자통장 기능도 하지만 병역증과 전역증 기능까지 담당하고 있다. 은행 입장에서는 연간 35만 명씩 2010년까지 약 140만 명의 잠재고객을 확보할 수 있기 때문에 매력적인 사업으로 인식되고 있다. 이런 이유로 농협과 우체국 그리고 국민은행 역시 이 사업에 뛰어들어 적극적으로 마케팅을 펼치고 있다.

신한은행에서 발급하는 군인전용 나라사랑 카드

지금까지 군인이 새로운 소비주체로 변화하고 있음을 보았다. 그리고 어떤 마케팅이 효과적인지를 보기 위해 군대 내 소비의 특성과 인기 상품들을 살펴보았다. 지리적으로 고립되어 있고, 집단내 동질적인 성향이 많기 때문에 이들이 선호하는 상품은 상당히 제한되어 있다. 하지만 젊은 군인들의 구매력이 갈수록 늘어나고 있고, 이들의 잠재 욕구를 잘 파악한다면 생각 밖으로 대박의 마케팅 기회를 찾을 수 있을 것이다.

2

쇼핑몰 자체를 즐긴다,
몰링(Malling)

사람들이 백화점에 가는

이유는 단순하다. 어떤 물건이 있나 둘러보고, 마음에 드는 제품을 구매하기 위해서이다. 사람이 많고 혼잡한 백화점에 가는 것은 휴식을 즐기기 위해서도 아니고, 가족 단위의 나들이 장소, 스트레스를 푸는 장소라서 가는 것도 아니다.

그렇다면 젊은이들이 주말 약속의 대표적 장소가 된 삼성동 코엑스에는 무엇을 하러 가는 것일까. 무엇을 하러 가는지에 대한 계획이 불분명한 상태로 코엑스에 가는 것을 하나의 여가생활로 여기는 젊은이들이 생겨나기 시작했다.

몰을 즐기는 사람들, 몰고어족

최근 백화점을 중심으로 한 쇼핑공간이 소비는 물론, 편의성과 즐거움을 주는 감각적인 체험을 중심으로 한 대형 복합쇼핑몰의 등장과 맞물리면서 새로운 소비자 형태를 만들어 냈다. 새로운 소비자들은 사고 싶은 물건만을 사러 가는 쇼핑 차원을 넘어서 대형 복합쇼핑몰에서 다양한 행위를 즐기는 몰링(malling)의 패턴을 보이고 있다. 이렇게 몰링을 하는 소비자들을 몰고어(mall-goer)라고 부른다.

이처럼 몰고어는 가족과 함께 여가시간에 쇼핑은 물론, 식사, 게임을 하거나 영화를 보는 등 문화적 체험의 장소로서 복합쇼핑몰을 찾는 사람들을 말한다.

몰고어족의 특징

그렇다면 다양한 여가생활을 보내기 위해서 몰을 찾아서 몰링을 즐기는 몰고어들은 어떤 사람들이고 어떤 특징을 가지고 있을까.

코엑스몰과 현대아이파크몰에서 100명씩 총 200명을 만나서 작성한 동아일보의 설문조사 결과에 따르면, 한국의 몰고어들은 평균적으로 몰에서 3.59시간을 보내고 있다. 또한 몰에서 보내는 이 3.59시간 동안에 평균적으로 3.3개의 다른 행위들을 하고 있는 것으로 나타났다. 즉, 쇼핑 하나만을 하거나, 쇼핑을 하고 식사를 하는 과정으로 이어지는 일반적인 쇼핑 고객에 비해서 몰고어는 몰에서 식사를 하고 쇼핑을 하며, 오락을 즐기는 등 몇 가지 행위들을 하고 있다.

코엑스몰이 2006년 고객 312명을 대상으로 실시한 조사에 의하면 몰링을 하면서 쓴 금액이 평균적으로 1~3만 원인 고객이 42.3퍼센트였다. 실제로 몰 안에서는 돈을 써야 할 수 있는 일보다 공짜로 체험하고 구경할 수 있는 것들이 많기 때문에 꼭 필요하지 않다면 돈을 많이 쓰지 않는다. 게다가 몰을 운영하고 있는 유통업체들도 지금 당장 고객들에게 돈을 많이 쓰는 것을 요구하기보다는 좀 더 장기적인 안목으로 다가서고 있다. 꼭 물건을 구매하는 것이 아니라 복합적인 공간에서 즐거움을 체험하게 함으로써 그 공간을 소비자에게 특별한 의미로 각인시키고 있는 것이다. 언젠가 애인과 함께 오고 싶은 공간, 혹은 부모를 모셔오고 싶은 공간으로 소비자에게 인식시키려고 노력하고 있는 모습은 미래 고객에 대한 일종의 투자로 볼 수 있다.

미국 몰고어의 주류는 30대로 나타나고 있는 반면에 한국의 몰고어는 10대와 20대가 주축을 이루고 있다. 따라서 시간이 흘러, 우리나라에 몰을 중심으로 한 여가활동이 일반화가 되는 시점에는 미국처럼 30대를 중심으로 한 몰고어층이 두텁게 형성될 것이라고 예상된다. 현재 나이가 어린 몰고어들이 성장했을 때, 한국 소비시장의 주류는 몰고어가 주축이 될 것이고, 그들의 자녀도 몰고어인 부모의 영향을 받으며 성장할 것이다. 그러므로 앞으로 젊은층을 대상으로 한 상품이나 서비스를 효과적으로 홍보하기 위해서는 복합쇼핑몰을 활용하는 것이 좋다.

한양대학교 관광학과 대학원의 최부용 씨가 코엑스와 공동으로 코엑스몰에 방문한 10~50대 남녀 312명의 방문 특성을 조사해 발표한

「레저 추구편익에 따른 멀티플렉스 시장 세분화」라는 연구 논문에 따르면, 몰고어족에는 남성(52.9%)이 여성(47.1%)보다 더 많다. 흔히 여성에 비해 남성이 쇼핑을 즐기지 않는다는 통념을 생각해 볼 때, 남녀 방문 비율이 비슷하다는 것은 남성을 몰로 끌어들이는 데 성공을 거두고 있음을 의미한다. 이는 쇼핑을 주 목표로 하지 않더라도, 다양한 관심거리들이 몰 안에 있기 때문이다. 또한 기혼(28.2%)보다는 미혼(71.8%)의 비중이 훨씬 큰 것으로 나타났다. 몰을 찾을 때 함께 오는 사람들로는 친구(39.7%), 연인(27.2%), 가족(23.7%), 부부동반(6.4%)의 비중을 보였다. 친구나 연인의 약속 장소로서의 기능뿐 아니라 가족의 여가시간을 보내는 공간으로서의 기능도 흡수하고 있음을 알 수 있다.

우리나라 몰고어족의 주축에 대해서는 10대가 차지하는 비중이 그리 크지 않게 등장했다. 이 논문에서는 우리나라의 몰고어족이 20~30대(79.8%)를 중심으로 이루어졌다고 분석하고 있는데, 이는 40대(9.9%), 50대(1.9%)에 비해서 상당히 높은 수준이다. 현재 20~30대의 부모세대들인 40대나 50대는 몰고어족의 흔적이 드러나고 있지 않다는 점에서 대형복합몰의 국내 등장이 오래되지 않았다는 사실도 알 수 있다.

또한 대부분의 몰고어족이 가지는 직업은 그들의 연령대와 일치하는 경향을 보이는 경우가 많았다. 주로 몰고어족을 형성하고 있다는 20~30대의 경우는 대부분이 학생(31.1%)이거나 회사원(26.9%), 전문직(19.6%)로 구성되어 있었다. 그에 비해서 20~30대 중에서 주부의 비율은 5.1퍼센트로 나타나서, 주부들의 경우는 여전히 몰에서 다양한 행위를 하는 몰링보다는 단순히 구매를 중심으로 하는 쇼핑의 성향이 강한 편이었다. 20~30대의 비중이 큰 몰고어들이 대형 복합몰을 찾는 이유는 그들은 몰에서 크게 돈을 들이지 않고도 놀 수 있고, 직접 체험해 볼 수 있는 것들도 많이 찾을 수 있기 때문이다.

몰고어족의 등장 배경

이러한 몰고어의 등장 원인은 어디에서 찾을 수 있을까? 기존 백화점식의 소비자였던 쇼퍼(shopper)들은 줄어들고 몰을 이용하는 몰고어족이 증가하는 것은 아직은 한국에서 낯설게 느껴지는 현상이지만 미국이나 유럽에서는 일반적인 트렌드로 인식되고 있다. 이 변화의 등장에 대형 복합쇼핑몰의 등장은 결정적인 역할을 하고 있다.

대형 복합쇼핑몰의 등장

"쇼핑(shopping)하게 하지 말고 몰링(malling)하게 하라"는 말은 미국이나 유럽의 대형 복합쇼핑몰들이 강조하는 마케팅의 주요 명제이지만, 백화점이나 할인점과 같이 쇼핑이 주요 목적을 이루고 있는 유통 형태가 중심을 차지하고 있는 한국에서는 몰고어가 쉽게 등장하지 않았다. 그러나 최근 변화가 감지되기 시작했다.

코엑스몰(서울 강남구 삼성동), 현대아이파크몰(용산구 한강로 3가), 센트럴시티(서초구 반포동), 라페스타(경기 고양시 일산구) 등은 모두 규모가 큰 복합쇼핑몰이다. 현대아이파크몰은 대형백화점보다도 2~3배 규모가 크며 코엑스몰은 지하 1층이 보통의 백화점 8~10개를 합쳐놓은 규모를 가지고 있다. 이처럼 국내 기존의 유통업계에서는 새로운 경쟁이 본격화될 조짐을 보이고 있다. 일례로 신세계는 2008년 3월 용인과 부산에 14만 평 규모의 복합쇼핑몰을 건립중에 있으며, 롯데쇼핑 역시 오는 2010년 김포공항 내에 있는 6만 평의 부지에 쇼핑몰을 건립한다고 한다.

이처럼, 지난 1997년 외환위기 후 10년이 넘어선 지금 기본적인 생활 영위를 위한 백화점이나 할인점, 슈퍼마켓과 같은 형태에서 대형 복합몰, 프리미엄 아울렛, 교외형 아웃렛과 같은 새로운 형태의 쇼핑 장소가 등장하고 있다. 이는 변화하고 있는 소비자들의 라이프스타일에 대응하면서도 새로운 형태의 유통전략으로 경쟁에서의 우위를 차지하고자 하는 노력의 일환으로써 빠른 속도의 변화와 성장이 이루어지고 있음을 말한다.

복합쇼핑몰에서 쇼핑 외의 활동을 하며 몰링을 즐기는 몰고어들

소비자 라이프스타일의 변화

본격적인 주5일 근무 시대가 도래하면서 주말을 즐겁게 보내고 싶어하는 젊은이들이 일상에서 벗어난 여가생활을 꿈꾸는 여유를 얻게 되었다. 무언가를 할 수 있는 시간이 생기면서 하고 싶은 것이 다양한 만큼 선택 가능한 대안의 수도 많아졌고, 대안의 선택에 따른 지출 규모 증가도 현대인에게는 주말을 보내기 위해서 고려할 사항이 된 것이다. 여가를 즐기기 위해서는 돈이 필요한데, 그렇다고 집에서 나른한 휴식을 보내는 것은 어쩐지 아쉽다.

따라서 사람들은 하고 싶어 하는 것들을 한 번에 즐기되 좀 더 저렴하게 즐길 수는 없을까를 생각하게 되었다. 이는 쇼핑과 외식 그리고 여가를 동시에 즐기려는 소비패턴의 변화를 의미한다. 게다가 해외여행이나 어학연수가 증가하여 외국의 초대형 복합쇼핑몰이나 프리미엄아울렛을 경험해 본 사람들이 늘어나면서, 구매행위에 초점을 맞춘 백화점이나 할인점보다 진일보한 곳을 찾게 된 것이다. 이에 초대형 복합쇼핑몰에서 쇼핑, 엔터테인먼트는 물론, 공연과 영화 등을 동시에 해결하게 되는 좀 더 광범위한 형태가 주목을 받기 시작하였다.

복합쇼핑몰의 경우, 쇼핑은 백화점에서 하고 식사를 위해 다른 패밀리레스토랑으로 이동했다가, 영화를 보기 위해 또 다른 곳에 가지 않아도 된다는 공간상의 장점을 가지고 있다. 즉, 소비자가 원하는 모든 여가활동을 한 공간에서 할 수 있을 만큼 넓고 큰 장소를 지닌 도심 한복판의 엔터테인먼트 복합체로 인식되고 있는 것이다.

몰의 영제너레이션 마케팅

그렇다면 국내 복합쇼핑몰은 타깃 고객인 20대의 발길을 붙들기 위해 어떻게 그들에게 접근하고 있을까.

코엑스몰

코엑스몰은 총 시설면적 3만6천 평의 지하쇼핑 공간이며, 이는 올림픽 주경기장(2,480평)의 약 14.5배에 해당하는 규모이다. 코엑스몰에는 식음료 시설, 마르쉐, TGI 등 테마 레스토랑과 맥도널드, 버거킹과 같은 젊은이들을 위한 패스트푸드 등, 84개 점포가 입점하였으며, 일반 판매시설은 패션, 화장품, 잡화, 안경 및 편의점 등, 176개 점포가 입점해 있다. 이 중 가장 유동인구가 많은 곳은 메가박스 영화관과 아쿠아리움 수족관이다.

코엑스몰은 지하에 그 시설이 갖추어져 있음에도 불구하고, 통로의 폭이 18m로 국내 최대 폭으로 무역센터 내 전시 및 컨벤션 시설 방문객의 편의성을 도모하고 있다. 2000년 오픈한 코엑스몰은 연간 3천만 명이 이용하며, 연중무휴 이용가능 한 대형 복합상업시설이다.

코엑스몰은 기본적으로 21세기 한국을 체감하는 공간, 전시 및 컨벤션과 부대시설, 건전한 놀이와 문화공간, 고객편의를 위한 광장의 네 가지 밸류를 고객에게 제공하는 것을 코엑스 개발 목표로 한다.

코엑스몰은 웹사이트도 탄탄하게 구축하고 있다. 코엑스몰의 웹사이트를 찾아가 보면, 젊은이들이 더욱 쉽게 코엑스몰에서 몰링을 할 수 있도록 온라인 홈페이지를 통해 상황별 몰링 코스를 제안하고 있다. 시간 때우기 코스, 초절약 코스, 패밀리 코스, 연인 선물사기 코스로 이루어진 코엑스몰 추천코스는 코엑스몰에서 몰링을 하는 대부분의 타깃고객이 젊은이들과 가족 단위의 고객임을 염두에 둔 마케팅 전략이다.

코엑스는 항상 볼거리가 끊이지 않는다. 꼭 돈을 챙겨가지 않는다고 하더라도 코엑스 곳곳에 볼거리가 펼쳐져 있다. 볼거리는 쇼핑이나 먹거리에서부터 각종 기업의 신제품 홍보, 스타의 팬 사인회까지 다양하다. 코엑스 내에 이벤트 코스라는 곳도 따로 마련되어 있는데 이곳에서는 공연과 콘서트가 자주 열린다.

라페스타 일산점

라페스타 일산점(이하 라페스타)은 스트리트형 복합쇼핑몰로 일명 '문화의 거리' 라는 거리 형태에 그 주변을 둘러싼 6개의 건물에 패션몰, 영화관, 방송국이 들어서 있는 형태이다. 이를 통해 야외 대형 이벤트들이 가능하도록 함으로써 젊은층에게 인지도를 높이고 있다. 일례로 루미나리에 이벤트를 통해 볼거리를 제공하고 타깃고객을 자연스럽게 몰링하도록 만드는 전략을 사용하고 있다.

이런 라페스타 문화의 거리는 길이 300m, 최대폭 28m, 3천여 평의 보행자 전용도로로 미국의 산타모니카, 일본의 신주쿠와 같이 기획단계부터 상업시설과 문화가 접목된 문화의 거리로 조성되었다. 또한 멤버십을 통해 포인트제도를 활용하여 충성고객화를 유도하는 전

거리 형태로 이루어진 복
합쇼핑몰 라페스타

락을 구사하고 있다. 이 멤버십카드 제도 또한 단순한 포인트 적립이
아니라 이벤트를 통해 경품을 제공함으로써 멤버십카드 제도에 재미
를 더했다.

아이파크몰

2000년, 코엑스몰이 생겨날 당시만 해도 동양최대의 쇼핑몰이었
으나 현재는 그 위치를 아이파크몰에 넘겨주었다. 2004년 10월 건립
당시 이름은 스페이스9이었으며, 2005년 아이파크몰로 이름을 변경한
이곳은 코엑스몰의 2.3배인 8,500만 평 규모로, 2007년 기준 동양최대
의 쇼핑몰이다. 아이파크몰은 젊은이들이 더 적극적으로 참여할 수
있도록 하는 이벤트 전략을 사용하고 있다. 바로 블로그를 이용하는
것이다. 여타 쇼핑몰들은 직접 자사 홈페이지에 갤러리 공간을 만들

어 참여를 유도하는 반면 개인의 공간인 블로그를 통해 더 큰 참여를 유도하고 충성고객화하는 마케팅 전략인 것이다.

용산 아이파크몰의 또 하나의 특징은 세계 최초 e-스포츠 경기장이 있다는 것이다. 2005년 12월 중순 생겨난 e-스포츠 상설 경기장을 통해 우리나라는 대회를 중계하는 방송 스튜디오에서 벗어나 항상 대회를 열 수 있는 스포츠 경기장을 확보하게 됐다. 350평 규모인 상설 경기장에는 500여 관람석과 함께 방송중계 등의 시설이 있다. 경기장 운영은 한국e-스포츠협회가 맡고 있으며, 경기장과 부대시설은 현대역사가 무료 제공하고 있다.

복합쇼핑몰의 세력불리기는 더욱 커지고, 몰링(Malling)을 즐기는 젊은이들의 문화는 점점 더 거세질 전망이다. 기존의 영화관과 대형 서점들이 몰링이라는 면에서 서로 경쟁 대상이 되어가고 있는 것이다. 그리고 이 중에서도 상권이 집중된 형태이면서 브랜드의 인지도와 가치를 높인 형태의 복합쇼핑몰을 소비자들은 선호하고 있다. 결국 영화관과 서점들도 자신만의 차별화된 성격을 가지지 못한다면 복합쇼핑몰화를 통한 몰링을 유도해야 하다.

이제 빠르고 쉽게 모든 것을 즐길 수 있는 공간의 몰링은 이제 젊은 세대에서 모든 세대를 아우르는 현상이 될 것이다.

3
마음껏 **실력**을 펼쳐라, **대학생 공모전**

자유분방하고 활동적인 20대.

그들은 마냥 인생을 즐기기만 할까? 낙타가 바늘구멍 통과하기보다 어렵다는 취업난을 겪고 있는 이 땅의 젊은이들은 분명, 마냥 인생을 즐기고 있을 수만은 없을 것이다. 그들은 그 어느 때보다도 더 치열하게 미래를 준비하고 있다. 학벌, 학점, 토익점수를 뜻하던 취업 3종 세트에서 더 나아가, 이제는 취업 5종세트가 등장했다. 아르바이트, 봉사활동, 자격증, 인턴, 그리고 공모전이 그것이다. 기업은 더 이상 책상 앞에 앉아서 공부만 착실히 한 인재를 원하지 않는다. 그들은 실전경험이 풍부한 준비된 인재를 원한다. 따라서 학생들은 적극적으로 여러 가지 대외 활동을 할 수밖에 없다. 이것을 기업이 그냥 지나칠 리 없다.

기업이 공모전 시장에 뛰어드는 이유

기업 입장에서 공모전은 비교적 저렴한 비용으로 고객들과의 관계를 증진시키는 방법 중 하나다. 여기서 고객은 반드시 외부고객일 필요는 없으며 내부 고객, 즉 직원들을 대상으로 공모전을 개최하기도 한다. 내부 직원 대상으로는 신규 사업 아이디어나 표어, 슬로건 등의 공모전이 많이 열리고 있다. 기업이 보통 PR을 하기 위해서는 적게는 수천만 원에서부터 많게는 천문학적인 액수가 소요된다. 그에 비하면 공모전에 드는 비용은 상금 및 공모전 홍보를 포함하여 약 2천만 원이 넘지 않는 수준이다. 따라서 기업 입장에서는 공모전이 적은 비용으로 기업 PR을 할 수 있는 기회인 것이다. 공모전을 한번 개최하면 최소 1천여 명의 대학생이 응모한다. 더군다나 공모전에 응모하는 학생들은 공모전의 준비과정에서 기업의 이모저모를 조사하기 때문에, 자연스럽게 기업 홍보의 기회가 되는 것이다.

기업이 공모전을 개최하는 또 다른 이유는 가공되지 않고 신선한 아이디어를 얻기 위해서다. 특히 창의력이 생명인 광고업계에서는 오래 전부터 대학생들의 아이디어를 얻기 위해 공모전을 개최하고 있다.

마지막으로, 공모전은 기업 입장에서 인재유치의 수단으로 활용되기도 한다. 많은 기업들이 자사의 공모전에서 수상한 학생들을 신입사원 채용 시 우대하고 있다. 자사의 공모전에서 좋은 성적을 거둔 학생은 이미 그 기업에 대해 많은 정보를 알고 있을 뿐 아니라 그 기업이 바라는 인재상일 확률이 높기 때문이다. 어떤 기업은 그들이 원하는 대학의 특정 학회에만 따로 연락을 취해 그들끼리 공모전 경쟁을 하도록 진행하기도 한다.

다양한 분야의 공모전

이렇게 학생과 기업의 필요가 맞물려 공모전 시장이 커나가고 있다. 이제는 거의 모든 산업 분야의 기업들이 공모전을 주최하고 있다고 할 수 있을 정도이다. 기업의 공모전은 아래와 같이 논문 및 마케팅, 디자인, 광고, 기획 · 아이디어, 체험 · 참여, 국토대장정 · 해외원정대 등 다양한 분야에서 진행되고 있다. 다음은 대학생들에게 인기가 많고 비교적 참여율이 높아 활발하게 진행되고 있는 공모전이다.

이 글에서는 표에 나타난 공모전 중에 인재 유치를 위한 목적이 강한 마케팅 공모전인 로레알 챌린지 프로그램과 학생들에게 다양한 아이디어를 뽐낼 수 있는 기회를 주는 KT&G의 상상마당 공모전, 해외여행 경비를 지급하는 해외탐방 공모전 LG 글로벌 챌린저 프로그램, 참여형 공모전인 영삼성 열정운영진의 사례에 대해 살펴보자.

• 대학생 대상 기업 공모전

분야	기업	공모전
논문	매일경제신문사	매경 대학생 경제 논문 현상 공모전
	한국경제신문사	한경 대학(원)생 경제 논문 공모전
	포스코	포스코 연구 논문상
광고	제일기획	제일기획 대학생 광고 대상
	한국도로공사	한국도로공사 대학생 광고대상
	LG애드	LG애드 대학생 광고대상
마케팅	KT&G	KT&G 상상마당 대학생 광고 공모전
	로레알 코리아	로레알 챌린지 프로그램
	AMORE PACIFIC	태평양 대학생 마케팅 공모전
디자인	스와치코리아	스와치코리아 디자인 콘테스트
	건축가협회	대한민국 건축 대전
기획·아이디어	KB국민은행	KB국민은행 대학생 신상품 아이디어 공모전
	더페이스샵	더페이스샵 아이디어 공모전
체험·참여공모전	영삼성	영삼성 열정 운영진
	SK 텔레콤	TTL tomorrow creator
	BAT 코리아	BAT shape our world
국토대장정 및 해외탐방	동아제약	동아제약 대학생 국토대장정
	LG	LG 글로벌 챌린저 프로그램

인재 개발을 위한 로레알 챌린지 프로그램

로레알은 전세계 130여 개국에 진출해 있는 세계 1위의 화장품 기업이
다. 2006년 총매출액은 157억 9천만 유로(약 204억 달러, 19조 2480억여 원)

로 랑콤, 비오템, 로레알 파리 등 굵직굵직한 글로벌 브랜드 18개를 보유하고 있으며, 전 세계에서 1초당 무려 135개의 화장품이 판매되고 있다. 100여 년의 역사를 자랑하는 글로벌 기업이라는 명성에 걸맞게 로레알은 혁신적인 채용수단을 개발해 운용하는 것으로도 정평이 나 있다. 그리고 인재 발굴 및 채용에 있어서 공모전을 활발히 활용한다. '가장 중요한 것은 사람(It's People)'이라는 창업자 유젠 슈엘러(Eugene Shueller)의 기업가 정신을 구현하기 위해 전략적 사고와 창의력, 인성, 팀워크 등을 다각도로 파악할 수 있는 공모전을 개발해 전세계에서 내로라하는 인재들을 끌어들이고 있다.

로레알 챌린지 프로그램은 전략(L' Oreal e-Strat Challenge), 마케팅(L' Oreal Brandstorm), 생산관리(L' Oreal Ingenious Contest)의 3개 분야로 구성되어 있다. 이 가운데 전략 부분이 규모 면에서 가장 큰 행사이다. 마케팅 분야인 로레알 브랜드 스톰의 경우 93년부터 시작되어 가장 오랜 전통을 가지고 있지만 규모 면에서는 e-Strat 챌린지에 미치지 못하고 있다. 또한 L' Oreal Ingenious Contest 의 경우는 2005에 시작된 행사로, 아직은 규모도 작고 홍보가 제대로 이루어지지 않은 상태이다.

로레알 e-Strat 챌린지(L' Oreal e-Strat Challenge)

세계 최초의 온라인 경영 시뮬레이션 게임인 e-Strat 챌린지는 인터넷으로 가상의 화장품 회사를 운영하는 것이다. 3명이 한 팀이 되어 회사의 CEO가 되며, 하버드, 인시아드(INSEAD), 스탠포드 등 세계적인 대학교의 MBA 학생들도 참석하는 세계 최대 온라인 전략 대회이다.

같은 학교 출신 학생으로 이루어진 팀이라면 참가 제한이 없으며 약 2달 동안 여러 단계의 라운드를 통해 연속적으로 경쟁하게 된다. 국내에서 참가할 경우라 하더라도 대회 진행이 영어로 이루어지기 때문에 제품 개발과 홍보, 유통 채널 개발, 시장 조사 등에 있어서 언어적 장벽이 없어야 한다. 대회 기간 동안 관련된 분야에 끊임없이 재투자해야 하며 여러 가지 변수를 통한 경영의 성과는 최종적으로 SPI라는 주식 지수로 환산된다. 또한 모든 온라인 게임이 종료된 후에는 각 지역별 1위 팀과 전세계 상위 3개 팀(총 9개 팀)이 파리로 초청되어 자신들의 지금까지의 전략과 향후의 전략에 대한 프리젠테이션을 통해 최종 우승자를 결정하게 된다.

2004년도 e-Strat 챌린지 대회부터는 학생들이 개별적으로 온라인에서 경쟁하는 '오픈 챌린지' 방식 외에도 오프라인 수업과 연계시킨 '아카데믹 챌린지'가 추가되었다. 학교에서 이 프로그램으로 경영학 수업을 받으면서 온라인 게임에도 참여할 수 있게 한 것이다. 이미 미국 와튼 스쿨 등 유명 대학들이 '아카데믹 챌린지'를 자신들의 경영학 커리큘럼에 도입했으며 한국에서는 연세대 경영학과가 전공과목인 마케팅 전략의 교재로 채택했나.

세계 최초의 온라인 경영 시뮬레이션 게임, 로레알 e-strat 챌린지 프로그램

로레알 브랜드 스톰(L'Oreal Brandstorm)

1993년 프랑스에서 시작된 이 대회는 매해 선정되는 로레알의 한 제품라인을 가지고 정해진 기간 동안 새로운 시장의 요구에 부흥하는 새로운 제품 라인을 제안하는 것이다. 무엇보다 시장과 전반적인 트렌드에 대한 통찰력이 요구되며 동시에 한국뿐만 아니라 전 세계적으로 성공할 수 있는 제품 라인을 개발하는 창의적인 면도 요구된다. 우선적으로 시장분석에 대한 프리젠테이션으로 1차적인 경쟁을 하며 이 과정을 거쳐 선발된 팀들은 로레알 마케팅 팀으로부터 실질적인 브랜드 상황과 이미지, 전략을 전수받고 동시에 로레알에서 지원하는 디자인 업체와 함께 일하게 된다. 디자인 업체와 함께 작업한 제품의 패키지와 콘셉트를 가지고 마케팅 믹스를 통해 효과적으로 시장을 공략할 수 있는 제안을 내는 팀이 한국에서 한 팀 선발되고, 이 팀은 5월에 프랑스 파리에서 개최되는 세계 대회에 참석하여 각 나라의 대표들과 경쟁하게 된다. 주로 3월에 국내 대회 본선이 있고 5월에 세계 대회 본선 경쟁이 이루어진다. 국내 경쟁의 경우는 한국어로 대회가 진행되지만 세계 대회의 경우 영어로 대회를 치루어야 한다.

학생들은 약 2개월간 실제로 브랜드 매니저가 되어 새로운 제품을 개발하고 제품을 시장에 출시하기 위해 마케팅 전략, 광고 전략 등을 기획하는 등 실무를 경험할 수 있는 기회를 갖게 된다. 같은 학교 학생 3명이 한 팀이 되어 두 달간 마케팅, 인사부 실무자들과 함께 일하게 되며, 특히 공모전 상위 입상자들에게는 인턴십 기회가 주어지고 입사 특혜도 있다. 지금까지 총 1만8천여 명의 학생들이 참가했는데

이 중 지난 4년 동안에만 무려 415명이 로레알에 입사했다. 로레알 코리아의 클라우스 파스벤더(klaus Fassbander) 사장은 로레알 브랜드 스톰을 통해 학생들이 시장 상황에 대한 분석능력을 배우고 독창성이 있는 콘셉트를 개발하여 이를 소비자에게 효과적으로 전달하는 커뮤니케이션 전략에 대해 배운다면 어디에서도 통하는 유능한 마케팅 인재가 될 수 있을 것이라고 강조했다.

로레알 인지니어스 콘테스트(L'Oreal Ingenious Contest)

화장품의 원재료 확보부터 생산, 포장, 유통 등 SCM(Supply Chain Management · 공급 망 관리) 전반에 관한 프로젝트를 기획하는 '로레알 인지니어스 콘테스트'는 제품의 생산 및 기술에 관련된 핵심인재 발굴을 주목적으로 새롭게 개발됐다. 전세계 42개의 공장에서 연간 43억개의 제품을 생산하는 글로벌 기업인 만큼 대규모 생산시설을 운영할 능력 있는 엔지니어가 필요하다는 판단에서다. 1회 대회 때 48명이 참가했고 16명이 로레알 일원으로 활동중이다.

로레알 챌린지 프로그램의 효과

제프 스킴슬리 로레알 그룹 이사총괄 담당 부회장은 "로레알은 총명함과 호기심, 탁월한 의사소통 능력과 설득 기술을 가진 열정적인 인재를 원한다. e-Strat 챌린지 등의 프로그램은 다양성과 혁신을 최고의 가치로 여기는 로레알의 기업 철학에 꼭 들어맞는 인재를 발굴해내는 효과적인 리크루팅 프로그램이다"라고 강소한나, 챌린시 과성에서 로레알이 원하는 자질인 'FACE', 즉 유연한 사고(Flexibility), 자율성(Autonomy), 의사소통능력(Communication), 열정(Energy)이 고스란히 드러난다고 믿기 때문이다.

로레알 e-Strat 챌린지와 같은 프로그램은 능력 있는 젊은 인재들을 전세계에서 발굴할 수 있는 고도의 채용수단이자 기업홍보 수단이다. 로레알의 인재경영 원칙은 다양성과 혁신을 최고의 가치로 여기는 로레알의 방식대로 생각하고 행동하는 인재를 발굴해 육성하는 것인데, 뷰티 산업은 엄청나게 복잡하고 다양한 분야로서 인종, 문화, 지역에 따라 소비자들의 욕구가 모두 제각각이기 때문에, 어느 곳에서나 잘 팔리는 베스트셀러를 만들기 힘들다. '미'(美)에 대한 단 하나의 기준이 없기 때문이다. 따라서 프랑스 내수시장뿐만 아니라 전세계를 상대로 비즈니스를 하는 로레알로서는 끊임없는 혁신을 통해 다양성을 추구하는 것이 핵심 명제가 될 수밖에 없다.

로레알이 바라는 인재상이 유연하고 개방적인 사고를 바탕으로 다양한 시장상황에 맞춰 항상 달라지고 변화할 수 있는 인물이라면 'e-strat 챌린지' 같은 프로그램은 이 같은 자질에 대해 매우 실질적이면서 입체적인 평가를 할 수 있게 하는 수단이다. 우선 학생들이 가상의 다국적 화장품기업의 최고경영자(CEO)가 돼 회사를 직접 운영해 보도록 함으로써 전략적 사고, 팀워크, 위기관리능력 등을 종합적으로 평가할 수 있으며 한두 장의 이력서나 자기소개서, 학교성적표로는 파악할 수 없는 속성들을 효과적으로 가늠할 수 있다. e-strat 챌린지와 같은 프로그램은 로레알의 지난 100여 년간의 사업경험을 기반으로 만들어진 것인 만큼 학생들에게 로레알 만의 독특한 사업방식을 몸소 체험해 보게 함으로써 로레알의 기업상과 일치하는 인재를 추려낼 수 있다는 장점도 갖추었다. 르 그랑드 부사장은 "온라인 시뮬레이션을 통해 계량화된 점수로 순위를 매기는 것 외에 비즈니스 플랜을 작성해 심사위원들 앞에서 직접 발표하게 함으로써 창의력과 의사소통 능력까지 검증할 수 있다"고 소개했다.

e-strat 챌린지는 2004년 행사에 약 40만 유로(약 6억 원)가 소요됐을 정도로 매년 만만치 않은 비용을 투자하고 있지만 그만한 가치가 있다고 평가받고 있으며 로레알은 앞으로 e-strat 챌린지 프로그램을 최근의 시장상황, 경영이슈들에 맞춰 보강하고 발전시켜 로레알의 미래를 이끌 최고의 인재들을 선발하는 핵심수단으로 적극 활용하려고 한다.

대부분의 기업들은 사람이 자신들의 가장 중요한 자산이라고 외치기만 할 뿐, 실제로 인재를 효과적으로 확보·관리하지 못하고 있다. 오늘날의 인재 시장에서는 회사가 입사 후보자들에게 자신을 팔아야 한다. 그리고 그 과정상의 모든 단계는 철저한 '구애'여야 한다. 즉, 그것은 설득력 있고, 유쾌하며, 기교적일 필요가 있다. 이러한 의미에서 로레알의 챌린지 프로그램은 참여자에게 흥미를 부여하고 경쟁심리를 자극하여 최대한의 능력을 끌어냄으로써 미래 인재의 능력을 사전에 검증할 수 있다. 동시에 대회를 통해 기업을 미리 체험할 수 있게 만들고 기업에 관한 좋은 이미지를 구축함으로써 인재들이 로레알을 선택하도록 만들고 있다.

상상력을 마음껏 뽐낼 수 있는 KT&G의 상상마당

KT&G 상상마당 공모전은 KT&G의 아마추어 문예인 등용문으로 전문가, 온라인 참여프로그램, 문화인프라로 구성된 문화커뮤니티를 통해 대한민국의 젊은 상상을 응원하고자 만들어진 프로그램이다. 응모분야는 단편영화, 사진, 문학, 만화 등 총 4개 분야로, 창작물의 전시공간, 등단을 위한 지원프로그램, 각종 문화체험 기회를 제공하는 프로그램들로 운영되고 있다. 하부 프로그램으로 마케팅 리그 등의 공모전을 개최하기도 한다.

공모전 참여에 원하는 사람은 www.sangsangmadang.com에 회원가입을 한 뒤, 창작품을 '상상마당'에 올리면 된다. 연말에 각 출품작 중에서 출판사 대표, 시인과 작가, 감독들이 당선작과 지원액을 평가하고 결정한다.

'상상마당'은 단지 등단을 위한 '마당'만 제공하는 것이 아니라 금전적 지원도 병행한다. KT&G가 지원하는 액수는 영화 4억 원, 문학 3억 원 등 총 10억 원이다. 이는 기업의 공모전 소요 비용 중에서는 꽤 큰 액수인데, 이를 통해 전문작가를 양성, 문화 저변을 확대하자는 취지가 있다고 볼 수 있다. 아마추어 문예인들을 발굴, 육성하고 그들의 창작 활동을 활성화한다는 점에서 다른 기업들의 공모전과 차별화되는 의의를 갖고 있다.

대학생을 세계로 보내는 LG 글로벌 챌린저 프로그램

'LG 글로벌 챌린저'는 LG그룹이 대학생들을 대상으로 매년 실시하고 있는 해외탐방 프로그램이다. LG 글로벌 챌린저는 국내 최초이자 최장수 인재 체험형 프로그램이다. LG 글로벌 챌린저 행사는 대학(원)생들이 직접 탐방활동의 주제 및 탐방국가를 선정하여 보고서를 작성한다. 연구하고 싶은 주제에 관해서 직접 탐방할 수 있도록 보조금을 지원해 주는 프로그램으로, 단순한 해외연수나 해외시찰과 차별화된다. 또한 탐방활동 후 탐방 결과보고서를 PDF로 제작, 챌린저 홈페이지에 등록하여 누구나 공유할 수 있게 함으로써 기업의 사회적 공헌에도 부합되는 프로그램이다. LG 글로벌 챌린저는 2005년까지 380개 팀, 1,380명의 챌린저 대원을 배출했으며, 연 평균 20:1의 높은 경쟁률을 기록하면서 대학생들 사이에서 해외탐방 프로그램의 대명사로 자리매김하고 있다.

수많은 지원자들을 대상으로 하여 엄격한 심사를 거쳐 선발된 챌린저 대원들은 발대식 후 탐방교육을 받게 된다. 이 후 챌린저 대원들은 여름방학(7~8월) 기간 동안 각 팀 별 자율적인 탐방계획에 따라 2주일 간의 해외 탐방활동을 펼치게 되며 LG는 탐방활동에 필요한 항공료, 숙식비 전액과 소정의 연구활동비 등 탐방활동비 전액을 지원한다. 인터넷 탐방중계 미션을 수행하는 챌린저 팀에게는 LG에서 중계에 필요한 장비를 제공하고, LG글로벌챌린지 홈페이지에 중계 공간을 제공하여 탐방기간 동안 네티즌들과 자신들의 탐방활동을 공유하게

엄격한 기준에 따라 지원자를 선별하여 해외탐방 지원을 하는 LG의 '글로벌 챌린지 프로그램'의 모집 포스터

된다. 탐방 후 각 팀이 제출한 탐방 결과보고서를 심사하여 수상 팀들에게는 장학금 및 LG 입사 또는 인턴 자격을 수여한다.

이러한 여행 지원 프로그램은 다른 공모전보다 경쟁이 치열하다. 그만큼 기업의 홍보효과도 높으며, 더 많은 인재를 끌어올 수 있는 기회로 작용한다고 볼 수 있다. 또한 공모전에 참여한 학생의 입장에서도 많은 것을 보고 배우며 성장할 수 있는 기회를 갖을 수 있기 때문에, 기업에 대해 좋은 인상을 갖게 된다. 더 나아가 20대는 또래에 미치는 영향력이 큰 집단이므로 그들이 얻은 좋은 경험은 주변사람들에게 빠르게 전파되며, 기업 입장에서도 더 큰 홍보효과를 누릴 수 있는 것이다.

젊은 아이디어를 수혈하라

앞서 언급했듯이, 공모전에는 여러 종류가 있다. 그 중에서도 최근 들어 더욱 활발해지고 있는 유형이 참여형 공모전이다. 참여형 공모전은 단기간에 프로젝트를 제출하고 심사받고 끝나는 것이 아니라, 일정 기간 동안 기업의 모니터로 활동하거나, 기업에 아이디어를 제공하는 회의에 참여하는 것이다.

영삼성은 2005년부터 삼성이 운영하는 20대 포털사이트(www.youngsamsung.com)이다. 이곳에서는 삼성 채용정보를 비롯해 외국어, 아르바이트, 생활·문화 정보 등 취업과 연관된 각종 정보를 제공하고 있다. 이 사이트의 기획과 운영은 대학생들에 의해서 이루어지는데, 매학기 약 10여 명의 학생들을 '열정운영진'으로 뽑는다. 열정운영진은 사이트 모니터링, 취재 및 기고 등 활동을 한다. 운영진들은 소정의 활동비(학기당 120만 원) 및 해외 배낭여행비를 지급받으며 삼성그룹이 주최하는 활동에 참여하면 지원을 받는다. 현대자동차 역시 대학생 커뮤니티 사이트 '영현대'(http:// www.young-hyundai.com)를 운영하고 있다. 이곳 또한 현대자동차 홍보단, 리포터, 탐방대원 등의 각자 역할을 맡은 '열정운영진'이 주축이 돼 활동하고 있다.

기업은 참여형 공모전을 통해 그들의 포털사이트 운영에 대학생을 참여시킴으로써, 그들의 신선한 아이디어를 얻고 트렌드를 쫓아감 수 있다. 더 나아가 이러한 운영진을 메카로 해서 더 많은 젊은이들은 포털사이트에 끌어올 수 있다. 이러한 포털사이트는 20대가 관심 있는 트렌드 혹은 취업정보로 그 내용이 구성된다. 따라서 기업의 포털사이트를 찾는 젊은이들이 늘어나고 있으며, 사이트 내에서 그들끼리 자발적으로 모임을 만들어 오프라인 모임을 갖기도 한다. 이러한 성공적인 포털사이트 운영은 기업의 이미지를 좀 더 젊고 활동적으로 만드는 데도 도움이 된다.

4

20대, 20세기, e-러닝 **시장**

우리는 지금 그 어느 때보다도

변화의 속도가 빠른 시대에 살고 있다. 변화의 속도에 뒤쳐지지 않기 위해 현대인들은 치열하게 달리고 또 달려야 한다. 치열하게 살아가는 현대인들 한 가운데에 사회에 막 뛰어든 20대가 있다. 그들은 현재 오프라인의 영역을 넘어서 온라인의 영역에서까지 자기발전을 위해 배움을 게을리 하지 않고 있다. 컴퓨터와 함께 청소년기를 보내며 자란 세대인 20대를 타깃으로 하는 e 러닝 시장에 대해 살펴보자.

사용자 위주 교육 프로그램, 'e-러닝'

e-러닝이란, CD-Rom, 동영상, e-Book 등 다양한 파일 형태의 디지털 콘텐츠를 활용하는 컴퓨터 기반 교육으로 인터넷, 인트라넷, 익스트라넷 등 웹을 이용하여 교육자와 학습자, 학습자와 다른 학습자 사이의 쌍방향 커뮤니케이션이 가능한 온라인 학습체계를 말한다. 기존의 오프라인 교육과 대비되는 개념으로 사용되며, 개념상의 차이는 있으나 온라인 교육, 사이버 교육 등과 거의 같은 의미로 사용된다.

e-러닝은 인터넷을 활용한다는 점에서 몇 가지 특징들을 갖고 있다. e-러닝의 가장 큰 특징은 시공간 초월성에 있다. 공간적인 제약을 벗어나서 원하는 장소 어디에서든 인터넷만 연결되어 있다면 원하는 교육을 받을 수 있다. 또한 시간의 제약을 벗어나서 원하는 부분을 선택해 실시간으로 계속 들을 수 있다. 또 다른 특징은 쌍방향 커뮤니케이션을 할 수 있다는 점이다. 궁금한 부분은 실시간 혹은 다른 방법으로 질문을 할 수 있고 심지어 이의가 있는 부분은 교육자가 의견을 제시하여 수정할 수도 있다. 또 다양한 부가서비스 기능을 덧붙여 교육의 효과를 높일 수 있다. 원하는 부분은 따로 보관하여 저장할 수 있고 중요한 부분은 저장하여 중요하다고 표시한 부분만을 테스트할 수도 있다. 이러한 방식을 활용하여 학습자 개인에 맞는 진도관리가 가능하다. 오프라인의 경우는 학원 등의 스케줄에 맞는 주입식 교육진도가 전부라면 e-러닝은 학습자의 다양한 필요에 맞게 조정됨으로써 개인에게 적합한 교육을 제공할 수 있다.

교육자의 입장에서는 오프라인에서 인쇄된 교재와는 달리 원하는 부분, 추가된 부분을 바로 업데이트할 수 있고 그래픽, 사진 등 원하는 자료를 더욱 효과적으로 보여줄 수 있다. 게다가 e-러닝은 오프라인 교육에 비해 저렴하다. 과외교습비, 보습학원비 등에 비해 교육비가 저렴할 뿐 아니라 기업체의 경우에는 임직원 교육에 필요한 출장비, 이동경비, 교재비, 강사비 등 관련 부수비용을 절감할 수 있다.

2007년 e-러닝 시장은 2006년 대비 11.1퍼센트 성장한 8,558억 원의 시장 규모를 형성할 전망이다. 이 같은 수치는 2005~2006년 성장률 14.7퍼센트보다는 낮은 수치지만 기업 및 개인의 e-러닝 수요 증가에 따라 관련 업체들의 매출이 지속적으로 증가하고 있다.

중고등학생들이 활용하는 온라인 교육 시장에서는 고등부 온라인 강의 시장 점유율 72퍼센트를 차지하고 있는 메가스터디의 독주체제이며 2006년 11월 중등 온라인 교육서비스 업체인 엠베스트를 합병함으로써 그 위치를 굳히고 있는 모습이다. 2위 업체로 14퍼센트를 점유하고 있는 이투스 등과의 격차는 벌어진 모습이다.

하지만 중고교생 대상의 e-러닝 콘텐츠는 스튜디오에서 강의를 녹화해 온라인에 올려두는 형식이 대부분이고 그런 콘텐츠는 유효성이 길어야 두 달이다. 자주 콘텐츠를 교체해야 하기 때문에 콘텐츠의 가치가 상대적으로 낮고 유효성이 짧은 편이다. 이에 비해 성인들 대상의 e-러닝 서비스는 고부가가치 콘텐츠를 장기간 유효한 서비스를 제공할 수 있다. 그래서 B2C 대상의 성인 교육 시장은 어학 교육, 자격증, 고시 등으로 수능 교육 시장보다 더 큰 규모로 형성되어 있다.

또한 기업교육 역시도 무시할 수 없는 수준이다. B2C 대상의 성인 온라인 교육 시장은 외국어 교육 사이트인 YBM시사닷컴을 필두로 고시전문교육 이그잼, 자격증전문 교육 사이트인 에듀스파 등이 주목받고 있다.

e-러닝 시장의 니치마켓

중소기업에서 시작해서 대기업들까지 진출을 가속화하며 e-러닝은 치열한 경쟁을 거듭하고 있다. 하지만 그러한 e-러닝의 치열한 틈새 속에서 또 다른 니치 마켓을 찾아나서는 사업들도 개발되고 있다.

새로운 교육 프로그램 개발 − 휴넷

기업들은 기존에 각광받던 영어와 외국어 일변도의 e-러닝에서 벗어나 또 다른 수익모델인 콘텐츠를 찾고 있다.

1999년 설립한 휴넷(www.hunet.co.kr)은 2006년에 유료회원 가입자가 1만 명을 돌파하고 제3회 평생학습대상 기업부문 우수상을 수상함으로써 평생학습 파트너라는 슬로건에 걸맞게 그 위치를 구축해 나가고 있는 중이다. 경영교육 전문기업 휴넷은 직장인을 대상으로 휴넷MBA온라인, 휴넷MBA베이직, 전략기획아카데미, 사이버연수원 등 다양한 경영교육서비스를 제공하고 있다. 지난 1999년 설립 이후 매년 100퍼센트 이상씩 성장해 온 이 회사는 국내 온라인 MBA시장의 약

70퍼센트를 차지할 정도로 MBA 분야에서 정평이 나 있으며 현재 약 100만 명의 회원을 보유하고 있다.

최근 KOSPI가 연일 신기록을 경신하는 등 고가행진을 하면서 휴 넷의 재무와 회계 관련 강좌가 인기를 끌고 있다. 휴넷은 최근 수요가 증가하면서 재무 회계 관련 강의 수를 4개에서 7개로 늘려 개설했다. 조영탁 휴넷 대표는 EBN 산업뉴스와의 인터뷰에서 "'eMBA-회계', '회계에센스' 등 단과로 듣는 재무와 회계 과정 수강생이 꾸준히 늘고 있다. 이런 수요에 발맞춰 보다 세분화·전문화된 새 프로그램을 마련중이다"라고 설명했다.

최근 윤리경영이 이슈화됨에 따라, 지원의 인식 변화의 실천적 참 여를 통해 윤리경영을 실현하는 교육 프로그램도 인기를 끌고 있다고 한다. 휴넷의 강의에는 전문가의 특강 및 인터뷰와 함께 플래시, 삽화,

언론사와 연계해 e-러닝 서비스를 제공하는 휴넷 이 직장인 MBA프로그램

애니메이션 등 멀티미디어 요소가 가미돼 흥미롭게 학습하면서 인식 변화와 실천적 참여를 유도할 수 있도록 했다.

비즈니스리더가 되고자 하는 이들을 위한 평생지원 프로그램인 '휴넷골드클래스'도 현재 약 5,500명이 가입했을 정도로 큰 인기를 끌고 있다. 여기에 가입하면 경영실무과정 무료수강권 등을 제공하며, 매월 열리는 골드명사초청특강에는 그동안 이명박 서울시장, 손석희 아나운서, 방송인 최불암 등 각계각층의 유명 인사가 강의를 진행하기도 했다.

또한 휴넷은 KBS한국어능력시험 교육사이트 '한글샘'을 런칭했다. '한글샘'은 KBS한국어능력시험을 대비하는 교육 사이트로 공무원 국어시험과 대입 수학능력시험 분야에서 권위를 인정받은 유두선 강사와 권기태 강사의 동영상 강의가 주요 콘텐츠이다. 이외에도 '자료샘' 코너를 통해 출제 유형 및 기출자료 분석 서비스를 제공하고, 에듀테인먼트 형식의 '놀이샘', '공감샘' 코너를 통해 일반인들도 쉽고 재미있게 한국어를 접하고 학습할 수 있도록 한 것이다.

이처럼 시대의 흐름에 적절한 콘텐츠를 개발하고 그 콘텐츠를 바탕으로 한 경쟁력 우위를 점하여 그것을 토대로 틈새시장을 찾을 수 있을 것이다.

새로운 매체의 개발

새로운 매체를 개발하는 것도 또 다른 성장활로를 찾는 방법이다. 유비스쿨과 인터파크는 오픈마켓의 C2C 방식의 매체를 만들어 가고 있고 윈글리시닷컴과 YBM시사닷컴은 DMB, PMP등 다양한 모바일 기기들을 또 다른 수단으로 활용하고 있다.

　유비스쿨은 "누구든지 강사가 될 수도 있고, 학생도 될 수 있다"는 '오픈마켓'의 개념을 도입하였으며, 수익모델도 중개수수료를 기본으로 하고 있다. 영어회화 오픈 마켓 서비스를 시작하여 중국어와 한국어 서비스까지 오픈해 4개국어 회화(free talking)서비스를 진행중인데, 마음에 드는 강사를 수강생이 자유롭게 선택할 수 있고, 1 대 1 수업방식이기 때문에 관심 분야에 대해 깊이 있는 대화가 가능하며, 기존 학원 수강료와 유사하거나 저렴한 비용으로 개인 과외 수준의 강의를 들을 수 있다. 강사 입장에서는 자유롭게 일정을 조정하고, 시간이나 공간의 제약 없이 PC를 이용해 강의를 제공할 수 있다.

　윈글리쉬닷컴은 위성 DMB 채널 42번 윈글리쉬 교육 방송 콘텐츠를 온라인상에서 내려받아 구매할 수 있는 다운로드몰을 열었다. DMB 콘텐츠 다운로드몰은 소액을 내고 원하는 사운드 형태의 어학 프로그램을 MP3 다운로드 방식으로 이용하는 서비스로, 약 1,500개의 제품이 마련돼 있다. 이용자들은 다운로드한 콘텐츠를 그대로 PC에서 재생하여 학습하거나 MP3플레이어에 저장하여 이동하면서 학습할 수 있다. 이들 프로그램은 빌트인 타입의 어학 콘텐츠로 MP3P뿐 아니라 PMP, PSP, 내비게이션, 텔레메틱스, 전자사전 등의 기기로 기간 제한 없이 들을 수 있다.

　YBM시사닷컴 역시 모회사인 YBM시사 역시 양질의 콘텐츠를 기반으로 e-러닝은 물론 온라인 시험과 디지털 콘텐츠 제작 등의 다양한 수익모델을 발굴해 내고 있다. YBM시사닷컴은 디지털 콘텐츠 사업에서는 컴퓨터를 활용한 온라인만이 아닌 MP3P, 휴대폰, PMP 등의 다양한 모바일 기기를 통해서 외국어 학습 자료를 제공하고 있다.

기존의 e-러닝 업체들이 인터넷에 한정된 콘텐츠 서비스를 제공하는 것과 비교하면 이들의 이러한 움직임은 주목할 만하다. e-러닝의 환경이 고정된 PC 앞에서 국한되지 않고 각종 모바일 기기들과 무선 인터넷 인프라를 바탕으로 장소에 구애받지 않는 이동중에도 학습할 수 있는 행태로 바뀌어 가는 것을 내다본 것이다.

온라인 교육 향후 발전방향

교육 콘텐츠를 활용한 해외 진출

e-러닝의 진정한 시장은 국내가 아니라 해외에 있다고 볼 수 있다. 최근 우리나라 e-러닝 산업의 기술력과 콘텐츠에 대한 해외의 관심이 급증하고 있기 때문이다. e-러닝 산업에 대한 정부의 관심과 지원 의지도 확고하다. 또한 기업들의 해외 시장 진출 움직임도 활발하다. 따라서 중국과 대만과 동남아 그리고 유럽, 미주 지역까지 시장을 개척하는 기업들도 등장하고 있다. 하지만 e-러닝 기업들의 해외 진출은 단순히 기술적 우위만으로는 성공할 수 없다. 교육 서비스는 철저한 현지화가 필수적이다. 시장에 대한 철저한 조사와 타깃 파악을 위한 면밀한 사전 분석이 필요할 것이다.

2003년부터 중국 삼성그룹 현지 채용인 대상의 e-러닝 서비스를 제공해 온 크레듀는 외국어, 직무, 마케팅, 정보보안, 삼성그룹 입문과정 등을 서비스중이다. 7월부터는 더욱 현지화된 고품질 콘텐츠들을 부가한 서비스를 오픈해 중국 시장을 공략할 예정이다.

YBM시사닷컴은 2007년 하반기부터 마이크로소프트의 국제적인 공인 인증시험인 MOS(Microsoft Office Specialist) 서비스를 중국에 이어 베트남으로 확대할 예정이다. YBM시사닷컴은 MOS 주관사인 서티포트와 베트남 사업에 대해서도 협의를 마쳤으며, 하반기부터 베트남에서 MOS 시험을 주관하게 될 예정이다. 또한 YBM시사닷컴에서는 2007년부터 토익 연습용 솔루션을 오사카대, 쇼와대, 히로시마대 등 일본의 24개 대학에 정규과목용 교재로 공급해 오고 있는데, 2006년 7월부터 일본의 유력한 대학교재 업체인 아사히 출판사와 계약을 체결, 개인 맞춤형 온라인 e-러닝 토익 학습 프로그램인 'CAT(computer adaptive testing) TOEIC'을 수출하고 있다. 이를 통해 일본 대학생들이 YBM시사닷컴의 한국 서버에 접속해 영어 콘텐츠를 활용하고 있는 것이다.

다른 산업과의 제휴

모든 업종들이 복합화, 다각화되면서 타 업종과 온라인 교육사이트와의 마케팅 제휴도 활기를 띠고 있다. 온라인 교육 사이트와 오프라인 학원의 단순 제휴도 많아지고 있지만, 다른 산업과의 제휴를 통해 또 다른 기회를 모색하고 있는 것이다.

도시바코리아는 교육전문 업체인 에듀박스와 협업을 통해 최고 35퍼센트 할인된 가격으로 노트북컴퓨터를 공급하고 있다. 라온디지털도 온라인 교육사이트 이투스와 공동으로 교육패키지 상품을 판매하고 있다. 아직까지는 다른 사업과의 단순한 마케팅 제휴활동이 대부분이지만 향후에는 기술제휴 등을 통한 디지털 멀티미디어 구현과 보다 나은 인터페이스 연출이 가능할 것으로 기대된다.

e-러닝에 대한 시장의 반응은 계속 뜨겁게 달아오르고 있다. 또한 각 e-러닝 업체들도 새롭게 거듭나고 있다. 이것은 인터넷과 컴퓨터에 거부감 없이 자라난 20대의 시대적 배경과, 변화에 부응하려는 20대의 욕구가 부합하여 나타난 현상이다. 이러한 시대적 배경과 욕구가 계속되는 한, e-러닝 시장도 계속해서 진화할 전망이다.

e-러닝의 발전과정을 세대별로 나누어 보면 다음과 같다.

제1세대 : 오프라인 강의의 동영상화된 VOD

제2세대 : 온라인을 위한 강의 진행 및 다양한 시각적 보조자료

제3세대 : 교육자와의 쌍방향 커뮤니케이션을 통한 진화(콘텐츠, 미디어의 개발)

제4세대 : 유비쿼터스 교육

제5세대 : 과연 무엇이 될 것인가?

지금이 3세대의 단계에 와 있다면 일부 기업에서 시도하고 있는 4세대 '유비쿼터스 교육'의 방향으로 e-러닝은 진화할 것이다. 컴퓨터

뿐 아니라 우리가 가지고 있는 모든 매체를 통해 교육을 받을 수 있고 그 효과를 높일 수 있는 방법으로 꾸준히 업그레이드되어 24시간을 모두 교육의 시간으로 바꿀 수도 있다. 수면중에도 교육효과를 올릴 수 있는 음파 발견이 꿈만이 아닌 시대가 올 수 있다.

교육이라는 한국사회의 끝없는 이슈를 향한 업체의 노력과 함께 쌍방향 커뮤니케이션 시대인 만큼 e-러닝 교육을 이용하는 사용자들도 보다 효율적으로 활용할 수 있는 방안이 개진되어 프로슈머들이 활약할 수 있는 장이 되어야 할 것이다.

5

우리는 **파티하**며 논다, **20대**의 **파티**

미국의 시트콤

〈프렌즈〉나 〈섹스앤더시티〉에는 젊은 뉴요커들이 파티를 즐기는 장면들이 등장한다. 친구들끼리 친목을 도모하거나 인간관계를 넓히는 목적, 혹은 비즈니스의 차원까지 크고 작은 파티가 가지는 영향력이 큰 곳이 미국이다. 미국의 시트콤이나 드라마에 투영된 파티 문화가 본격적으로 정착하기 시작하면서 생소하고 부담스럽던 이미지의 파티가 하나의 문화 코드로서 보편화되는 분위기가 형성되고 있다. 이에 클럽프렌즈나 유니파티와 같이 파티를 기획하는 것을 주요한 업무로 하는 업체들이 등장하고 파티플래너나 파티 오거나이저와 같은 새로운 직업군이 등장하면서 파티 비즈니스 시장 역시 확대되고 있다.

파티문화가 소개되면서 파티를 위한 드레스 코드를 접목한 화려한 의상들이 선보이게 되었으며, 파티를 익숙한 문화로 생각하게 된 젊은층을 중심으로 화려한 의상이 거리를 점령하게 되었다. 미디어를 통해서 전달되는 연예인들의 화려한 시상식 의상과 같은 화려하고 독특한 콘셉트를 지닌 드레스 코드에 신경을 쓰기 시작하면서 위즈위드나 옥션과 같은 인터넷 업체들은 파티를 위해서 의상이나 액세서리를 제안하는 코너들을 개설하기에 이르렀다. 또한 파티가 다양한 제품 홍보의 장이 되면서 하나의 마케팅이 되기도 한다. 최근 미니스커트를 콘셉트로 한 애니콜의 새로운 휴대폰이 출시되면서 삼성은 미니스커트 파티를 기획했다. 제품의 이미지와 드레스코드를 융합한 미니스커트 파티를 통해서 제품을 홍보하고 있는 것이다.

파티, 대중에게 침투하다

20~30대 싱글들은 파티문화가 대중에게 일반화될 수 있게 만든 주역이다. 그들에게 파티는 하나의 문화코드로 자리매김 하고 있다. 10여년 전에 소위 X세대로 불리던 젊은층은 다양한 문화에 개방적이면서 결혼보다는 일과 자유를 중시하며, 커뮤니티를 형성해 인간관계를 확대하는 것을 좋아하는 이들이다. 과거의 인맥은 학교나 회사의 선후배나 학연, 혹은 지연을 통한 것이었지만, 젊은층의 오락 및 사교의 공간으로서 파티가 새롭게 환영받고 있는 것이다

파티가 문화코드로 정착하기 이전에 우리가 알고 있던 파티는 우아한 드레스를 입은 소수 사회 지도층의 사교모임과 같은 부담스러운 이미지가 대부분이었다. 술이나 나이트클럽 등과 같은 놀이문화에 익숙해져 있던 한국 사람들에게는 잘 짜여진 파티 프로그램이나 콘셉트에 맞추어진 파티 공간이 낯설게 다가왔고, 서구의 파티문화는 사교 파티나 귀족파티와 같이 상위 소수자들의 격식 갖춘 모임의 이미지로 전달되었기 때문이다. 이는 파티가 1990년대 후반에 해외에서 유학을 한 사람이나 외국 기업들을 통해서 유입된 것이라는 사실에도 기인한다.

따라서 파티는 보통의 사람들과는 격리된 소수의 문화로 인식되었고, 패션이나, 연예인, 명품 브랜드 매니저와 같은 계층이 즐기는 문화로서 치부되고 말았다. 그러나 생소한 문화의 일종으로 치부되던 파티가 대한민국 파티플래너 1호 지미기를 시작으로 이슈화되기 시작했다. 놀이 문화의 콘텐츠가 부족하던 시기에 파티를 하나의 트렌드로 만들면서 파티라는 개념이 본격적으로 등장하게 된 것이다. 물론 커피광고에서 파티플래너 지미기의 이미지를 함축적으로 전달한 것을 계기로 해서 파티는 친구들과 술잔을 기울이는 것을 좋아하는 대중에게 선택되기 시작한다. 그 결과 현재는 미디어를 통해서도 파티를 흔히 접할 수 있을 만큼 브랜드의 런칭파티는 일종의 통과의례와 같게 되었고, 홍대 근처의 클럽과 접목된 파티가 호황을 이루면서 그 규모는 물론 파티의 종류와 콘셉트도 다양해지고 있다. 스탠딩, 와인, 파자마, 클럽파티처럼 다양한 콘셉트의 파티가 생겼고, 각각의 상황에 따른 테마파티를 개최하는 전문 파티장을 개설하는 호텔들이 등장하기에 이를 정도이다.

파티를 퍼트리는 인터넷

파티의 콘셉트가 다양화되면서, 각자의 취향에 따라서 자신이 원하는 콘셉트의 파티를 선택할 수 있게 되었다. 이는 자신과 비슷한 취향을 가진 사람들을 만날 수 있는 공간이 형성되고 있음을 의미한다. 새로운 만남과 인간관계의 확장을 원하는 젊은층은 인터넷카페나 채팅과 같은 온라인 세상에서의 만남을 넘어서 오프라인의 파티 혹은 이벤트로 그 자리를 확장하고 있다. 같은 취미와 취향을 가진 동료를 직접 만나는 자리로서의 파티가 각광받으면서 파티를 기획하는 전문업체들 역시 급격하게 증가하고 있다.

클럽프렌즈, 파티즌, 유니파티, 이노스클럽 등과 같은 전문업체와 함께 파티플래너들이 새로운 직업군으로 각광받게 된 것이다. 이는 파티가 대중화가 되었다고 해도 파티에 대한 정보가 부족한 사람들이 자신이 원하는 인터넷 파티 동호회에 가입하면서 매일 업데이트되는 파티에 대한 정보를 얻는 수단으로 인터넷이 활용되고 있기 때문이다. 인터넷을 통해서 파티에 대한 정보를 찾는 것은 물론 파티에 함께 갈 사람을 찾거나 관심사가 같은 사람들 간에 자연스런 인맥이 형성되고 자연스레 파티를 하나의 만남으로 생각하는 데 별다른 무리가 없게 되는 것이다.

젊은이들의 메이팅 장소, 파티

해마다 송년모임 역시 파티 스타일로 변하고 있는 추세이다. 파티의 모습은 스탠딩으로 대화를 나누는 프라이빗(private) 사교 모임부터 춤을 추며 즐기는 클럽 파티까지 다양하다. 파티가 개방적이 되어 가면서 열린 공간에서 열리는 경우가 늘어, 특급호텔에서 열리는 시크릿(secret) 파티와는 달라지고 있는 추세이다. 즉, 한국의 파티가 오피셜 파티(official party)에서 프라이빗 파티로 향하고 있기 때문에 행사의 일종이 아니라 인간관계를 넓히는 생활문화의 장이 되어가고 있으며, 이성과의 만남을 주선하는 메이팅 장소가 되어가고 있는 것이다.

소규모의 사교파티는 20대 중후반, 남성은 30대 초중반이 많이 참석하고 있는데, 이런 파티는 싱글들에게 자신의 짝을 찾는 장소로 이용되고 있다. 파티를 주최하는 이들의 인적 네트워크를 통해서 참석자를 결정하는 경우가 흔한데, 이러한 파티의 게스트들은 전문직 종사자나 프리랜서, 외국계 기업에 다니는 사람들로 구성된다. 어색하게 소개팅으로 이성을 소개받는 것보다 음악과 술, 음식을 두고 자연스럽게 이성을 만나기 위해서 참석하는 경우가 많다는 것이다. 첫 만남이 낯설고, 옆 사람에게도 쉽게 말을 붙이지 못하는 한국의 사교문화에 비해서 파티문화는 새로운 커뮤니케이션의 방식을 요구한다. 따라서 사람을 대하는 파티문화에 걸맞는 기술이 필요하게 되고 유쾌하고 자연스러운 만남은 자연스럽게 메이팅과 연결된다.

일례로 클럽프렌즈의 커리어 소사이어티 파티나 20대 초반의 러브스토리 미팅 파티는 메이팅에 직접적인 포커스를 맞추고 있다. 현실적인 인간관계와 이성간의 관계에 대한 관심과 더불어 즐거움이라는 관심사를 가지고 있는 젊은이들이 파티에 열광하는 이유가 되는 것이다. 미팅 피티모임 '러브스토리'의 100 대 100 이벤트의 경우는 파티가 가지는 메이팅 기능 부각에 중점을 맞추고 있다. 인터넷카페의 주인장이 여자친구를 사귈 생각으로 1999년 12월에 열었다는 이 파티는 카페가 생긴 이래 150회가 넘는 파티를 열었다. 노예팅이나 공개 프로포즈 등과 댄스파티가 어우러지면서 이성간의 관계 형성에 초점을 맞춘 덕분에 커플이 형성되거나 또 다른 인적 네트워크 형성을 이루어 내고 있다.

대부분의 파티에는 주최측이 투입한 파티 오거나이저들이 배치되어 파티 참석자들의 자연스러운 참여를 유도하면서 소위 파티의 '폭탄'을 격려하는 역할을 하고 있기 때문에, 적절한 매너를 가지고 있는 이성을 만나기에 적합한 장소로 여겨지고 있는 것이다. 자연스러운 대화가 유도되는 파티에서는 쉽게 관심사를 나눌 수 있으며, 여러 사람과의 대화가 가능하기 때문에 소위 소개팅으로 만난 상대와의 대화에 대한 압박이 없는 것이 큰 강점이다. 물론 소개팅과 같은 목적을 표출하는 파티보다는 자연스러운 만남을 유도하는 파티가 일반적이지만 파티가 주는 특별하고 설레는 분위기는 파티에서의 멋진 인연을 기대하게 하기에 충분하다. 즉, 파티에서 만난 사람의 도움을 받을 수도 있고, 다양한 분야에서 일하는 사람과 친분을 쌓으면서 여자친구, 혹은 남자친구도 만들 수 있는 기능성을 가진 곳이 파티인 것이다.

20대는 파티와 그 코드가 잘 맞는다. 사람을 만나는 모임 중에서도 자기 중심적인 세계관을 가진 젊은층과 묘한 어우러짐을 보이는 것이 바로 파티이다. 이는 파티의 주도권이 자신에게 있기 때문이다. 자신의 주관대로 결정하고 능동적으로 행동하는 젊은층은 만남에서도 마찬가지이다. 나이트클럽에서는 웨이터가 주선하는 만남을 해야 하고, 소개팅에서는 주선자가 골라준 상대와 의무적인 대화의 시간을 저당 잡힌다. 그러나 파티에서는 자신이 원하는 사람들을 직접 선택하고 찾아가서 대화할 수 있으며, 파티 이후에도 만남을 이어가고 싶다면 보다 적극적인 만남을 유도할 수도 있다. 지금의 젊은층은 자기과시에 능하기 때문에 스스로 자신을 소개하는 것이 첫 관문이 되는 파티를 즐길 수 있는 것이다. 따라서 자신의 매력을 충분히 보일 수 있는 장소가 되는 파티는 이성과의 만남이라는 매력이 따라붙는 공간이 된다. 파티는 미팅이나 결혼정보회사의 맞선보다 많은 이성들과 대화를 나누고 안면을 틀 수 있다는 점에서 우위를 형성하고 있다.

파티 대중화의 선두주자, 클럽프렌즈

외국의 파티문화를 대중화한 클럽프렌즈의 경우는 회수로 8년이 넘어가면서 회원수가 10만 명이 되었다. 기본적으로 많은 술을 마시는 회식 문화를 벗어나 와인을 들고 서서 낯선 사람들과 함께 하는 시간을 마련하는 스탠딩 파티를 도입하여 파티에 대한 새로운 이미지를 창조해냈다. 클럽프렌즈의 회원은 무료인 유저 1단계부터 시작해서 6단계

인 VIP회원까지 레벨이 나누어져 있다. 유학이나 해외연수를 통해서 다양한 문화에 대한 열린 사고를 가지게 되는 젊은층의 사고와 함께 주5일제가 도입되면서 파티는 일종의 놀이로서 보다 세분화되고 전문화되는 추세이다.

클럽프렌즈는 유료회원제 클럽이다. 국내 유료회원제 클럽 중 가장 먼저 만들어져 업계의 벤치마킹 대상이 되고 있다. 지식사회에서 전문가들이 오픈마인드의 사교문화를 가지고 다양한 사회적 관계를 만들어, 발전적인 커리어를 쌓을 수 있도록 하는 것이 이 클럽의 모토이다. 1997년 당시 서울대학교 경영학과 대학원생이었던 하승호가 프렌즈라는 이름으로 서울대학교 경영학과 석사과정 학생들과 함께 한 첫 번째 파티를 시작으로 해서 1998년 9월 클럽프렌즈라는 오피스가 출범되기에 이른다. 이후 회원제를 기초로 하는 클럽의 정체성이 확

립되기 시작하면서 다양한 직종의 사람들을 모아 커리어 소사이어티로서 파티족들의 입소문을 타기 시작했다. 그 결과 클럽프렌즈는 매주 토요일마다 평균 150~250여 명 규모로 연 200회 이상의 파티를 진행하고 있는 사교 파티 클럽의 선두지로서 그 위치를 확고히 하고 있나.

유료회원제로 운영되는 프리미엄 파티 커뮤니티 '클럽프렌즈'의 10주년 기념파티 포스터

클럽의 회원 심사는 까다로워서 에세이 쓰기, 전화를 통한 인터뷰, 대면 및 동영상 인터뷰를 포함하는 심사를 거쳐야 정회원이 될 수 있다. 20만 원의 가입비와 50만 원의 연회비가 있지만 정회원의 수는 증가하는 추세이며, 정회원을 제외한 인터넷회원만을 따져도 파티에 대한 수요를 짐작할 수 있게 한다. 클럽프렌즈의 까다로운 가입은 기본적인 매너를 갖춘 사람들이 사교문화를 익히고 사회적인 관계를 형성해 서로의 경력에 발전적인 역할을 하는 데 중점을 두고 있기 때문이다.그러나 일단 까다로운 심사를 거쳐 정회원이 되면 일반 참가자에 비해 50퍼센트 할인된 비용으로 파티에 참석할 수 있고, 이성교제나 네트워크 구성에서도 도움을 받을 수 있게 차별화된 서비스가 제공된다. 파티 오거나이저와 멘토들이 회원을 돕고 파티 문화를 유지하는 역할은 물론, 미혼의 회원간의 만남을 주선하는 프로그램을 통한 메이팅 기능도 함께 담당하고 있다. 더욱이 매주 토요일의 워크숍을 통해 파티를 접해 본 적이 없는 사람들을 위해서 평소의 궁금증을 해결해 파티에 적극적인 참여를 유도하고 있어 사교와 비즈니스를 함께 할 수 있는 기회를 제공하고 있다.

한국의 파티문화, 서울대의 The S Party

미국에서 고등학생들이 화려한 턱시도와 드레스를 입고 파티장에 간다면, 우리나라에서는 그들을 어떻게 생각할까. 아마도 준 재벌쯤 되는 부유층의 놀이라고 폄하할지도 모른다. 그러나 미국에서는 바로 고등학교 시절부터 이미 다양한 파티가 열리고 있고 그 중에서도 최고는 바로 프롬파티, 즉 졸업파티가 아닐까 한다. 프라머네이드(Promenade)라는 2명의 듀엣 댄스를 줄여서 부르는 프롬은 고교시절의 마지막을 장식하게 되는 댄스파티를 말한다. 이에 모든 학생들이 참여를 하려 하고 그 규모와 열기도 대단하다. 점차 장소도 다양해져서 고급호텔이나 유람선 등지에서도 열리며 화려한 옷차림으로 자신의 파트너를 잡기 위해 기발한 방법들이 등장한다. 영화 〈신데렐라 스토리〉에서 주인공인 힐러리 더프가 파티에서 그녀만의 왕자님을 만나서 커플이 된 것같이 졸업 후에 다른 길을 가는 동창들끼리의 평생 한번뿐인 추억을 위해 많은 애를 쓴다고 한다. 이 때문에 매년 고등학교 졸업 시즌인 5월과 6월이 되면 드레스와 턱시도 대여업체와 미용실 등은 분주하기 이를 데 없으며, 학생들의 지출액은 결혼 비용만큼 들어간다고 하니 그 열기를 짐작할 수 있다.

우리나라에도 대학교 졸업파티가 확대되는 추세이다. 2006년 2월 s.crewbar가 주최한 서울대학교 졸업파티 'The S Party 2006'은 인기 검색어가 되고 각종 포털의 메인화면에 기사로 장식될 정도의 관심을 받았다. 이를 두고 일각에서는 지성이 사라진 서구의 파티를 그대로 모방한다는 비평도 일었다. 또한 고려대학교가 서울대학교와 같은 형식의 졸업파티를 선보이면서 대학생들의 파티에 대한 관심을 증폭시키는 계기가 되기도 했다. 화려한 조명과 함께 침된 LCD로 장식된 파티장에는 각종 기업들의 후원을 통해 고급스럽고 세련된 분위기가 형

국내 최초의 대학교 졸업
파티로 관심을 모은 서울
대의 S파티

성되었고, 다양한 종류의 칵테일과 음악에 어우른 춤까지 서구의 파티에 익숙하고 그 문화적인 괴리감이 적은 세대의 특징을 고스란히 보여주었다. 그러나 이를 두고 기성세대는 졸업이나 지성의 실종을 지적하며 우려를 표명했다.

이를 의식한 것인지 서울대학생을 위한 졸업파티인 'The S Party 2007'이 2월 2일 오후 8시부터 열렸다. 재학생과 졸업생들이 직접 참여해서 만드는 졸업기념파티는 총 2부로 나누어져서 졸업과 파티라는 콘셉트에 중점을 두고 있었다. 지난 파티가 국내 대학가에 졸업파티를 유입시키는 대규모의 시도였던 것에 비해서 2007년의 파티는 졸업생들의 애장품과 후원물품으로 경매가 있을 것이며 자선바자회의 이름으로 기부행사가 있을 것이라 했다. 재즈와 락, 힙합이 공존되어 있는 공간을 통해서 문화의 융합에 대한 의미를 부여하며 졸업생의 추억을 위해 포토존의 플래시 세례도 제공된다.

졸업파티는 분명히 변화하고 있다. 단순히 즐기거나 멋을 내기 위한 파티가 아니라 대학을 졸업하고 사회로 첫발을 내딛는 20대의 젊음에 부응하는 명분을 획득하고, 한국의 문화와 어우러질 수 있는 파티의 형식으로 발전할 것이다. 대학생이 이끄는 졸업파티는 이제 그 가능성을 보여주고 있을 뿐이다.

홍보에 이용되는 파티 사례

패션업계의 브랜드 파티

아무래도 파티와 관련해서 가장 많은 연관성을 생각할 수 있는 계통은 패션이다. 20대의 젊은 고객들은 누구보다도 유행에 민감하며, 파티를 즐기는 이들로 파티 드레스 코드에도 관심이 많으며, 패션브랜드에도 상당한 관심을 가지고 있기 때문이다. 파티에 참석하는 사람들이 파티 콘셉트에 맞는 의상을 통해서 유대감을 강화하는 경향이 있고, 무엇보다도 시각적인 라이프스타일을 중시하고 과시하고자 하는 20대의 성향에 의해시 드레스 코드와 패션은 항상 중요한 주제가 된다. 따라서 패션과 파티가 어우러진 영마케팅은 파티가 활용되고 있는 가장 좋은 예이기도 한다.

이를 반영하듯이 패션업계들은 최근 서울 압구정동과 청담동 일대에서 브랜드 파티를 열어 젊은 층의 호응을 유도하고 있다. 젊은 층의 홍대 앞 클럽문화를 그대로 따온 브랜드파티는 주 고객층인 20대가 즐기는 클럽 문화와 파티문화를 그대로 가지고 와 공유하면서 간접적으로 자사의 패션브랜드를 자연스럽게 노출할 수 있다는 점에서 효과적인 마케팅 수단이 되고 있어 패션업계에서 앞다투어 브랜드 파티를 열고 있는 것이다.

2004년 12월 저녁 강남 도산공원앞 슈가클럽에서는 제일모직의 캐주얼의류 '게네스콜' 브랜드 파티가 열렸다. 이날에는 100여 명의 사람들이 초청되어 드렁큰 타이거와 같은 힙합가수의 공연과 인기 DJ

의 진행으로 새벽까지 이어지는 파티가 진행되었다. 당시 이 클럽의 천장에는 자사의 의류 봄신상품들이 걸려 있었다. 이는 의류 브랜드가 정하고 있는 주된 고객층인 20대들이 파티는 물론 자신의 또래들과 어울려 커뮤니티를 형성하고 커뮤니케이션하는 것을 좋아하는 것에서 착안한 것이었다. 파티에 참여하여 음악은 물론, 패션과 광고, 영화와 같이 각 분야에서 활동하는 VIP고객을 중심으로 모아 자사의 신상품을 선보이고 함께 즐길 수 있는 장을 만들어 브랜드에 대한 인지도를 높이고 주 고객층에게 편안하게 다가갈 수 있는 방법으로 파티가 선택되었던 예이다.

케니스콜은 물론 타미힐피거 등과 같이 특정 고객을 주요 타깃으로 하고 있는 수입의류 브랜드의 경우는 파티를 브랜드 마케팅에 적극적으로 활용하고 있다. 브랜드의 런칭쇼나 패션쇼 등을 파티와 연계해서 개최하고 있는 경우가 늘고 있다. 수입브랜드인 '망고' 역시 청담동의 클럽에서 프리젠테이션과 파티를 열었고, 캘빈클라인 언더웨어 역시 시즌 프리젠테이션 및 파티를 열었다.

CK 언더웨어를 입은 모델을 배치하여 신상품을 홍보하고 인기가수의 공연과 스탠딩파티를 곁들인 파티로 브랜드를 인지도 상승을 꾀하고 있는 것이다. GGPX나 EXR과 같은 브랜드는 클럽과 섹시함을 자사의 브랜드로 연상되도록 여름에 클럽파티를 열었으며, 제품 역시 클럽웨어로 활용이 가능한 제품들을 중심으로 내놓으면서 브랜드 정체성을 만들어 가고 있다.

SM3의 고스트 파티

국내 승용차 시장에서 20대 소비자들의 구매력이 주목받고 있다. 이에 따라 자동차 업계는 다양한 마케팅 수단을 이용하면서 20대 소비자의 마음을 잡으려 힘쓰고 있다. 그 중에서도 르노삼성자동차는 자사의 차종 중에서 20대가 눈여겨보고 있는 차종이 SM3이라는 점에 착안하여 편세대에 초점을 맞춘 'Play SM3' 라 이름을 붙였다. 또한 르노삼성은 20대가 향유하고 있는 파티와 자사의 자동차에 관심이 있는 주요 소비자 계층을 2632(26세에서 32세까지)로 명명하고 타깃 고객으로 설정하여 클럽을 빌려 '고스트 파티'를 열었다. 2,500여 명의 SM3고객을 초청해서 2006년 11월 4일까지 부산 및 서울의 유명 클럽에서 다양한 이벤트와 함께 진행되었던 고스트 파티는 SM3의 새로운 광고 콘셉트인 '고스트' 와 젊은 세대의 할로윈 파티를 결합한 이색적인 파티였다.

2007년형 SM3의 출시를 기념하면서도 타깃고객층이 20~30대의 젊은 고객과 커뮤니케이션을 할 수 있는 공간으로서 '플레이 SM3 고스트 파티' 를 열었던 것이다. 이 파티를 통해서 SM3는 그들의 새로운 광고 콘셉트이었던 고스트와의 대결을 부각시킴과 동시에 젊은층의 새로운 문화 코드로 사랑받는 할로윈파티를 연출하였고, 많은 사람들이 신호하는 뮤지션의 공연과 카테일 쇼, 비보이의 댄스 배틀, 댄스파티 등 20~30대가 즐기는 축제의 장으로 형성되어 폭발적인 반응을 얻었다. 자사의 제품이 신세대를 위한 특별한 차로 지리매김하는 데, 자동차가 가지는 다이나믹함과 동시에 파티에서의 경험이 함께 영향을 줄 것이다. 따라서 파티를 통해서 얻은 즐거움과 경험이 제품의 긍정적인 인지로 연결되면 더 큰 마케팅 효과는 물론 젊은층의 입소문도 기대할 수 있어 긍정적인 역할을 할 수 있게 되는 것이 파티가 영마케팅의 형태로 각광받고 있는 이유이다.

영화 개봉 축하파티, 〈드림걸즈〉

골든글로브 3개 부문 최다 수상 그리고 2007년 아카데미에서 여우조연상 및 음향상을 수상한 영화는 바로 〈드림걸즈〉다. 〈드림걸즈〉는 국내 개봉이 예고되자 예매사이트에서 개봉주 예매 1위에 올랐으며, 개봉 스크린 수는 118개에 이르렀다. 팝스타 비욘세의 영화 출연으로 관심을 받았던 〈드림걸즈〉는 음악과 패션 그리고 춤이라는 엔터테인먼트적인 요소를 두루 가지고 있는 영화이다. 이 영화가 국내에 개봉을 하면서 그 개봉을 축하하는 파티가 열렸다. 2007년 2월 홍대의 클럽 M2에서 열린 축하파티는 영화의 개봉을 기다리는 사람들과 시사회를 통해서 영화를 본 이들의 감동과 기다림을 즐기기 위해서 열렸다. 저녁 8시부터 시작이 된 파티는 새벽까지 계속되어 최고의 인원을 자랑했다고 한다.

이날의 파티에서는 영화속의 섹시미를 부각한 'One Night Only'의 클럽공연 장면을 재현하였다. 비욘세의 댄스와 함께 클럽의 몽환적이면서 화끈한 느낌을 그대로 전달하는 이 장면을 파티가 열리는 클럽에서도 그대로 재현되었던 것이다. DJ에 의해서 One Night Only(club mix)가 흘러 나오고 화려한 조명이 비추어지면서 영화 안의 장면과 같은 클럽의 분위기가 연출되었다. 또한 영화가 음악, 패션과 접목된 것을 염두에 두고 각종 패션쇼의 런웨이를 누비는 모델들이 등장해서 영화의 이미지를 전달하였다. 60년대 의상이 트렌드가 되고 있으며 영화음악에 대한 호응과 비욘세가 가진 섹시 아이콘으로서의 이미지가 클럽파티와 잘 접목되었다는 평을 받았다.

경제가 어느 정도 발전을 했고 그에 따라 삶의 질에 대한 욕구가 늘어나고 있다. 또한 밤문화와 함께 주5일제가 확산됨에 따라 현대 사회의 상호간 교류 감소에 대한 보상을 사교적 모임에서 찾는 사람들이 많아졌다. 그 교류의 일환으로 선택된 것이 파티이다. 파티가 하나의 문화코드로 인정받기 시작하면서 최근에는 기업의 이벤트 마케팅에 핵심 아이템으로 떠올랐다. 특히 백화점이나 수입브랜드과 같이 VIP마케팅을 주로 하는 기업들의 경우 효과적인 이벤트로 연결되는 파티의 특수성이 있기 때문이다. 파티는 파티어들을 관객으로만 두지 않는다. 파티에 온 사람들은 함께 어울리기 위해 온 사람들로 적극적인 참여가 필요하며, 참여자들의 공간이 중요한 비중을 차지한다. 이것이 파티에서 적극적인 참여와 호응을 끌어낼 수 있는 이유이다.

기업들이 소비자와의 관계를 관리하듯이 젊은이들은 인맥관리의 중요성을 실업난을 겪으면서 느끼게 되었다. 이에 다양한 분야의 사람들과 안면을 드리는 경향이 합쳐진 복합성을 가지는 문화로서 파티가 각광받기 시작한 것이다.

그러나 파티는 인맥을 형성하는 것 외에도 다른 장소에서 사람을 만나고 어떻게 친해지는지 그 매너와 자신을 어필하는 방법을 훈련하는 기회이기도 하다. 다양한 만남과 즐거운 이야기 그리고 웃음과 음악, 춤, 술과 음식이 있는 곳, 또한 다양하고 낯선 사람들이 만나서 새로운 경험을 하는 곳이 바로 파티이다. 소중한 사람들과 즐거운 나눔을 갖는 시간으로서 자리를 잡아가는 파티, 당신도 그냥 평범하게 놀지 말고 파티에 가는 것은 어떨까.

6

'Only for me' 튜닝 문화

'튜닝족이란 엔진이나

디자인 따위를 자주 개조하는 무리, 또는 그런 사람을 말한다' 라고 2003년 개정된 국립국어원 신어 자료집에서는 설명하고 있다. 튜닝의 사전적 의미는 '라디오, 텔레비전 방송 따위에서 수신기나 수상기의 다이얼을 돌려 특정한 방송국을 선택하는 일', 혹은 '악기의 음을 표준음에 맞추어 고름' 으로 정의되지만, 최근에는 위에서 언급한 '튜닝족' 의 의미로 널리 사용되고 있는 것이 현실이다. 악기의 음을 조율하는 것에서 시작된 튜닝은 자동차, 오토바이를 넘어서 일상 생활에서 쉽게 접할 수 있는 모든 물건에 적용되고 있다. 중고등학교 시절, 교과서 제목을 펜으로 바꿔본 적이 없는가? 남자들이라면 가지고 있는

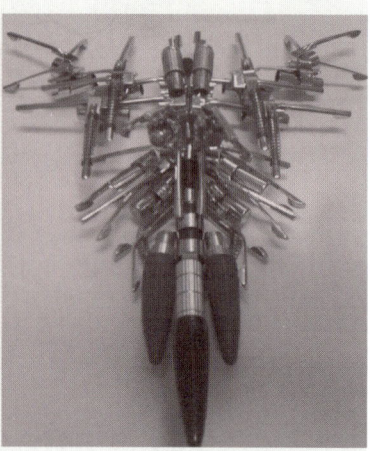

중고등학교 시절 누구나 한번쯤은 해 보았을 교과서와 샤프 튜닝

샤프 펜슬을 개조하여 친구들과 누구 샤프가 더 멋있나 겨루어 본 기억도 있을 것이다. 추가 비용의 지출 없이, 자기 주변의 물건들의 디자인과 기능을 다소 변경하는 것으로 시작된 튜닝은 그 범위를 확대하여 하나의 사회적 트렌드와 비즈니스 모델로 자리 잡게 되었다. 의류와 운동화를 비롯해 휴대폰에까지 미친 튜닝 문화의 최근 사례와 그 영향력에 대해 자세히 알아보자.

튜닝 문화의 등장

튜닝 문화가 등장하게 된 배경에는 최근 다양화·세분화되고 있는 소비자들의 구매 심리가 크게 작용한 것으로 분석된다. 남들과는 뭔가

다른 제품, 자신만의 제품을 통해서 개성을 나타내고 정체성을 찾고자 하는 요즘 신세대들의 소비 심리는 매일 사용하는 의류, 운동화, 휴대폰 등에 투영되고 있다.

I Dividualism

'I Dividualism' 이란 정체성을 뜻하는 'Identity' 와 개인주의의 'Individualism' 의 합성어로, 집단의 유행보다는 자신을 나타낼 수 있는 독특한 소비행위를 뜻한다. 지금까지 우리나라 사회가 집단 심리에 기초하여, 소비에서도 '소비를 통해 소속감과 의식을 표현한다', '남들이 하니까 나도 한다' 라는 의식을 가지고 있었다면, 최근의 한국 사회는 이와는 정반대의 모습들이 많이 발견되고 있는 것이 특징이다. '나만이 가지고 있는 물건', '남과 다른 나만의 것' 과 같이 자기 중심적이면서 개성을 추구하는 개인 소비 심리가 눈에 띄게 나타나고 있으며 이를 놓치지 않은 기업들은 소비자들의 욕구에 맞춰 시장을 활성화하고 있는 추세이다.

프로슈머

미래학자인 앨빈 토플러의 저서 『제3의 물결』에서 처음으로 등장한 단어인 '프로슈머(Prosumer)'는 '프로듀서(Producer)' 와 '소비자(Consumer)' 의 합성어로, 제품 혹은 서비스의 개발 및 출시에 있어서 소비자가 직접 또는 간접적으로 참여하는 방식이나 사람들을 지칭한다, 우리나라 말로 풀어 쓰자면 '생산참여 소비자' 라고 할 수 있겠는

데, 최근에는 여기에서 한 발 더 나아가 '크리슈머(창조적 소비자: Crea-tive + Consumer)' 까지 등장하고 있다.

프로슈머 문화가 확산되게 된 가장 큰 계기 중 하나는 인터넷의 확산을 들 수 있겠다. 사이버 공간에서 소비자들은 자신의 의견을 나타내고, 이를 기업에 알려서 제품에 반영되는 결과를 얻어낸다. 기업들 역시 소비자의 의견을 적극적으로 수용하여 이를 시장에 출시, 좋은 반응을 얻고 있다.

프로슈머들의 역할이 가장 잘 나타난 사례로는 LG전자의 '초콜릿폰' 이 있다. 대학생 및 사회 초년생 50명을 싸이언 프로슈머로 모집, 그들로부터 얻어낸 수많은 아이디어들은 초콜릿폰을 우리나라뿐 아니라 전세계적으로 히트시킨 휴대폰으로 만들었다.

앨빈 토플러는 그의 저서 『부의 미래』에서 프로슈머들이 지금의 역할에 그치지 않고, 장래 기업의 강력한 경쟁자로서 등장할 수 있음을 언급하였다. 이러한 실제 사례는 개인들이 인터넷을 통해 직접 사업을 실현함으로써 그 모습을 나타내고 있다.

프로슈머 마케팅을 통해서 기업은 몇 가지 효과를 기대할 수 있는데 그 중 첫 번째로는 소비자들의 만족도가 증가한다는 것이다. 한두 명의 소비자 의견이 아닌 수천 명의 아이디어가 반영된 제품은 그만큼 소비자로부터 신뢰를 얻을 수 있을 것이다. 또한 기업 입장에서는 시장 조사 비용을 절감할 수 있는 효과가 있으며, 고객 및 관련 시장을 선점하는 효과도 얻을 수 있을 것이다.

비즈니스 튜닝

휴대폰 튜닝

자동차를 제외하고 가장 보편화되어 있는 튜닝이라고 한다면 휴대폰 튜닝을 들 수 있겠다. 신촌이나 이대, 명동과 같이 젊은 사람들이 많이 찾는 거리를 걷다 보면 심심치 않게 핸드폰 튜닝 가게를 찾을 수 있다. 기성 세대들이 보기에 잘 이해되지 않는 휴대폰 튜닝 문화는 중고생을 중심으로 급속히 확산되고 있다. 튜닝 가게를 방문하는 소비자들의 의견을 들어보면 휴대폰 튜닝을 원하는 젊은 소비자들은 대부분이 디자인에 싫증을 많이 느끼기 때문인 것으로 나타났다. 하루에도 수십 번씩 사용하게 되는 휴대폰의 특성상, 마모가 다른 제품들에 비해 심하고, 디자인 등에 쉽게 싫증을 낼 수밖에 없다. 플라스틱 혹은 가죽 소재로 된 휴대폰 케이스가 시중에 이미 다양하게 유통되고 있으나, 무겁고 부피가 크다는 이유로 케이스는 크게 환영받지 못하고 있는 실정이다. 게다가 개성을 추구하고 자신만의 디자인을 원하는 젊은 세대들에게, 자신을 가장 잘 표현하는 물품 중 하나인 휴대폰은 튜닝의 대상으로서 더할 나위 없이 적합한 제품인 것이다.

휴대폰 튜닝이 이후에 소개할 다른 제품들의 튜닝과 비교해 다른 점이라면 제조업체에서는 튜닝을 크게 반기지 않는다는 것이다. 컨버스 운동화에서 튜닝 하우스(Tuning House) 등을 직접 운영하며 마케팅 및 시장 점유율 확대의 주요 도구로 튜닝을 사용하고 있는 것에 비해, 수요 휴대폰 제조 회사들은 휴대폰 튜닝이 고유의 디자인을 해치고 새로운 휴대폰 수요 발생을 저지한다는 면에서 휴대폰 튜닝을 달가워하지 않는다. 최근 모 휴대폰 제조 회사에서는 튜닝 문화를 자사 제품에 적용, 외장 케이스를 기분에 따라 마음대로 바꿀 수 있는 '컬러 재킷' 폰을 출시하기도 했다.

컨버스(Converse)의 튜닝 하우스

튜닝은 이제 더 진화된 모습을 보여주고 있다. 인터넷에 학교에서 신는 실내화를 자유롭게 튜닝하여 올린 사진을 많이 발견할 수 있을 것이다. 교내에서만 신는 실내화를 통해서도 개성을 추구하고자 하는 요즘 세대들의 욕구를 기업들이 놓칠 리가 없었다.

1908년 미국에서 설립된 이래 전 세계적인 브랜드로 성장한 '컨버스(Converse)'는 이러한 젊은 세대들의 튜닝 문화를 마케팅에 적극 활용하여 성공한 케이스이다. 기존의 라이센스 방식에서 벗어나 2005년 한국에 다시 런칭한 컨버스는 공격적 마케팅 활동을 전개하였으며, 그 대표적 활동이 '셀프 팩토리(Self-Factory)'와 '튜닝 하우스(Tuning House)'이다. 기존의 컨버스 제품은 단색으로만 이루어져 밋밋한 감이 없지 않았던 것이 사실이다. 컨버스는 이러한 제품의 특징과 최근의 트렌드로 형성된 튜닝 문화를 결합, 자신의 신발을 자신이 꾸밀 수 있는 셀프 팩토리 킷(Kit)를 개발하여 이를 매장에서 운동화와 함께 판매하였다. 이 세상에서 단 하나뿐인 자신의 컨버스를 가질 수 있다는 특징은 젊은 세대들에게 효과적으로 어필하여 소기의 성과를 거두었으며, 이에 컨버스는 한 발 더 나아가 '튜닝 하우스'를 열어 젊은 고객층을 유인하였다.

튜닝 하우스는 '세상에 하나뿐인 나만의 컨버스화를 만들어 드립니다!! 움직이는 컨버스 튜닝 하우스'를 콘셉트로 내걸었다. 트럭을 개조한 빨간색의 앙증맞은 컨버스 튜닝카에서 고객들은 자신이 원하는 스타일로 자신만의 컨버스를 만들어 볼 수 있다. 많은 사람들이 컨버스 튜닝에 관심은 있으나, 그에 걸맞는 손재주를 가지지 못하여 시도하지 못한다는 점에 착안하여 리포머가 고객의 설명을 듣고 전문적으로 튜닝을 실시해 주기도 한다. 또한 매 시즌마다 시즌에 어울리는 특별 콘셉트를 운영하는데, 예를 들면 10월 '할로윈 데이'에는 할로윈 파티를 콘셉트로, 11월에는 빼빼로 데이를 콘셉트로 테마 튜닝을 실시힌다.

컨버스 튜닝 하우스의 주 타깃 고객층은 10대 후반에서 20대 초반으로 튜닝이 생각보다 훨씬 쉽다는 것을 알리고 활성화하는 것이 주요 목적이다. 실제로 튜닝하우스와 셀프 팩토리 실시 후 컨버스의

스스로 신발을 튜닝할 수 있는 컨버스의 '셀프 팩토리 킷'

매출 역시 상승하는 결과를 가져왔다고 한다. 컨버스의 이러한 마케팅 활동은 단순한 일회성 활동이 아닌 컨버스의 정신인 'Be your own'과 컨버스만의 고유한 튜닝 문화를 확산시켜 누구나 손쉽게 자기 스스로를 표현하자는 문화 마케팅의 일환으로서 그 자리를 잡아가고 있다.

아디다스(Adidas)의 아디칼라(Adicolor)

컨버스보다 먼저 튜닝 운동화 시장에 관심을 기울인 곳은 전세계적으로 유명한 스포츠 브랜드인 '아디다스'이다. 아디칼라는 1983년 뮌헨에서 여섯 가지 색상의 사인펜 세트와 흰색의 운동화를 함께 판매하면서 첫 선을 보였다. 아디칼라가 갖는 차별점이라고 한다면 커스텀 운동화에도 레벨을 두었다는 것이다. 아디칼라는 레벨 1부터 6까지 6가지 종류가 있는데 레벨 수가 높아질수록 가격도 싸지고 판매 수량도 많아지는 특성이 있다. 정말 자신만의 아디다스가 가지고 싶은 소비자는 다소 비싼 가격을 지불하고서라도 레벨 1 혹은 2의 아디칼라 제품을 구매하게 되는 것이며, 아디칼라는 처음 접하는 소비자들은 레벨 5나 6의 제품을 구입, 자신만의 운동화를 경험하게 해서 추후 레벨 단계 상승을 통해 수익을 유도하는 것이다. 또한, 최근 아디다스는 운동화에만 그치지 않고 아디칼라를 티셔츠에도 적용, 좋은 반응을 얻고 있다.

개인 비즈니스 튜닝

앞서 설명한 튜닝 운동화 혹은 튜닝 티셔츠는 그 영향력을 개인 사업자들에게도 발휘하고 있다. 튜닝 운동화나 티셔츠를 만들 때 꼭 필요한 섬유 물감 세트를 판매하는 전문 웹사이트가 호황을 누리고 있으며, 소비자가 원하는 디자인을 직접 주문받아 제작을 대행해 주는 웹사이트도 인기를 끌고 있다. 최근 인터넷 쇼핑몰로 큰 수익을 챙기는 이들이 많아지면서, 인터넷 쇼핑몰 창업이 하나의 유행처럼 되고 있다. 앞으로 튜닝 문화와 접목된 웹사이트는 하나의 새로운 비즈니스 형태로 자리잡을 것으로 전망된다.

DIY(Do It Yourself)

최근의 튜닝 문화는 1990년대부터 유행하기 시작한 'DIY(Do It Yourself)' 문화와도 무관하지 않다고 할 수 있다. 가구 부품을 직접 집으로 사와서 조립한 것으로 그 유행을 시작한 DIY는 시간이 흐름에 따라 그 범위를 점차 넓혀가고 있다.

오픈마켓 옥션 및 G마켓 등에서는 DIY 관련 상품이 부쩍 늘어가고 있는 상황이다. DIY 상품은 책상이나 조그마한 수납장 같은 소형 가구들이 주류를 이루고 있었으나, 최근에 있어서는 귀걸이나 목걸이 같은 여성용 액세서리 및 간단한 화장품, 의류 장식품 등까지 영역이 넓어지고 있다. 소비자들의 발걸음이 많은 대형할인점 또한 이러한 열풍에 발맞추어 DIY 제품을 앞다투어 들여놓고 있다. 힐인짐 입계의 선두주자인 이마트와 홈플러스에서의 DIY 상품 매출은 매년 20~25퍼센트 정도씩 증가하는 성장세를 보여주고 있으며, 기타 할인점 역시 경쟁적으로 뛰어들고 있다.

그러나 이러한 성장세에 무턱대고 진입했다가는 낭패를 보기 쉽다. 세계적으로 잘 알려진 영국계 주거 및 생활용품 할인매장인 'B&Q'는 2007년 5월, 한국 시장 진출 2년 만에 철수를 선언하였다. 2005년 6월 서울 구로동 롯데마트 내에 B&Q Home 1호점을 선보인 데 이어, 2006년 9월 롯데마트 구리점에 2호점을 개설하며 공격적인 매장 확장을 할 것 같아 보였던 B&Q는, 2년간 매출이 당초 기대에 매우 미치지 못하자 사업을 철수했다.

B&Q의 시장 철수는 최근의 튜닝 및 DIY 문화 확산에 힘입어 신사업을 진행해 보려는 이들에게 많은 시사점을 제공한다. B&Q의 주력상품인 DIY 제품들이 한국 소비자들의 마음을 사로잡는 데 실패했음이 시장 철수의 첫 번째 이유로 꼽힌다. 우리나라의 DIY시장이 많이 성장하였고, 그만큼 많은 기회가 있는 것이 사실이지만, 이 기회를 제대로 포착하지 못하고 이름 값에 기대어 설불리 시장에 진입하면 큰 실패를 볼 수 있는 것이다. 이는 세계적 유통업체인 월마트와 까르푸가 한국에서 실패를 거둔 이유와 어느 정도 통한다고 할 수 있겠다.

국내 튜닝 시장은 그 성장세가 매우 빠르고, 많은 기회가 숨어 있다고 할 수 있을 것이다. 현재 운동화나 티셔츠, DIY 제품 일부에 국한된 튜닝 영역 역시 가전제품, 먹거리 및 미용에 이르기까지 그 범위가 확장될 것으로 전망된다.

튜닝 제품은 기업들 그리고 개인들에게는 하나의 비즈니스 모델로 큰 매력을 가지고 있지만, 간과하지 말아야 할 부분도 있음을 잊어서는 안 될 것이다. 컨버스나 아디다스처럼 튜닝 문화를 자신의 브랜드의 일부분으로 받아들여 이를 발전시켜 나가는 것은 매우 바람직한 것으로 여겨지지만, 그 정도와 범위가 너무 심해지면 소비자에게 어필할 수 있는 브랜드 고유 가치를 잃어버릴 수 있는 위험이 내재하고 있다. 위의 두 브랜드 역시, 자신만의 고유한 브랜드 가치를 잃어버리지 않는 선에서 튜닝 문화를 접목시키고 있음을 발견할 수 있다.

또한 지금까지는 제품 개발 부분에 있어서만 소비자들의 역할이 강조되어 왔는데 향후에는 생산 및 유통, A/S에 이르는 전 분야를 아울러 영향력이 확대될 필요도 있을 것이다.

7

누이 좋고 매부 좋은 자원봉사

최근 십여 년 사이

학생들의 봉사활동은 급격히 증가했다. 초중고 시절부터 봉사활동이 점수화되면서 학생들에게 봉사활동을 체험하는 기회가 증가했기 때문이다. 그러나 교육부의 정책은 초기에는 본래 취지에서 벗어나 역효과들이 발생하곤 했다. 학생들에게 봉사활동 시간이 학업의 일부로 도입되자 학생들은 쉽게 점수를 얻기 위한 수단을 찾아다녔다. 따라서 진정한 의미로 봉사활동을 하기보다는 쉽게 점수를 따거나 할당된 시간을 쉽게 얻기 위한 형태로 왜곡되어, 봉사활동에 대한 긍정적인 인식이 생기지 못하는 듯 했다. 그러나 시간이 흐르면서 봉사활동이 사회전반에 정착되기 시작하였다. 소외되어 있는 이웃들을 돕는 일이 사회적인 이슈로 확대되자 봉사활동 자체가 젊은 세대가 한 번쯤 경험해 보아야 할 소중한 체험으로서 인식되고 있다. 기업의 사회적 책임이 확대되자 효과적인 사회공헌의 방법을 놓고 고심을 하던 기업들 역시 봉사활동에 관심을 가지기 시작했다. 봉사활동이 좋은 이미지를 가지면서 사회적 공헌에 목말라 하던 기업들이 먼저 나서서 자사의 직원들과 함께 기부 및 봉사 활동을 하는 활동을 늘리기 시작한 것이다.

기업이 자사의 신입사원을 채용할 때 봉사활동이 채용 기준이 되기에 이르자, 대학생들에게 자원봉사는 즐거운 행위인 동시에 취업을 위해 반드시 필요한 경험이 되었다. 봉사활동을 통해 즐거운 경험을 하고 그 과정에서 자신과 같이 열정을 지닌 친구를 만들 수 있다는 점은 인맥을 중시하는 오늘날의 젊은 세대들의 요구에 적합한 형태로서 봉사활동을 대학생들 곁에 자리 잡을 수 있게 하였다. 기업들은 이런 자원봉사에 대한 학생들의 필요를 읽고 자사의 이미지 제고 차원에서 고등학생과 대학생들을 대상으로 하여 자원봉사 활동 프로그램을 만들어 수행하고 이러한 활동을 자사 홍보에 적극 활용하고 있다.

대학생들이 참여하는 자원봉사

기업들은 대학생 봉사활동단을 발족하면서 자원봉사를 통해서 긍정적 파급효과를 기대하고 있다. 대학생들이 참여하는 기업의 자원봉사 활동은 기부 개념보다는 점차 적극적인 투자의 개념으로 변화하고 있다. 그 효과는 기업 이미지 제고 및 지역적 네트워크를 가깝게 하는 면과 직원들간의 결속력을 다지는 것인데, 그 중에서도 기업들이 젊은 세대를 타깃으로 한 자원봉사가 바로 대학생 자원봉사 활동이다.

20대 가운데서도 대학생들은 향후 시장의 소비의 중심에 서게 될 주요 잠재고객층이며, 새로운 트렌드를 주도하는 세력이다. 따라서 가까운 미래에 자사의 직원이 될지도 모르는 이들에게 봉사활동이라는 매개는 기업에 대한 적극적인 참여와 관심을 유도할 수 있다. 따라서 기업들은 대학생들에게 자원봉사 활동의 기회를 부여하고 소속감을 줌으로써 장기적인 면에서 투자를 하고 있는 것이다. 예를 들면, SK텔레콤의 '비써니' (Be Sunny), LG전자의 렛츠고(Let's Go), 포스코, KT, 삼성, KT&G복지재단 등이 대학생을 대상으로 자원봉사를 모집하고 있다. 기업별로 대학생을 대상으로 한 전략에서 차이를 보이고

젊은 세대들에게 자원봉사의 장을 마련해 주는 프로그램, SK텔레콤의 '비써니(Be Sunny)'

있는데 단순 후원을 제외하고 직접 대학생 봉사단을 운영하는 것에서부터 자원봉사 공모전을 통해 대학생들 봉사협력 동아리를 선발하여 지원하는 방법, 대학 내의 사회봉사학점을 대신하는 프로그램을 마련하는 방법으로 나눌 수 있다.

기업들의 대학생 봉사단 운영

LG전자는 '렛츠고'라는 대학생 봉사단을 만들어 대학생들에게 기업 이미지를 제고하는 전략을 사용하고 있다. 대학생 봉사단을 직접 브랜드화하여 운영함으로써 대학생들에게 LG전자와의 관계를 더 가깝게 느끼도록 만들고 향후 충성고객이 되도록 유도한다.

대학생 봉사활동을 통해 KT&G, SK텔레콤의 비써니(Be Sunny)는 자사 TV광고에도 이용하였고 LG전자의 '렛츠고'와 같은 대학생 봉사단은 젊은 세대들의 긍정적이고 밝은 모습을 부각시키고 있기 때문에 시민들에게 걸어다니는 긍정적 홍보단이라고 할 수 있다. SK텔레콤의 '비써니'(Be Sunny)라는 대학생 봉사단은 자원봉사와 공모전이라는 형태를 혼합하여 마케팅 전략으로 구사하였다. 자원봉사단을 운영하는 한편 대학교 내에 기존 봉사동아리 중 우수 봉사동아리를 뽑아 지원하기 위해서 공모전이라는 형태를 도입한 것이다. 공모전이라는 것이 현재 대학생들에게 취업이라는 바늘구멍을 뚫고 들어가기 위한 하나의 수단으로 인기를 끌고 있다는 것을 이용하여 자원봉사의 형태를 묶어냈다고 볼 수 있다. 대학생을 대상으로 기업들에서 할 수 있는 두 가지 선택을 병행하여 구사하는 것이다.

공모전 입상 시 봉사활동

지원비 및 해외로 자원봉사를 보내주는 이 프로그램을 통해 대학생들은 공모전 수상경력이 가능해지고 후에 자원봉사 이력을 통해 취업에도 이점을 가지게 된다. 이는 대학생들이 기업에 가까이 다가갈 수 있는 수단이 되며 기업 이미지 제고와 충성고객을 만들어 내는 사전 작업이라고 할 수 있다.

대학 내의 사회봉사 프로그램화

대학생들은 자원봉사 활동을 함에 있어서 시간적인 부담감을 안고 있는 것이 사실이다. KT&G는 TV광고였던 '춤추는 천사' 편을 통해서 대학생들에게 봉사활동 이미지가 제고된 상태였다. 그러나 많은 대학생들이 봉사프로그램에 참여하게 하기 위해서는 학기중에 학업에 영향을 주지 않는 한도 내에서 실행되어야 한다는 것을 발견했다.

때문에 KT&G 복지재단은 대학에서 학점을 채울 수 있는 사회봉사 프로그램으로 대학생들을 파고들었다. 사회봉사 프로그램으로 진입한 KT&G 복지재단의 대학생 자원봉사 프로그램은 여타 사회봉사 프로그램보다 다양한 활동과 혜택으로 대학생들에게 매우 매력적으로 다가갔다. 봉사활동에 대한 시간적인 부담은 덜고, 학점도 채울 수 있는 프로그램은 기업이 학생들의 현실을 배려하고 있다는 긍정적인 인식을 줄 수 있었다.

온라인 공익연계마케팅

웹2.0 시대, 참여와 공유라는 새로운 트렌드가 사회공헌 활동에 있어서 큰 변화를 가져옴으로써 네티즌들의 적극적인 참여를 이끌어 내고 있다. 싸이월드 '사이좋은세상(cytogether.cyworld.nate.com)'을 비롯해 네이버의 해피빈, G마켓의 후원쇼핑 등이 온라인 사회공헌에 앞장서고 있고 최근에는 일반 기업들도 오프라인 못지않게 온라인을 통한 사회공헌활동을 증가시키고 있다. 싸이월드는 2005년 '사이좋은세상'을 오픈한 후 2년여 만에 73만 명 이상의 네티즌들이 후원이나 봉사활동에 참여하고 있으며 후원에 참여하는 단체 수도 500여 개가 넘는다.

온라인에서의 기부활동이 활발히 이뤄지는 이유는 온라인이라는 채널이 갖는 쌍방향 커뮤니케이션 특성 때문이다. 기존에 오프라인 기부를 사람들이 꺼리던 이유 중 하나는 기부금이 어떻게 쓰여졌는지에 대한 피드백 과정이 없었기 때문에 근본적인 신뢰를 쌓지 못했다는 점이었다. 그러나 온라인을 통해서 내가 낸 기부금이 어떻게 쓰이고 있는지, 그 사용과정에 대한 피드백을 쌍방향으로 투명하게 알려주는 특성을 갖고 있어 신뢰 부족 문제를 해결할 수 있다는 점에 매력이 있다. 또한 봉사활동에 대한 필요성이나 참여에 관심이 있다고 해도 방법을 모르던 사람들에게 온라인 상의 후원이나 봉사활동 참여 방법을 제공하는 것은 참여를 보다 적극적으로 유도할 수 있게 하였다.

또한 사이좋은세상이 2006년의 회원들을 분석한 결과 20대 여성의 참여비율이 가장 높은 것으로 조사됐다. 관심 있는 단체를 연결해

봉사활동을 할 수 있는 '일촌봉사'의 경우 총 51,137명의 네티즌이 참여한 가운데 20대 초반 여성의 참여 비율이 무려 40.4퍼센트로 나타났으며 그 뒤를 이어 20대 후반 여성(11.9%)과 20대 초반 남성(9.6%) 역시 높은 참여 비율을 나타냈다.

인터넷상에서 큰 경제적 부담없이 간단한 클릭만으로도 후원이 가능하도록 하며 젊은층의 많은 참여를 이끌어내고 있는 도토리 후원 역시 20대 초반 여성이 20.2퍼센트의 비율로 가장 높은 비율을 기록했다. 이는 봉사활동에 시간을 내기 어려운 사람의 경우도 누구나 쉽게 참여할 수 있어, 보다 많은 사람들의 참여를 유도할 수 있게 하였다. 즉, 사회적 책임의 일환으로 그 중요성이 부각되고 있는 기부활동에 대해 어려움 없이 접근이 가능하게 한 인터넷 상의 후원제도를 통해서

인터넷 상에서 도토리로 기부하고 봉사활동에 지원할 수 있는 싸이월드의 '사이좋은세상'

영제너레이션을 타깃으로 한 공익연계 마케팅이 높은 효과가 있음을 증명되고 있는 것이다. 특히 인터넷을 통한 사회참여 문화는 도토리 1개부터 시작되는 소액 기부문화를 정착시켰고 연말에 집중되던 기부와 사회봉사를 상시 활동으로 자리 잡게 하는 성과를 이루며, 젊은층에게 기부문화를 더 가깝게 느껴지도록 만들었다.

기업의 사회공헌활동이 선택이 아닌 필수가 되면서 기업 자원봉사활동은 더욱 체계적인 조직을 갖추고 그 활동영역을 넓혀 가고 있다. 대기업 중심으로 시작되었던 대학생 자원봉사단 창립은 이젠 공기업, 금융회사로 확대되고 있고 이들 봉사단 조직을 통해 대학생뿐만 아니라 임직원과 사업에 맞는 프로그램을 개발하고 젊은이들에게 긍정적인 기업이미지를 확고히 구축할 수 있는 자원봉사 프로그램이 활발히 시행되고 있다.

참고문헌

1부

「2005년 인구주택총조사」, 통계청

'설왕설래 무병장수', 세계일보(2007.3.7)

'실속도 없는데 카드 수십 장 갖고 다닌다고?', 경향신문(2007.2.27)

'학제개편 교육적 관점에서 결정해야', 서울신문(2007.2.6)

'개성 있는 대학으로 경쟁력 높인다', 국정브리핑(2007.3.7)

'주5일제 이후 여가시간엔 뭐하나', 서울경제신문(2006.6.28)

'4,50대 중장년층 인터넷 이용 증가', 노컷뉴스(2007.2.1)

'2030세대 옷이 불티난다 왜? 엄마들이 따라 사니까', 조선일보(2006.11.8)

'공연계 지각변동……뮤지컬은 주로 누가 보나', 중앙일보(2006.5.25)

'1분기 성장률 뚝인데……왜 20대 소비는 늘어날까', 중앙일보(2005.6.6)

'40대 중후반 새 파워 구매층 부상', 헤럴드경제(2006.10.18)

'세대 차이 감소, '나'를 위한 소비 점점 늘어나', 한국광고공사 광고정보(2006.3월)

'패션, 내집 마련에 세대 불문하고 관심 많아', 한국광고공사 광고정보(2006.4월)

'여가시간에는 너도나도 TV시청, 한국광고공사 광고정보(2006.5월)

'소비 목적, 효용성 추구에서 즐거움 추구로', 한국광고공사 광고정보(2006.6월)

'조력자 아닌 삶의 중심자로 부상한 여성', 한국광고공사 광고정보(2006.11월)

'여성의 의식주와 쇼핑성향', 한국광고공사 광고정보(2006.12월)

'세대별로 본 소비자 특성, MOSAIC', 제일기획(2006.11월)

'파란통신, 소비 양극화 다시 보기', 제일기획(2007.1월)

2부

 Entertainment

1

밴드 라일락 cafe.daum.net/nbInb

오후 엔터테인먼트 www.ohoo.net

클럽문화협회 www.clubculture.or.kr

클럽 엔비 www.clubnb.com

사운드데이 www.soundday.co.kr

클럽잡지「더 블링」www.thebling.co.kr

클럽 캐치라이트 www.catchlight.co.kr

'클럽마케팅 후끈 …… 클러버를 잡아라', 패션채널(2005.10월)

'유통업계 '클럽마케팅' 봇물', 파이낸셜뉴스(2007.6.1)

'"홍대앞처럼 즐겨요" 특급호텔 젊어졌다', 한국일보(2007.5.27)

'하나로텔레콤, 고객과 함께 하는 "파티" 개최', 연합뉴스(2007.5.21)

'옥션 '홍대 클럽 어택 행사' 진행 外', 스포츠서울(2007.4.30)

'클럽가지마라 '래퍼스 파라다이스'를 보라', 파이낸셜뉴스(2007.4.30)

2

비쇼 www.bshow.co.kr

한국관광공사 www.knto.or.kr

R-16 코리아스파글링 서울 www.r-16korea.com

PMC프로덕션 www.i-pmc.co.kr

뮤지컬 굿모닝비보이 www.goodmorningbboy.com

만화 『힙합』, 김수용, 서울문화사(1998~2004)

「우리들 세상(동아리 리버스)」, 서강대학교 홍보책자 알바트로스 24권(2001)

'[동호회를 찾아서] 춤이 좋아 추는 비보이들, 디 아트', 고영득, 경향신문(2005.12.2)

'[스포츠월드] 브레이크댄스와 발레, 색다른 퍼포먼스', 이혜린, 세계일보(2006.1.4)

'[패션 트렌드] 힙합이란', 매일경제(2000.11.27)

'[커버스토리] 비보이 · UCC 광고로 본 2006년', 경향신문(2006.12.21)

'[CF] 국민은행, 비보이 광고 인기', 스포츠서울(2006.11.12)

'세계 최강에 우뚝선 한국의 비보이들', 딴지 문화부, 딴지일보(2002.11.24)

'고난도 브레이크댄스 '비보잉' 지하연습실', 김태형, 한겨레(2005.7.20)

'비보이에서 나이는 숫자에 불과할 뿐', 김대홍, 오마이뉴스(2005.11.22)

'유럽에 몰아치는 한류, 대한민국 비보이(B-boy)!', 박대영, 오마이뉴스(2005.10.28)

'힙합의 진화 대중문화 장악하다', 경향신문(2004.10.24)

'금호아시아나 '발레리나+비보이' 광고 화제', 서울경제(2006.11.6)

'팝핀현준, 화려한 댄스로 CF 장악', 데일리안(2007.5.16)

'감각과 이성 '충돌' 전통 · 현대가 만나다', 중앙일보(2007.5.21)

'B-boy, 이제는 문화코드', SBS-TV(2005.10.24)

3

롯데시네마 www.lottecinema.co.kr

프리머스 시네마 www.primuscinema.com

씨너스 www.cinus.co.kr

CGV www.cgv.co.kr

메가박스 www.megabox.co.kr

「한국 영화산업의 선순환구조와 발전전략」, 삼성경제연구소(2002.2월)

'생활그룹의 맞수 CJ와 오리온', Economy 21(2002.12월)

'박종호 CGV 대표, 극장을 놀이공간의 패키지 공간으로', 한경비즈니스(2003.4.28)

'부자고객을 王처럼……VIP마케팅 확산', 동아일보(2003.8.1)

'[2003 상반기-한경 소비자대상(上)] '히트상품 트렌드', 한국경제신문(2003.6.26)

'[영화]극장은 놀이터 영화는 팝콘……멀티플렉스 시대 관람문화', 동아일보(2003.6.4)

'[메가박스 리포트] 영화보다 재밌는 영화관이죠', 스포츠투데이(2003.7.4)

'공연 보러 영화관 가자?……영화관은 변신중', 세계일보(2006.7.17)

4

김준범 스노우보드 연구소 www.boarderszone.com

헝그리보더닷컴 www.hungryboarder.com

스케이트보드 커뮤니티 플래틴 www.flateen.com

스케이트보드 커뮤니티 THESKATE www.theskeit.com

대한익스트림스포츠협회 www.xkesa.org

EXPN www.expn.com

『The concrete wave』, Michael brook, Warwick publishing(2003.4월)

「Vans, skating on air」, Harvard business school(2002.6월)

「익스트림 스포츠의 실내 및 활성화 방안」, 김신희(2001)

「익스트림 스포츠와 문화」, 박정석(2002.4월)

「젊은이들의 개성과 도전, Extreme sports」, 이마스(2007.6.22)

5

멜론 www.melon.co.kr

「MP3등장에 따른 국내 음악산업의 구조변화」, 이우민, 정보통신정책연구원(2005.12.23)

「2005년 하반기 정보화 실태조사」, 정보통신부

「2005년 음악산업백서」, 문화관광부

'2002년 1345억→2005년 4천억……디지털 음악시장 "룰루랄라"', 동아일보(2006.2.2)

'서울음반 "국내 디지털 음원시장 적극 공략"', 이데일리(2006.1.24)

'2006가요계, '공연 과 '디지털싱글' 온·오프 양공 전략 펼쳐', 헤럴드생생뉴스(2006.1.16)

'2006년 디지털 음원 시대 활짝 열린다', 스타뉴스(2006.1.4)

'음악은 이제 유비쿼터스 상품', 한국일보(2006.1.10)

'휴대폰 콘텐츠, TV로도 즐길 수 있다……SKT-인텔 제휴', 아이뉴스24(2006.1.10)

'올해의 히트사이트, 이데일리·파란·멜론-코리안클릭', 이데일리 경제(2005.12.26)

'SKT 멜론, 회원수 400만 돌파……음악유료화 시장 활짝', 아이뉴스24(2005.12.15)

'다양한 음악장르를 한자리서……멜론 뮤직페스티벌', 국민일보(2005.7.29)

'[IT 이노베이션] SK텔레콤, 멜론', 서울경제(2005.6.26)

6

한국 e-Sports 협회 www.e-sports.or.kr

「신산업으로 발돋움하는 e-스포츠」, 이안재, 삼성경제연구소(2005.9.28)

'온라인 게임 10년 -5조 원대 성장 이면엔 그림자도', 파이낸셜뉴스(2006.8.7)

'문화산업 권력교체? "게임이 王"', 동아일보(2007.2.16)

'게임세상 혁명 꿈꾸는 신인류', 디지털타임스(2005.4.11)

'패러디 응원 '치어풀' …… 또 다른 젊음의 분출', 디지털타임스(2005.5.16)

'PC로 땀 흘린다', 경향신문(2005.10.4)

'게임산업 차세대 성장동력', 경향신문(2005.10.5)

'해외유수게임사, 한국온라인시장 똑똑', 이데일리(2005.10.6)

7

온미디어 www.onmedia.co.kr

애드온(adON) www.adons.co.kr

씨네 21 www.cine21.com

한국마케팅연구원 www.kmarketing.or.kr

「여심(女心)을 사로잡다. 온스타일(On Style)」, 이마스(2007.3.5)

「미국 드라마 열풍과 미드족」, 이마스(2007.1.31)

8

삼성전자 자이젠 www.zaigen.co.kr

디지털큐브 www.digital-cube.co.kr

닌텐도 코리아 www.nintendo.co.kr

「PMP [시장동향 리포트 2006]」, (주)알앤디비즈

'[IT] 게임 + 두뇌개발', 중앙일보(2007.1.28)

'[인터뷰] 손국일 디지털큐브 대표', 파이낸셜뉴스(2007.6.13)

'2007 IT 업계의 새 화두…… '이동족' 을 즐겁게 하라', 동아일보(2007.3.22)

'블루슈머 이동족을 잡아라', 한국일보(2007.2.21)

'IT가 몸에 착, 이동족 패션 뜬다', 아이티타임스(2007.4.18)

'M43 아카데미 한정판매', 경향신문(2007.6.12)

'손안의 과외 "모바일족 모여야"', 경향신문(2007.6.17)

'색상 화려해지고 명품과 과감히 맞서 여성 잡아야 성공', 머니투데이(2007.6.15)

'전형적인 '고가' 시장 PMP……디지털큐브, 20만 원대 PMP 출시 ', 한국경제(2007.6.11)

'고3 학구열이 PMP 업계 살렸다', 한국경제(2007.5.30)

'노트북 PC – 윈도비스타 출시 최대이슈', 디지털타임스(2007.6.25)

'손안의 PC 이번엔 이름값?', 한국경제(2007.6.19)

'거침없이 바꿔라. 센스 大작전', 프라임경제(2007.4.15)

'메이플스토리, 닌텐도 속으로', 한국경제 헤럴드경제(2007.1.9)

'소니 · 닌텐도 체험마케팅에서 맞장?', 헤럴드경제(2007.3.2)

🍶 Food

1

『브런치 하실래요?』 김정민, 그루비주얼(2006)

'브런치 바람 타고 '팬케이크' 뜬다', 세계일보(2007.1.11)

'브런치의 소박한 즐거움', 뉴시스(2006.12.1)

'브런치 레스토랑', 프라이데이(2006.12.5)

'허영의 키워드, 브런치', 경향신문(2006.11.30)

'이제 발레도 브런치 타임에', 뉴스컬쳐(2007.3.26)

'정유업계, 여심을 잡아라', 국민일보(2007.5.21)

'와플, 팬케익, "옛날의 우리가 아냐"', 한국일보(2007.5.23)

2

『보랏빛 소가 온다』, 세스 고딘, 재인(2004)

『창업 & 프랜차이즈』, 월미디어편집부 지음, 월미디어(2002.2월)

'The Brew to Be No. 2', Forbes Global(2003.5.12)

'[비즈 카페] 제빵업계도 탈 트랜스지방', 국민일보(2007.1.17)

'가을보다 더 깊은 맛과 향기, 세계적 명성의 커피 브랜드', Airport Limousine(2001.12월)

'커피 & 리테일러 Coffee Bean & Tea Leaf', HAUTE(2001.6월)

'던킨도너츠의 변신, 스타벅스 잡는다', 매경이코노미 경제(2007.3.2)

'던킨도너츠, "뜨거운 도넛 맛 보세요"', 뉴시스(2007.2.25)

'대기업-던킨 2000억대 도넛전쟁', 헤럴드경제(2007.2.23)

'던킨도너츠, '화이트카페모카' 등 음료 4종 출시', 프라임경제(2007.2.17)

'SC제일은행 e-클릭통장, 던킨도너츠 이벤트 실시', 디지털데일리(2007.2.15)

3

CJ푸드빌 www.foodvill.com

VIPS www.ivips.co.kr

씨푸드오션 www.seafoodocean.co.kr

「CJ의 외식사업」, 이현지, 이미스(2007.2.20)

「국내 외식기업 썬앳푸드의 약진」, 권남연, 이마스(2004.11.8)

'[프랜차이즈 속으로] CJ 푸드빌', 서울경제(2006.10.22)

'트렌드 변화, 신종 업종이 뜬다', 이코노미21(2007.2.12)

'외식업계 '아웃백, 빕스' 2강 체제로 재편', 이데일리(2007.1.12)

'조금 비싸도 몸에 좋으니까…… 송년모임 시푸드 바람', 문화일보(2006.11.29)

'CJ푸드빌, 올해 중국음식점 매출 100억 목표', 이데일리(2007.2.12)

'CJ 푸드빌, 콜드스톤 크리머리', 경향신문(2007.1.17)

4

「'레드망고' 는 웰빙 바람을 타고」, 이마스(emars.co.kr)(2005.1.20)

「천연 생과일 아이스크림 Terre de Glace」, 이마스(emars.co.kr)(2003.8.19)

'아이스크림 400종, 즐거움을 맛보세요', 일간스포츠(2007.4.26)

'상큼 살끔…… 2030 그녀들의 아이스크림', 동아일보(2006.7.21)

'젤라또가 뜬다', 세계일보(2006.8.18)

'떼르드글라스 신제품', 매일경제(2006.5.8)

5

고추전쟁 www.rpwhof.co.kr

더 플레어 바 www.theflair.com

와바 www.wa-bar.co.kr

브로이가르텐osungsports.com/brau/

피쉬앤그릴 www.richfood.net

청송얼음막걸리 화로불속 www.hwarobulsok.co.kr

'바' 동호회 '잇츠바다' www.itsbarda.com

오뎅사께 www.odengok.co.kr

간사이 오뎅바 www.odengba.co.kr

세븐 섹시바 www.7sexybar.com

상하이객잔 퓨전중국요리 주점 www.shanghi.co.kr

가르텐비어 www.garten.co.kr

쇼부 이자카야shoubu.co.kr

아와비 이자카야 www.awabi.co.kr

알바트로스 독일식 주점 www.albatross.cc

본하이머 독일식 주점 www.bonnheimer.co.kr

Fashion & Beauty

1

제이에스티나 www.jestina.com

『성공하는 기업에는 스토리가 있다』, 김민주, 청림출판(2003)

「세계적인 시계들에 당당히 맞서는 토종 브랜드 로만손」, 김종엽, 이현석, 이마스(2004.8.5)

「보석대중화의 첨병, 골든듀」, 김예빈, 이마스(2003.3.4)

「브릿지 주얼리 J.ESTINA」, 이단비, 이마스(2007.2.9)

'골든듀의 브랜드 성공비결', 골든듀 웹진(2006.12월)

'유러피안 모던 주얼리 J.ESTINA 출시', 패션마케팅(2003.2월)

'갤럭시 북마케팅', 서울경제신문(2007.9.26)

'고스톱 주얼리 14K 시장 제압', 파이낸셜 뉴스(2006.11.22)

'한국시계 부활의 초침 "째깍째깍"', 뉴스메이커(2006.5.12)

'로만손, 화인주얼리 브랜드 'E.S.donna' 런칭', 쥬얼리뉴스(2006.9.20)

'로만손 제이에스티나', 한국일보(2006.2.27)

'14K 주얼리 시장 벼랑 끝', 한국경제(2007.1.14)

'정교한 손재주 이탈리아 匠人도 깜짝 놀라', 파이낸셜뉴스(2006.12.13)

'국산 주얼리브랜드 성장 돌풍', 헤럴드경제(2006.7.31)

'여심 유혹하는 브릿지 주얼리', 헤럴드 경제(2006.5.18)

'애인이나 딸을 공주로 '티아라' 인기', 데일리안(2006.5.11)

'작은 사치 큰 호사, 新명품족', 주간한국(2004.2.4)

2

「우리시대 남녀의 조용한 혁명」, 제일기획 MCR 보고서(2004)

「성형수술 관련 설문조사」, 엠브레인(2007)

「성형수술보고서」, 이마스(2007.6.29)

'조력자 아닌 삶의 중심자로 부상한 여성', 광고정보(2006.11월)

'창조하는 소비자 UCCer', 광고정보(2007.5월)

'광고효과를 바라보는 새로운 시각', 광고정보(2007.5월)

'성형수술 브로커 기승', 매일경제(2005.11월)

'연중기획 성형수술 의료분쟁', 월간소비자 시대(2006)

'얼짱, 몸짱 신드롬 10조시장 낳아', 조선일보(2005.9월)

3

마리프랑스 www.mariefrance.co.kr

락시웰니스 www.roxywellness.com

캘리포니아 와우 www.californiawowx.co.kr

'[헬스에서 웰니스로] "운동도 편안하고 즐겁게"', Economist(2003.11.3)

'[커버스토리]나홀로 운동? No 맞춤형 운동?', Yes 동아일보(2005.10.28)

'아름다움과 건강을 동시에 챙긴다 - 토탈 뷰티', 멤버스칼럼(2007.1.26)

'헤어스타일링부터 성형까지 토탈 뷰티 공간', 레이디경향(2006.8월호)

'정신이 건강해야 진짜 '헬스' 죠', 위클리조선(2003.7.15)

'춘추전국시대 맞은 피트니스클럽', 매경이코노미(2006.2.15)

4

「Natural Story, THE FACE SHOP」, 이마스(2004년11월 25)

「남성 화장품 시장 분석」, 이마스(2005년1월 25)

「천연화장품」, 이마스(2007.4.23)

'화장품 전쟁 '자연' 의 승리', 동아일보(2007.2.15)

'저가화장품, 엇갈린 운명' , 문화일보(2007.2.20)

'"그의 피부 책임진다" 남성 화장품 출시 붐' , 파이낸셜 뉴스(2007.2.06)

'아모레퍼시픽 '라네즈 옴므' 파이낸셜 뉴스(2007.1.23)

5

Body Pops www.bodypopskorea.co.kr

'레이싱걸 활시내, 프리키스 키스걸' , 조이뉴스24(2007.6.14)

'큐트 란제리 '키스리퍼블릭', 몰디브 홍보대사 선발대회' 협찬, 연합뉴스(2007.3.13)

'란제리일까 겉옷일까" 롯데백화점 광주점, 섹시쿠키 매장' , 머니투데이(2007.6.14)

'올 여름 후끈 달아오른 스타들의 속옷전쟁' , 데일리 서프라이즈(2007.7.6)

Lifestyle

1

『조직행동론』, 박내회, 박영사(2002)

'체크카드가 군대 가는 이유' , 이데일리(2006.11.10)

'화장품-통신사, 신세대 병사 겨냥, 군인마케팅' , 동아일보(2006.12.5)

2

「Malling을 즐기는 몰고어(mall-goer)족」, 이마스(2007.5.14)

'[2007 유통업계 빅뱅](1) 신입대의 괴락킹으로' , 서울경제(2007.1.21)

'[뉴스 키워드] 몰링, 몰고어' , 부산일보(2007.3.30)

'[커버스토리] 인터넷에 치이고 백화점에 밀리고……①위기의 '테마형' 쇼핑몰"변해야 산다"' , 이코노미21(2007.3.19)

'[커버스토리] 몰고어족은 20~30대 '중산층' 이 주류 ④' , 이코노미21(2007.3.19)

'[커버스토리] '따로 또 같이' 몰링의 유혹 속으로 ③' , 이코노미21(2007.3.19)

'[선진 유통매장을 가다 ②감성의 소비 – 포럼 숍' , 조선일보(2007.3.20)

'[선진 유통매장을 가다 ③맘모스 복합몰 – 사우스코스트플라자' , 조선일보(2007.3.21)

'쇼핑' 에서 '엔터테인먼트' 까지 이제는 malling 시대' , 이코노미21(2007.3.24)

'몰고어 족, 쇼핑은 기본⋯⋯독서 게임 공연 영화 한자리서 OK' , 동아일보(2007.1.22)

3

LG 글로벌 챌린저 사이트 www.challenger.lg.co.kr

영삼성 포탈사이트 www.youngsamsung.com

영현대 www.young-hyundai.com

KT&G 상상마당 www.sangsangmadang.com

「지금은 공모전 마케팅 전성시대」, 이마스(2003.4.10)

「로레알의 로레알 챌린지 프로그램」, 이마스(2006.6.22)

'가장 중요한 것은 사람⋯⋯인재확보 총력' , 한경비즈니스(2006.5.4)

'될성부른 인재 입도선매' , 한국경제(2006.4.18)

'초일류기업의 전제조건은 인재경영' , 머니투데이(2006.5.15)

'아이디어도 얻고 인재도 뽑고' , 한국경제신문(2006.4.20)

'영한나라당이 아니라 영삼성?' , 프레시안(2007.5.2)

4

'[사람인] "자기계발 열풍, 컨설턴트 각광받아"' , 연합뉴스(2007.4.4)

'[미래포럼]교육 콘텐츠로 '제2의 한류' 를' , 전자신문(2007.6.3)

'[DT발언대] e러닝 콘텐츠의 글로벌 경쟁력' , 디지털타임스(2007.6.13)

'온라인교육의 UCC? 이제 LCC!', 헤럴드 생생뉴스(2007.4.14)

'온라인 교육 : 영어 열풍 타고 훨훨? 증권가 주목', 한경 비즈니스(2006.6.2)

'원글리쉬, 위성 DMB 방송 콘텐츠 다운로드 몰 오픈', 전자신문(2007.6.18)

'휴넷, KBS한국어능력시험 교육사이트 '한글샘' 론칭', 프라임경제(2007.6.14)

'실속형 'MBA온라인' 과정 인기', 매일경제(2007.5.23)

'e러닝강국을 향해 ②콘텐츠경쟁력강화', 전자신문(2005.10.20)

'UCC업계 방학맞이 콘텐츠 업', 파이낸셜뉴스(2007.6.13)

'YBM시사닷컴 "해외시장 적극 공략"', MBN TV(2007.6.11)

'직장인 대상 교육 강좌 "풍성하다"', EBN산업뉴스(2007.4.13)

'기업대상 'e러닝' 약진', 디지털타임스(2007.6.18)

'"메가스터디 성장 잠재력에 주목하라"', 파이낸셜 뉴스(2007.6.1)

'크레듀, 고품질 e러닝으로 온라인 교육 선도', 디지털타임스(2007.5.14)

'인터파크, 2일 글로벌 e러닝서비스 오픈', 이데일리(2007.5.1)

'이투스 김형국 본부장 "메가스터디 잡겠다"', 아이뉴스(2007.6.14)

5

「우리는 파티하며 논다」, 이마스(2007.6.18)

「'Only for me' 튜닝 문화」, 이미스(2007)

'[세계의 창을 열고] 美 고교시절의 추억 '프롬파티'', 매일경제(2006.7.16)

'[Na세대 · 신20대 탐험] ⑪ 놀이는 Na의 힘', 조선일보(2005.5.27)

'樂 시장 "20대를 잡아라"', 연합뉴스(2007.6.14)

'졸업식이 착해진다!', 프라임경제(2007.2.13)

'스탠딩 파티엔 격조가 있다!', 일간스포츠(2003.5.7)

'파티, 이제 일상 속으로', SBS TV 뉴스(2006.11.9)

6

「프로슈머 마케팅의 현재와 미래」, 현대경제연구원(2006.12.1)

'밸런타인.화이트 데이 선물 '튜닝 컨버스' 어때요?', 문화일보(2007.2.12)

'요술공주를 위한 튜닝', 국민일보(2007.2.9)

'200만 원짜리 운동화', 중앙일보(2007.1.16)

'패션도 튜닝시대', 문화일보(2007.5.9)

'월마트, 까르푸 이어 '비앤큐' 까지 한국 철수', 머니투데이(2007.5.8)

'내 옷과 운동화는 내가 디자인한다', 위클리조선(2006.5.9)

7

볼런티어21 www.volunteer21.org

'기업의 사회봉사활동', 볼런티어 시민사회칼럼, 주성수(2002.9.25)

'[나누며 사는 기업들] POSCO; 봉사 마일리지……' 조선일보(2005.12.9)

'[공공기관 나눔경영 확산] 돈만으론 안 된다', 파이낸셜뉴스(2005.11.29)

'[송년기획, 일하며 나누며] 일일교사 · 사찰 보수 · 이발……', 문화일보(2005.12.21)

'세상에 눈 돌린 기업들 "나눈 만큼 돌려 받아요"', 경향신문(2005.12.23)

'기업, 이웃 속으로', 한국경제신문(2005.12.19)

'SK, 직원 30퍼센트이상 자원봉사활동', 한국일보(2005.12.7)

'사회공헌 마케팅도 업종에 맞게', 한겨레(2005.7.26)

'희망을 나누니 기업사랑 새록새록', 매일경제신문(2005.7.15)

'대기업 사회공헌활동 활기', 세계일보(2005.6.27)

'10년새 매출 180퍼센트, 순이익 750퍼센트 늘었는데……', 조선일보(2005.6.20)

'유한킴벌리 사회공헌 활동 성공사례-숲가꾸기 20년', 동아일보(2004.4.5)

8

한국여신금융협회 www.crefia.or.kr

현대카드 www.hyundaicard.com

『한국형 신용카드 마케팅』, 최동원, 고려원북스(2006)

'회원460만 현대카드M의 괴력', Press News(2007.1.16)

대한민국 20대 소비 트렌드

마케팅 익사이팅

초판 1쇄 인쇄   2007년 9월 16일
초판 1쇄 발행   2007년 9월 19일

지은이 | 이마스(www.emars.co.kr)
펴낸이 | 성의현
펴낸곳 | 미래의창

책임편집 | 정보라   **마케팅** | 연상희 · 김남연
표지디자인 | 임미경   **내지디자인** | 지봉주

등록 | 제 10-1962(2000년 5월 3일)
주소 | 서울시 마포구 서교동 395-179 미르빌딩 5층
전화 | 325-7556(편집), 338-5175(영업)
팩스 | 338-5140
홈페이지 | http://www.miraebook.co.kr(한글주소: 미래의창)
이메일 | miraebook@miraebook.co.kr
　　　　　 miraebook@chol.com

ISBN　978-89-5989-071-2 03320